CIUG

中国城市治理研究院

城市治理理论与实践丛书
中国城市治理研究系列

总主编 姜斯宪

王佃利 万筠 等 编著

走向均衡可持续的发展之路

——中国城市公共服务变革40年

本书为国家社科重大招标项目『中国基本公共服务供给侧改革与获得感提升研究』（16ZDA080）的阶段性成果

上海交通大学出版社
SHANGHAI JIAO TONG UNIVERSITY PRESS

内容提要

　　追求更好的公共服务是我国城市治理探索的主线。改革开放40年来，我国城市公共服务建设取得了重大进展，如何总结其发展特点，挖掘其内在发展规律成为学界和社会普遍关注的问题。本书通过文献提炼和政策梳理，首先从历时性角度将我国城市公共服务发展的实践历程分为三个阶段：改革之初单位制供给的式微，1992年之后市场化供给模式的确立以及2012年至今公共服务均等化的推进。接着从共时性角度展现了城市层面和社区层面公共服务的构成体系、配套体制、运行机制及实践创新，进而提炼出城市公共服务供给的中国逻辑，并提出中国城市公共服务的未来发展走向。

　　本书的读者对象包括公共服务领域的实践者和研究者。

图书在版编目（CIP）数据

走向均衡可持续的发展之路：中国城市公共服务变
革40年／王佃利等编著. —上海：上海交通大学出版社，2019
ISBN 978-7-313-20636-7

Ⅰ.①走…　Ⅱ.①王…　Ⅲ.①城市—公共服务—研究
—中国　Ⅳ.①D669.3

中国版本图书馆CIP数据核字〔2019〕第035629号

走向均衡可持续的发展之路：中国城市公共服务变革40年

编　　著：王佃利　万　筠　等
出版发行：上海交通大学出版社　　　　　　　　地　　址：上海市番禺路951号
邮政编码：200030　　　　　　　　　　　　　　电　　话：021-64071208
印　　制：常熟市文化印刷有限公司　　　　　　经　　销：全国新华书店
开　　本：710mm×1000mm　1/16　　　　　　　印　　张：22.75
字　　数：330千字
版　　次：2019年4月第1版　　　　　　　　　　印　　次：2019年4月第1次印刷
书　　号：ISBN 978-7-313-20636-7/D
定　　价：89.00元

"城市治理理论与实践"
丛书编委会

▲

总主编

姜斯宪

副总主编

吴建南　陈高宏

学术委员会委员
（以姓氏笔画为序）

石　楠　　叶必丰　　朱光磊　　刘士林　　孙福庆

吴建南　　吴缚龙　　陈振明　　周国平　　钟　杨

侯永志　　耿　涌　　顾海英　　高小平　　诸大建

梁　鸿　　曾　峻　　蓝志勇　　薛　澜

编委会委员
（以姓氏笔画为序）

王亚光　　王光艳　　王浦劬　　关新平　　李振全

杨　颉　　吴　旦　　吴建南　　何艳玲　　张录法

张康之　　陈　宪　　陈高宏　　范先群　　钟　杨

姜文宁　　娄成武　　耿　涌　　顾　锋　　徐　剑

徐晓林　　郭新立　　诸大建　　曹友谊　　彭颖红

"中国城市治理研究系列"
编委会

"城市治理理论与实践丛书"序

　　城市是人类最伟大的创造之一。从古希腊的城邦和中国龙山文化时期的城堡，到当今遍布世界各地的现代化大都市，以及连绵成片的巨大城市群，城市逐渐成为人类文明的重要空间载体，其发展也成为人类文明进步的主要引擎。

　　21世纪是城市的世纪。据统计，目前全球超过一半的人口居住在城市中。联合国人居署发布的《2016世界城市状况报告》指出，排名前600位的主要城市中居住着五分之一的世界人口，对全球GDP的贡献高达60%。改革开放以来，中国的城镇化率也稳步提升。2011年首次突破50%，2017年已经超过58%，预计2020年将达到60%。2015年12月召开的中央城市工作会议更是明确提出："城市是我国经济、政治、文化、社会等方面活动的中心，在党和国家工作全局中具有举足轻重的地位。"

　　城市，让生活更美好！而美好的城市生活，离不开卓越的城市治理。全球的城市化进程带动了人口和资源的聚集，形成了高度分工基础上的比较优势，给人类社会带来了灿烂的物质和精神文明。但近年来，人口膨胀、环境污染、交通拥堵、资源紧张、安全缺失与贫富分化等问题集中爆发，制约城市健康发展，困扰着政府与民众，日益成为城市治理中的焦点和难点。无论是推进城市的进一步发展，还是化解迫在眉睫的城市病，都呼唤着更好的城市治理。对此，党和国家审时度势、高屋建瓴，做出了科学的安排和部署。2015年11月，习近平总书记主持召开中央财经领导小组第十一次会议时就曾指出："做好城市工作，首先要认识、尊重、顺应城市发展规律，端正城市发展指导思想。"中央城市工作会议则进一步强调："转变城市发展方式，完善城市治理体系,提高城市治理能力,着力解决城市病等突出问题,不断提升城市环境质量、人民生活质量、城市竞争力,建设和谐宜居、富有活力、各具特色的现代化城市,提高新型城镇化水平,走出一条中国特色城市发展道路。"

卓越的城市治理,不仅仅需要政府、社会、企业与民众广泛参与和深度合作,更亟须高等院校组织跨学科、跨领域以及跨国界的各类专家学者深度协同参与。特别是在信息爆炸、分工细化的当今时代,高等院校的这一角色显得尤为重要。在此背景下,上海交通大学决定依托其在城市治理方面所拥有的软硬结合的多学科优势,全面整合校内外资源创办中国城市治理研究院。2016年10月30日,在上海市人民政府的支持下,由上海交通大学和上海市人民政府发展研究中心合作建设的中国城市治理研究院在2016全球城市论坛上揭牌成立。中国城市治理研究院的成立,旨在推动城市治理研究常态化,其目标是建成国际一流中国特色新型智库、优秀人才汇聚培养基地和高端国际交流合作平台。

一流新型智库需要一流的学术影响力,高端系列研究著作是形成一流学术影响力的重要举措。因此,上海交通大学中国城市治理研究院决定推出"城市治理理论与实践丛书",旨在打造一套符合国际惯例,体现中国特色、中国风格、中国气派的书系。本套丛书将全面梳理和总结城市治理的重要理论,以中国城市化和城市治理的实践为基础,提出具有中国特色的本土性、原创性和指导性理论体系;深度总结及积极推广上海和其他地区城市治理的先进经验,讲好"中国故事",唱响"中国声音",为全球城市治理贡献中国范本。

相信"城市治理理论与实践丛书"的推出,将有助于进一步推动城市治理研究,为解决城市治理中的难题、应对城市治理中的挑战提供更多的智慧!

上海交通大学党委书记
上海交通大学中国城市治理研究院院长

"中国城市治理研究系列" 序

　　农业社会的田园牧歌已经渐行渐远,当今世界是一个以城市为中心的世界。城市是政治、经济和文化的主要载体,是社会网络体系的重要节点。城市的发展和进步,直接关系到国家和社会的发展。作为现代文明的标志性成果,城市推动了人类文明的持续进步,也是现代国家治理的中心所在。如何提高城市治理的水平,实现可持续的城市发展,更好地发挥城市在引领经济和社会发展过程中的作用,让城市管理更加卓越,让城市变得更加美好,已经成为世界各国政府都高度重视的问题。

　　弹指一挥间,从1978年改革开放至今,已有40个年头。40年风云激荡,中国的城镇化率从改革开放前的不足20%,持续迅速发展到今天的60%左右,越来越多的人走出农村,聚集在城市中,享受城市发展所带来的现代化文明成果,享受便捷和舒适的城市生活,但也深受各种城市病的困扰。40年来,伴随着工业化的进程,中国城镇化的快速发展给政治、经济、社会、文化和生态等各个领域都带来了意义深远的影响,构建了中国特色的城镇化发展道路,也探索形成了中国特色的城市治理经验。

　　中国是大国,也是文明古国。从传统意义上来说,中国的"大",不仅仅是指疆域辽阔,也意指人口众多。这样一个大国的快速城镇化,面临着一元与多元、集权与分权、效率与公平、发展与稳定等关系的多重挑战。而对于一个文明古国的快速现代化来说,遇到的则是从伦理社会转向功利社会、从熟人社会转向陌生人社会、从超稳定社会转向风险社会等方面的重大难题。不管是大国的城镇化,还是文明古国的现代化,在高速发展的时代背景下,必然经历着社会转型与改革发展的阵痛,这也对中国的城市治理施加了更大的压力,提出了更高的要求与期待。

近年来,随着城市的重要性日益凸显,党和政府逐渐将工作重心转移到城市治理上来,正在实现从"重建设"到"重管理"的重要转变,先后多次召开高层次的城市工作会议,提出了城市治理的方略和部署,形成了推进城市治理的新契机。为深入贯彻习近平总书记在哲学社会科学工作座谈会上的重要讲话,落实十九大的重要精神,推进中国城市治理体系与治理能力现代化,上海交通大学中国城市治理研究院邀请国内外相关领域的专家学者,组织撰写了"中国城市治理研究系列"著作。

本书系立足于中国改革开放40年的伟大探索,紧扣当代中国社会转型和大国治理的特殊国情,聚焦于快速城镇化进程中波澜壮阔而又各具特色的城市治理实践,从政治、经济、社会、文化和生态等方面全面回顾、总结和分析中国城市治理的典型经验,阐释当代中国城市治理进程中的风云变幻,回应当前中国城市治理方面的重大问题,寻找解答中国城市治理发展道路的关键"钥匙",为城市治理方面的重大决策提供理论支持和经验支撑。

本书系以时间脉络为经,以发展阶段为纵轴,明确城市治理不同领域的重要时间节点,划分城市治理40年演进和发展的关键阶段;以事实梳理为纬,以要素分析为横轴,深入梳理改革开放40年相关治理领域的基本事实和主要经验,重点关注相关领域的改革举措、实践演变和制度变迁,结合具体实践阐述和诠释相关的理论观点,致力于探讨和提出有中国特色的城市治理逻辑。这是我们所有编著者共同的心愿和追求。但由于各方面的原因,我们可能离这个目标还有一定的距离,还有很多心有余而力不足的遗憾,因此期待各位同仁和读者的批评指正。

本书系编写工作自2018年3月份确定下来之后,时间紧、任务重、要求高。各位编著者快马加鞭,在日常繁忙的教学和科研之外,投入了大量的时间和精力,如期顺利完成了高质量的研究工作,展现出非同凡响的学术素养和职业水准。在此向他们表示由衷的敬意!

书系的编写和出版工作,得到了社会各方的关注,尤其是得到了上海市人民政府发展研究中心、上海交通大学文科建设处、上海交通大学出版社等方面领导的关心和支持,出版社的工作人员进行了认真、细致和专业地编辑,在此一并表示衷心和诚挚的感谢!

前　言
城市生活的品质追求

"城市,让生活更美好",2010年上海世博会的主题浓缩了中国人民对于城市的认知和期待,也是中国改革开放40年来城市治理追求的目标。古希腊哲学家亚里士多德曾在《政治学》中说过:"人们为了生活来到城市,为了生活得更好留在城市。"从遥远的古希腊城邦到今天迅速发展的中国城市,人们对于城市品质生活的追求从未改变。

改革开放开启了一个伟大的时代,中国的城乡面貌发生了巨大的改变。1949年,我国的城市化率为10.64%,这构成了我国发展的基本社会背景;1978年,我国的城市化率为17.92%,城市化的缓慢进程酝酿了社会发展的巨大需求,成为我国改革开放的基本社会需求。随后中国的城市化就进入了快车道,2011年,中国的城市化率首次突破50%,达到了51.27%,这意味着中国城镇人口首次超过农村人口,标志着中国社会由"乡土中国"转变为"城市中国",是中国城市化的一个关键节点。到2017年,我国的城市化率已经到了58.52%。据联合国开发计划署发布的《2013中国人类发展报告》显示,到2030年中国城市化率将达70%,城市人口总数将超过10亿[①]。

一、 中国城市公共服务改革道路的初步认识 ▶▶

快速发展的城市化背后离不开城市公共服务的支持。回溯改革开放以来城市公共服务改革的历程,能对未来城市发展提供一些启示,这正是我们

[①]《2013中国人类发展报告》在京发布[J].社会科学管理与评论,2013(3):89.

思考城市公共服务40年来发展变革的主旨所在。

（一）共产党引领的中国改革是中国城市公共服务发展、政策创新的不竭动力

改革是40年来中国发展的最强音。从计划体制向市场体制转变的过程，我国始终以改革引领城市公共服务的发展方向。从改革的重点来看，城市公共服务经历了从行政性管制到市场化管制，再到公共治理体系的发展历程，这都是为了适应我国市场经济体制改革、行政管理体制改革、国家治理体系建构的需求。在单位制的制度设计中，"从摇篮到坟墓"的福利安排一直被看作是社会主义的重要标志，实际它却是一种针对特定群体的低水平服务提供模式。因此，改革开放后的主要政策目标就是逐步推行市场经济体系，以取代举步维艰、难以为继的计划经济体制。随着市场化改革的推进，更多的市场安排代替了政府的大包大揽，但实践中市场化的快速推进也导致了"只顾效率，难顾公平"发展导向，带来了诸多发展中的问题。于是，在深化改革中，"坚持以人为本，促进人的全面发展""科学发展观""构建和谐社会"成为新一轮城市公共服务改革的风向标。在国家治理体系和治理能力现代化建设中，追求效率与公平的统一，改革由此进入一个新的时代。

（二）政府职能变革与政策工具创新是中国城市公共服务发展的实现手段

在我国改革的过程中，随着政策环境的变化，我国基本公共服务供给政策的价值取向、政策目标、政策制定模式和政策执行模式都呈现出较大的变化。改革开放之初，面对公共事业受到严重破坏、公共服务严重短缺的社会现实，国家首先把教育与卫生体制改革作为重点，开始了以体制重建、改革带动社会发展的尝试。城市公共服务的一个重要任务就是厘清政府与市场、政府主管部门与直属单位之间的关系。在整个社会大背景中，随着市场配置取代计划调配成为社会资源的主要配置方式，政府作为公共服务直接供给者的角色被弱化，并开始扮演实施社会第二次分配的仲裁角色。在体制改革之后，管理模式和运营机制的改革成为重点对象。城市公共服务改

革在初步探索和试点取得成功以后,开始在多个领域、多个部门当中全面开展,形成了一种全方位联动的改革态势。尤其是我国在20世纪90年代实行分税制,使城市职能定位发生改变,公共服务设施供给主体呈多元化和本地化趋势。由于城市政府拥有辖区资源支配权和社会经济发展管理权,因此城市政府在地方经济社会发展中处于支配地位。

(三) 中国城市公共服务发展是个渐进探索、不断优化的政策过程

自1978年开始的改革,是个多层次的渐进改革过程。从公共服务供给的角度看,中国政府进行了若干次以转变职能、理顺关系、精兵简政、提高效率为目标的机构改革,不断地重新定位政府在公共服务中的角色,建构公共服务供给体系。从公共服务的发展取向来看,政府惯于沿用行政命令和直接管理的手段,曾经过分地关注效率,正如本书中划分的不同公共服务发展阶段一样,在每个时期都有其鲜明的政策导向。从公共服务的发展效果来看,中国城市公共服务的巨大成就自不待言,但也产生了一些城市病。研究者也一直关注中国城市公共服务发展过程中所产生的各种社会问题,如某些阶段社会风险加大,高失业率,地区差异、贫富差距加大等社会矛盾凸显。改革中的问题需要通过改革来解决。中国城市公共服务发展过程中政策的优化适应了我国渐进式的改革道路。如进入21世纪以来,在强调政府对经济进行宏观调控的基础上,明确将政府职能归为经济调节、市场监管、社会管理和公共服务四类,将"建设服务型政府"写进了政府工作报告,在《中华人民共和国国民经济和社会发展第十一个五年规划纲要》中首次提出"逐步推进基本公共服务均等化"的政策目标,为基本公共服务发展指明了方向。至此,我国城市公共服务的建设和发展步入了一个新的时代。在公共服务的供给中,我们也可以看到诸如"大包干""承包制""事业单位管理、市场化提供""向社会力量购买""共享服务"等各具时代特色的政策手段。

(四) 中国城市公共服务发展是个实践先行、理论并重的认知过程

城市公共服务直接服务于城市基层民众,满足居民的基本需求。但城

市公共服务却是由政府作为最主要的承担者来实现公共服务的供给，需求和供给之间的关系就涉及政府职能的范围、公共服务的种类等诸多问题，但这些问题在实践中难以有统一的答案。如在测量公共服务满意度时，对于公共服务的基本类型的划分就有诸多不同的见解。如上海交通大学中国城市公共服务公众满意度研究团队从2013年开始研究国内35个城市的公共服务，将公共服务分为中小学教育、公立医院服务、房价稳定、社会保障、环境保护、社会治安、基础设施建设、休闲娱乐设施建设、公共交通等类型，还有学者依据政府职能标准所建立的公共服务满意度体系包括义务教育、行政管理、医疗卫生、社会保障、市政建设、文化娱乐和公共安全七个方面。在政策实施层面，参照《广东省基本公共服务均等化规划纲要》，可将基本公共服务均等化评价体系分为公共事业类、公共交通类、金融服务类、信息传输类、文化传播类、医疗卫生类、教育类、社会保障类、市政环保类、政府服务类十个维度。在政府部门的实施政策中，我们也可以发现有关城市公共服务改革的政策文件分属于不同的政府部门和政策层级。如1985年是中国改革开放以来着力开展公共事业部门管理体制改革的重要时间点。这一年先后发布了《中共中央关于科学技术体制改革的决定》《中共中央关于教育体制改革的决定》《关于艺术表演团体改革的意见》《关于体育体制改革的决定》和《关于卫生工作改革的若干规定的报告》，城市公共服务在分散的政策文件中实现了联动发展。

（五）中国城市公共服务发展是个寻求人民性、公共性的价值追寻过程

追求数量的增长和质量的提升往往是难以同时实现美好的目标。中国城市化的发展过程，在"效率优先，兼顾公平"的导向下取得了令人瞩目的成就，2011年中国城市化率首次超过50%，中国城市化用三十多年的时间走完了发达国家一百多年的历程。然而，高速发展也带了许多隐忧，如发展不均衡、环境破坏、能源紧张等城市病日渐显现，城市公共服务发展如何重新回到品质追求的目标上，成为人们新的焦虑。爱德华·格莱泽就在《城市的胜利》中发出警告："城市可能会获胜，但居住在城市里的市民似乎往

往会遭遇失败。"那么城市的命运将如何呢？刘易斯·芒福德早在《城市发展史》中就给出了答案，那就是让城市的发展回归到对价值和爱的关注。这正契合了我国新型城镇化发展的价值追求，坚持以人为本、包容发展，是对以往发展教训的总结，也是未来发展的走向。新时期的基本公共服务供给政策在价值取向、政策制定的数量和质量以及政策执行的方式和手段等方面都有了明显的改善，充分体现出城市公共服务政策实现和增进社会公共利益的本质要求。

党的十九大明确提出中国特色社会主义进入了新时代，我国社会的主要矛盾已经转化为人民日益增长的美好生活需要和不平衡不充分的发展之间的矛盾。这个矛盾将贯穿于新时代中国特色社会主义改革开放和现代化建设的全过程以及社会生活的方方面面。这既是城市公共服务发展的出发点，也是城市公共服务的价值依归。

三、　中国城市治理发展的追求

我们将中国城市公共服务改革的发展之路置于更广阔的视野中，可以更好地明确中国城市发展的目标。世界范围内有影响的城市发展会议，莫过于联合国人居署举办的住房与城市可持续发展大会。联合国人居会议是快速城市化时代联合国唯一聚焦城市和人居环境议题的全球峰会，每20年举办一次，会议的目的是联合全世界国家，共同回应城市面临的挑战，寻求城市发展的机遇，完善城市发展的政策和行动。

（一）联合国"人居三"会议：确定城市治理未来的方向

迄今为止，联合国的人居大会已经举行了三次。20世纪70年代，联合国呼吁各国关注城市化问题，应对城市快速而无序的扩张。1976年，首届人居会议（简称"人居一"会议）在温哥华举行，是第一次全面承认城市化挑战的国际会议。这次会议提出将"为全体人类提供合适的住房"作为时代发展目标，各国政府开始考虑城市化对可持续发展的影响。1996年，在伊斯坦布尔召开了第二次人居会议（简称"人居二"会议），为21世纪城市发展设定目标，大会形成的政治文件被称为《人居议程》，此次大会确立的两大主题是"人人享有适当的住房"和"城市化进程中人类居住问题的可持续发展"，会议提出的可持续议题得到了持续的重视，在联合国发展工作议程中处于中心位置。2016年，在厄瓜多尔首都基多召开的第三次人居会议（简称"人居三"会议）。"人居三"会议有近五万人出席，包括世界各国的政要和政府代表、国际组织官员、企业领袖、学者专家等，会议评估了当前城市的现状，讨论了城市面临的挑战，也就未来20年城市发展的共同路线图达成共识。这次会议颁布了重要报告《新城市议程》，据其显示，2016年全球城市化率已经达到了54.5%，预计到2050年，全球城镇化水平将提升到70%～80%。城市化已成为21世纪最具变革性的主流趋势之一。在"人居三"会议召开之前，联合国已经形成的共识是：人类可持续发展之战胜负如何，将由城市决定。城市在人类可持续发展中呈现出双刃剑般的作用：一方面，当前城市的诸多弊端让人们难以乐观展望未来；另一方面，城市也在酝酿和催生着可持续发展解决方案。

城市发展要坚持包容、合作与分享的理念；城镇化是全球经济增长的机遇与引擎；科学的城市规划可以引导城镇化健康发展，地方政府应发挥更大的作用；城市问题必须有系统的解决方案，承认公众参与的作用。"人居三"会议通过的《新城市议程》被视为一份里程碑式的文件，它探讨了全球快速城镇化面临的挑战和解决方案。具体来说，《新城市议程》包括六部分主要内容：① 社会包容与公平，包括包容性城市、更安全的城市、城市文化与遗产、移民与难民等话题。② 城市治理框架，包括城市法律法规、城市治理、城市财政等话题。③ 空间发展，包括城市规划与设计、城市土地、城乡联系、公共空间等话题。④ 城市经济，包括地方经济发展、就业与生活等话题。⑤ 城市生态与环境，包括城市韧性、城市生态系统与资源管理、气候变化、危机管理等话题。⑥ 城市住房与基本服务，包括基础设施与基本服务设施、交通、住房、智慧城市、非正规住宅等话题。

为了实现城市的共同愿景，《新城市议程》提出了努力的方向，即通过建立城市治理的创新框架以及有效规划、管理城市空间发展两大途径，实现城市的可持续发展，使人人共享城市发展的繁荣与机会。

（二）中央城市工作会议：中国城市发展范式的转变

一般联合国的人居会议文件都会成为城市发展的风向标，引领城市的发展。由于中国国家地位的提升和中国城市化所取得的巨大成果，中国也参与了《新城市议程》的起草和磋商，在世界舞台上发出中国的声音。在"人居三"会议之前的2015年12月，中国召开了中央城市工作会议，谋求转向新型城镇化的发展道路，从中央层面进行专门研究部署，对城市建设发展做出顶层设计，指明进入新的发展时期中国城市发展的思路。

中央城市工作会议提出，要贯彻创新、协调、绿色、开放、共享的发展理念，坚持以人为本，转变城市发展方式，完善城市治理体系，提高城市治理能力，提高新型城镇化水平，走出一条中国特色的城市发展道路。从这些表述中，我们可以看出与《新城市议程》精神的一致性。

中央城市工作会议提出要集约发展，树立"精明增长""紧凑城市"的理念，划定城市边界，推动城市发展由外延扩张向内涵提升转变，着力提高城市发展的持续性、宜居性，城市发展的方向就是打造和谐宜居、富有活力、各有特色的现代化城市。一系列的政策措施，体现出城市发展理念的更新，预示着中国城市发展将迎来历史性的变革。

无论是联合国的"人居三"会议，还是我国的中央城市工作会议，一系列的创新理念和措施都在努力回答这样一个问题：什么是我们需要的城市？在变革的时代，只有清晰地描述我们心中所需要的城市，才能更好地定义我们想要的未来。

（三）品质城市：理想城市的行动目标

人们怀着向往来到城市。城市如何让生活更美好？城市是物质与精神的容器，是传承与创新的引擎。通过良好的城市治理，可以带来稳定的就业与经济社会的可持续发展。在这样的城市中，人们希望享受自由、灵感、繁荣、健康和安全。而这些城市品质成为城市发展的终极目标。城市治理就是致力于追求城市品质的提升。我们应该建立一个以人为本的可持续发展范式，以有效地规划、建设和管理当下的城市，经由公共、私人与社会组织共同建设品质城市,实现"建立包容、安全、有复原力和可持续发展的城市和人居环境"的目标。我们认为可以把品质城市建设的行动原则可归结为六个关键词:

(1)包容。城市发展必须重视城市的系统性和复杂性。城市发展的首要目的就是要提高社会的包容性和凝聚力。城市不仅要推动和激励各种经济形态的发展,还要以人为本消除空间层面和群体层面的隔离,一个宽容的城市会接受各种经济形式和人群,努力实现机会均等、参与共享、分配公正,最终实现城市的共建共享共赢。

(2)紧凑。城市通过集聚来创造繁荣,通过合理的空间配置和道路连通性,实现工作岗位、居住密度与交通可达性的匹配。未来的城市应更注重整体性组织和灵活性嵌入,明确街区、地块和建筑的适当紧凑度和建成区的混合经济功能;紧凑型城市在空间上应避免城市蔓延,在功能上注重规模和集聚,促进资源的优化配置。

(3)绿色。绿色是城市的自然资本。能源的高效利用,要求高度重视资源的可再生,善于维护自然的承载力和进行生态修补。通过产业升级转型、发展绿色经济,为城市经济和就业带来源源不断的活力。

(4)安全。城市作为巨型系统,其复杂性在未来更加明显,城市面临的风险和挑战也越来越多,城市的能源供应、社会秩序都面临着众多不确定性,因此城市的适应性和弹性对于保证城市品质就至关重要。通过成功的风险评估和相应的预防措施,城市有能力去应对各种突发事件和长期压力,对于暴力、冲突和犯罪,城市能够提供系统的控制和应对策略。

(5)文化。城市是有历史和个性的,保留城市记忆和特色就是对城市及其人民的尊重。城市时代中"望得见山、看得见水、记得住乡愁"的诉求,对居民来说,是一种身份认同感和归属感;对城市来说,更是一种推动文化和经济创新的不竭动力。要以进化和创新的观念来审视城市文化。

(6)幸福。如亚里士多德所言:人们为了生活来到城市,为了生活得更好留在城市。芒福德的说法是:城市应当是一个爱的器官,城市最好的经济模式是关怀人和陶冶人。这样睿智的语言都在表明城市不是建筑物和街道的简单叠加,更包含了一种和谐的人际关系。建设品质城市,就应不断提高人们的生活质量,提升居民的幸福感,增加城市发展所带来的获得感。

从联合国的宣言到中国的政策,都在探索新的城市发展范式。城市的可持续发展,就是人类的可持续发展;城市的品质,就是人们生活的品质。城市的未来就是要建设以人为本的品质之城,实现幸福生活的美好愿景①。

三、 本书基本结构 ▶▷

站在新的时代思考中国城市公共服务的发展,我们力求形成一种系统的认知,在研究中我们没有去极力描述具体的公共服务类型和内容,而是将着眼点放在探索40年发展后的收获和变革逻辑上。从这一点出发,本书的基本结构可以分为四部分:

第一部分是中国城市公共服务改革的背景和动力。城市化和城市治理是城市公共服务的基本背景,改革实践要有理论和组织的支撑。第一章聚焦于我国城市公共服务的实践探索,按照政府职能定位对城市公共服务的改革历程进行阶段划分,同时分析了学者们对我国公共服务发展的基本判断,为后续的研究奠定基础。第二章分析了我国城市公共服务发展的动力机制。新公共管理理论和治理理论的探讨和传播,是城市治理变革的理论基础。社会发展中的公共需求增长、社会组织发育和政府改革的交互作用,构成了公共服务改革的现实动力。在治理理念影响下的我国政府职能的渐进转变,直接推动了城市公共服务供给方式的转变。

第二部分以历时性分析视角描述我国城市公共服务的发展历程。本部分的三章内容对应了我国城市公共服务改革的三个阶段。第三章分析了单位制时期公共服务供给模式和改革突破,提炼出单位制时期公共服务的供给内容及逻辑,并进行了相应的评价。第四章分析了市场化时期城市公共服务供给模式的主要特征及存在的问题,并探求政治与市场机制对公共服务市场化供给的影响。第五章具体分析了群体均等化、区域均等化和城乡均等化的政策内容,并对这一时期供给模式的创新进行了总结提炼。

---

① 王佃利.品质城市:理想城市的行动目标[N].济南日报,2017-05-15(A08).

　　第三部分以共时性分析视角描述我国城市公共服务的发展现状。按照城市和社区两个层面来进行分析。第六章城市公共服务的供给体制设计，按照供给、分配和需求的思路，来说明当下供给侧改革中的公共服务供给理念和内容变革，在城市层面上阐述公共服务在服务需求、服务分配、一体化运行等方面的机制设计和政策工具。第七章社区公共服务的运行模式和创新，从公共服务体系和公共服务能力现代化的角度，聚焦于城市基层的社区服务创新，分析社区公共服务的供给主体、供给内容，结合我国社区治理和公共服务试验区建设的试点，描述当下社区层面的公共服务供给的实现方式。

　　第四部分是对我国城市公共服务改革经验的总结及未来走向的展望。研究的目的就在于从历史性的成就中总结出发展规律。第八章总结了中国城市公共服务供给的逻辑，在目标上是多元叠加，发展性目标、保障性目标、参与性目标和竞争性目标等多重目标，引领了中国城市公共服务体系的完善；在实现方式是相互嵌套，行政型供给、商业型供给、志愿型供给等多元方式，促进了公共服务供给能力现代化的发展。同时，我们通过回顾公共服务满意度的判断维度的优化历程，明确了公共服务中要提升获得感、满意度、幸福感的需求，寻求供给侧改革和获得感提升相结合的发展路径。最后一章是对我国城市公共服务发展未来走向的展望。

　　城市的发展在持续、在延伸。40年来，中国城市公共服务内容从少到多，服务质量从低到高，服务对象从城市到城乡，服务手段从单一到多元，城市的公共服务改革一直在持续。我们所进行的分析和思考，就是力求在这个过程中感受公共服务变迁的改革智慧，对未来城市的发展提出探索性的思考。经过共同的努力，让城市更优美，让服务更优质，让人们能够过上有尊严的、健康的、安全的、幸福的城市生活，孕育更美好的未来和不竭的生命力。

CONTENTS 目 录

第一章

城市公共服务的实践历程与理论探索

自1978年起,我国的改革开放经历了长达40年的探索。回望来路,这段不可复制的征程使得中国从封闭转向开放,从凋敝走向繁荣,从濒临崩坏实现了涅槃重生。全方位、多层次、有序化的改革措施赋予了中国大地前所未有的生机与活力,我国从一个贫穷落后的东方大国,跃升为世界第二大经济体、第一大工业国、第一大货物贸易国、第一大外汇储备国,人民的物质精神生活得到极大丰富,国家的治理能力得到显著提升。

不同于西方国家完善工业体系先于城市建设的渐进式发展轨迹,中国城市化发展较为迅速,而改革开放是中国城市化快速发展的主要推动力量,尤其是它在我国城市样态演变进程中发挥了显著的塑造作用。从急剧扩张到如今的"存留优化",城市化的迅猛发展内在地推动着我国城市治理总体水平的跃升,城市公共服务领域的历史变迁同样是我国改革开放历史的重要见证。

第一节　治理视野下对城市公共服务的理解

改革开放之初,受制于较低的城市化水平和较弱的经济实力,我国公共服务尤其是基本公共服务呈现出量上"城有乡无"、质上"城高乡低"的现状[①]。而改革开放以来,中国城市化建设的快速推进,其直接结果在于不断凸显城市在公共服务供给版图中的重要地位。截至2017年,我国城镇常住人口已达81 347万人,占总人口的比重(常住人口城镇化率)为58.52%[②]。城市已成为左右我国城市公共服务总体水平的重要阵地。回顾改革开放以

---

① 余佶,余佳.城镇化进程中的城乡基本公共服务均等化——基于供需视角的分析框架及其路径选择[J].华东师范大学学报(哲学社会科学版),2014(1):101-106.

② 国家统计局.中华人民共和国2017年国民经济和社会发展统计公报[EB/OL].(2018-02-28)[2018-07-01].http://www.stats.gov.cn/tjsj/zxfb/201802/t20180228_1585631.html.

来我国城市公共服务的演变进程可以发现,城市公共服务的变革发展与我国城市化建设密不可分。

城市化背后的人口集聚效应大大强化了城市间的竞争强度。治理水平的高低成为直接关乎城市综合实力的重要因素。城市公共服务水平直接关乎居民满意度,是我国在提升城市治理水平探索中的重要命题。可以说,在城市治理重要性日益凸显的今天,我国城市命运的变迁与公共服务的优化实践早已紧紧相连。事实上,改革开放以来我国城市的快速崛起,既带来了提升城市治理水平的迫切要求,也形成了探索中国特色的城市公共服务的实践动因。

聚焦"城市公共服务",离不开对于"公共服务"概念的探讨。围绕公共服务的概念范畴,狭义与广义、物品观与职能观成为剖析的两个主要维度。狭义范畴上的公共服务是指政府为满足社会公共需要而提供的,具有满足社会公共需要和公民平等享受两个主要特征的产品与服务的总称[①]。在此条件下,政府担负主要的公共服务供给责任。随着新公共管理等新兴理论的传播,政府不再被认为是公共服务供给的唯一主体,强调在公共服务领域中引入市场竞争机制,并利用社会力量推行公共服务社会化[②]的广义公共服务概念由此产生。

物品观与职能观是解析公共服务概念的又一重要维度。公共服务概念的兴起,在很大程度上源于具有非排他性和非竞争性的公共产品概念的引申。在物品观视角下,我国对于公共服务的探索经历了由抽象概念到具体领域的探索过程。正如学者塞奇·托尼所指出的,公共服务是物化服务的公共产品,其核心是旨在满足均等化的政府行为[③]。2012年,国务院颁布首个《国家基本公共服务体系规划》,明确我国公共服务体系包括公共教育、就业服务、社会保险、社会服务、医疗卫生、人口计生、住房保障、公共文化8个领域,涵盖44类80个基本公共服务项目。可见,随着基本公共服务逐渐

① 李军鹏.公共服务型政府建设指南[M].北京:中共党史出版社,2006:19.
② 李军鹏.政府购买公共服务的学理因由、典型模式与推进策略[J].改革,2013(12):17-29.
③ 江明融.公共服务均等化论略[J].中南财经政法大学学报,2006(3):45-48.

上升为政策话语,物品观视角下的公共服务的范畴已逐渐明晰。而在职能观层面,由职能明确到体系化建设体现了我国城市公共服务的发展轨迹。早在2005年修订的《国务院工作规则》中,就指明公共服务是当时我国政府的四大职能之一。2018年7月印发的《国务院工作规则》则明确强调:"要完善公共政策,健全政府主导、社会参与、全民覆盖、普惠共享、城乡一体、可持续的基本公共服务体系,增强基本公共服务能力,加快推进基本公共服务均等化。"由此,体系建设逐渐成为我国城市公共服务的主要方向。正如陈振明等学者所强调的,公共管理领域内的公共服务是政府运用其权威资源,根据特定的公共价值(如权利、慈善和正义),通过公共政策回应社会需求,使最大多数的人得到最大的福利[①]。

基于狭义与广义、物品观与职能观两个视角的剖析,可以发现,我国公共服务有着领域具体化(如公共服务与社会管理职能的明确分离)、主体多样化(如政府购买服务)与内容体系化(如基本公共服务体系建设)等现实趋势。尽管学理维度与实践维度的切入点有所差异,但两者都在不断地追寻更符合中国国情、更契合时代特征、更具备可操作性的公共服务。

回归到"城市公共服务",本书认为应结合我国城市化建设历程与城市治理实践进行分析。基于此,本书所探讨的城市公共服务的基本内涵,并不在于判断"一项公共服务是否属于基本公共服务"等此类具体问题,而是立足于我国城市发展实践及相关理论分析,以回顾和总结改革开放40年来我国城市治理背景下城市公共服务的"中国故事"。

本书认为,城市公共服务是指为更好地满足城市空间范围内涉及公共利益的维护、公共诉求的满足等城市治理需求,由政府、社会组织及公民等社会主体所开展的各类公共物品的生产、供给行为的总称,是在广义概念范畴下实现物品观与职能观的有机统一。

回归到具体内容上,公共服务的内涵及范围其实是在不断发展、渐进优化的。这种变化,既与改革发展和政府职能转变进程密切相关,又离不开城市发展状态尤其是城市体系架构的内在演变。因此,本书对于城市公共服

---

① 陈振明,等.公共服务导论[M].北京:北京大学出版社,2011:13.

务的认知,首先立足于改革开放以来我国城市发展的历史视角,分析40年来不同发展阶段的公共服务特征;其次基于"城市—社区"的纵向结构展开深入解读,先在宏观层面上,将城市作为一个整体,来分析城市的公共服务体系和体制,后在微观层面上,深入城市内部的社区,具体分析有关具体公共服务供给的实现过程。

第二节　改革开放以来我国城市公共服务的实践探索

对于城市治理的探索,赋予了变革城市样态以无限可能,一部基本公共服务提供的历史同时也是一部社会史[①]。既有的城市公共服务供给实践中,我国政府以基本公共服务为切入点,不断探索和更新具有中国特色的城市公共服务的内容范畴、供给路径、合作格局等核心命题。而对于城市公共服务的回归与关注,既是对改革开放以来城市迅猛发展的有效回应,又同时与我国在城市治理领域的探索密切相关。

受到城乡二元体制等历史因素的影响,对于城市公共服务发展阶段的探讨更多的是基于我国公共服务总体变迁所开展的。关于我国城市公共服务的历史演变历程的研究,相关学者大都立足于供给体系、制度变革及政策措施等方面,剖析不同时期的差异化特征。塞奇从供给体系革新的角度出发,认为改革开放以来我国公共服务的发展应划分为三个阶段[②]:第一阶段为1978—1994年,其特征是在公有制基础上建立的苏联式的公共服务体系开始瓦解,政府优先推动经济体制改革,而在一定程度上忽略了公共服务供给;第二阶段是1994—2002年,其主要任务是在国企深化改制的背景下,我国政府在城市范围内建立新型社会保障制度的初步尝试;第三阶段则是

---

① 丁元竹.交锋与磨合:公共服务提供中的社会关系[M].北京:北京大学出版社,2015:1.
② SAICH A. Providing public goods in transitional China[M]. Springer, 2008.

2002年以后,我国政府在"以人为本"和"科学发展"新理念的指导下,试图建立一个更具普遍性和全面性的公共服务体系[①]。基于制度变革的视角,姜晓萍将改革开放以来我国的公共服务实践划分为四个阶段[②],分别为:以复苏公共事业为主要任务的制度恢复阶段(1978—1984年),以突破政府垄断为中心的制度改革启动阶段(1985—1992年),以公共事业的市场化为主要特征的制度改革加快阶段(1992—2003年),以及推动基本公共服务均等化为主要方向的制度完善阶段(2003年至今)。边旭东从政策均衡的角度,将改革开放以来我国公共服务的发展阶段划分为区域非均衡发展时期(1979—2000年)和区域协调发展时期(2001年至今)[③]。何水则以改革措施的特征为切入点,将我国公共服务改革的实践分为探索准备(1978—1984年)、正式启动(1985—1991年)、快速推进(1992—2001年)以及全面深化(2002年至今)四个不同阶段[④]。石培琴则以改革开放和十六大的召开为界,认为改革开放以来我国公共服务经历了逐步失衡(1978—2002年)、迈向新的均衡(2003年至今)等时期[⑤]。

综合分析相关学者的观点,可以发现,经济体制转型以及政府职能的调整是关乎公共服务发展阶段划分的关键因素。基于前文对于我国公共服务概念维度的分析,本书认为对于公共服务供给阶段的划分,应在广义城市公共服务概念的前提下遵循三个标准:一是基于我国城市治理探索实践,聚焦我国城市治理变迁的阶段性特征;二是基于我国城市公共服务从任务模糊化到领域明晰化的重要时间节点;三是立足于政府职能维度,即我国城市公共服务供给主体变革的重大历史事件。因此,本书以中国特色市场经济体制的确立与中共十六大的召开为界,将我国城市公共服务阶段划分为以下三个阶段。

---

① 郁建兴.中国的公共服务体系:发展历程、社会政策与体制机制[J].学术月刊,2011(3):5-17.
② 姜晓萍.中国公共服务体制改革30年[J].中国行政管理,2008(12):28-32.
③ 边旭东.我国区域基本公共服务均等化研究[D].北京:中央民族大学,2010.
④ 何水.中国公共服务改革:实践透视与路径探寻[J].郑州大学学报(哲学社会科学版),2013(6):5-9.
⑤ 石培琴.我国区域基本公共服务均等化研究[D].北京:财政部财政科学研究所,2014.

一、1978—1992年：城市公共服务中僵化的"单位制"及其突破 ▷▷

以1978年召开的中共十一届三中全会为起点，我国开启了改革开放的历史进程。经过十余年的尝试与探索，我国于1992年正式明确社会主义市场经济体制的改革目标，标志着我国对于城市治理的探索进入崭新的历史阶段。随着我国城市化建设进程的加快，经济体制的渐进转型与日益显著的城市聚集效应对于既有的公共服务格局造成了巨大冲击。

在"以经济建设为中心"的指导思想下，伴随着经济体制在改革进程中优先地位的强化，中华人民共和国成立之初建立的苏联式公共服务体系开始瓦解，公共服务在我国各级政府管理实践中的重要性有所弱化，经济增长成为强化合法性的主要路径。在本阶段，对于GDP增长的追求成为各级政府的中心任务，地方政府明显地呈现出向"发展型政府"靠拢的趋势——以经济增长为主要目标，政策重点更多地聚焦于招商引资、开发项目等经济领域。在政府财政方面，生产性投资获得了较多的财政资源，而社会建设和公共服务等领域在一定程度上被忽视了。正如学者郁建兴所指出的："尽管在改革开放之初各级政府的公共服务支出总量不断增加，但相较于经济建设的支出，此阶段公共服务支出占总财政支出的比例严重偏低。"[1]由此，依托于计划经济体制的"单位制"受到体制转型、资源供给等多方面的挑战，已不可避免地走向瓦解。聚焦于城市治理领域，此阶段我国城市公共服务的变革首先体现为单位供给制的变革与突破。

（一）"单位制"：传统城市公共服务供给体制的逐渐解体

中华人民共和国成立伊始，我国效仿苏联建立起指令型计划经济体制，并基于城乡二元体制建构起一套具有鲜明计划色彩的公共服务产品的生产

---

[1] 郁建兴.中国的公共服务体系：发展历程、社会政策与体制机制[J].学术月刊,2011(3)：5-17.

与分配制度。在城市范围内,"单位"成为解决居民基本公共服务需求的主要供给主体,单位制实现了居民个体与工作单位的紧密结合:国家通过行政命令支持和控制居民的工作部门(即单位),为居民及其亲属的社会福利提供保障,进而以单位为抓手实现公共服务在城市范围内的覆盖。因此,在单位制的框架下,个人与单位紧密相连。单位为其所属成员提供子女教育、老人赡养、公有住房等社会福利与公共服务,而政府又借助控制行政机构和国有企业的方式来干预和引导社会公共服务供给与分配。对于游离于国企和行政部门之外的城市居民,我国政府也通过组建街道工厂、食堂等基本公共设施,将单位体制之外的城市居民进一步纳入行政控制下的公共服务体制之中。依托单位制,国家既实现了对社会经济和资源的高度控制,也实现了社会公共产品的单位统一供应制。可见,"单位制"是计划经济时代城市公共服务的基本制度依托,城市居民在单位制中享有一切单位提供的社会福利和基本生活保障[①]。

改革开放初期所推动的经济体制改革,其目的在于赋予包括国企在内的各类企业以独立的主体地位,这就要求将公有制企业从繁重的社会福利供给任务中脱离出来。以《国务院关于安置老弱病残干部的暂行办法》(1978年)和《国务院关于工人退休、退职的暂行规定》(1979年)的出台为标志,我国开始推行企业与行政事业单位差异化的退休制度,国企逐渐被剥离出社会公共服务供给体系成为不可阻挡的趋势。20世纪80年代初,民政部门提出了"社会福利社会办"的改革号召,"社会福利单位办"的固有观念逐渐被打破。1984年,国家在全民所有制企业建立了退休费用社会统筹试点,并于1986年通过了《国营企业职工待业保险的暂行规定》和《国营企业实行劳动合同制的暂行规定》,这是我国建立国企职工的待业保险管理制度的初步尝试。1989年,国家经济体制改革委员会开始在深圳、海南等地进行社会保障综合改革试点,社会保障制度改革逐渐起步。1991年,国务院出台了《关于企业职工养老保险制度改革的决定》,开始推行企业养老保险制度。与此同时,私营企业、外企以及合资企业等经济体制转型背景下产生

---

① 郑晓燕.中国公共服务供给主体多元发展研究[D].上海:华东师范大学,2010.

的企业,无意愿且没能力像单位制体系下的国企那样为职工提供全套的公共服务产品,城市公共服务被逐渐推向社会。至此,我国一方面通过退休制度、待业保险及社保试点等方面的尝试,使以国有企业为代表的公有制企业逐渐从公共服务供给格局中脱离出来;另一方面,经济体制转型所形成的新经济组织已无法融入既有的公共服务供给格局,城市公共服务领域内的"单位制"走向解体已成必然。

(二) 本阶段城市公共服务领域的变革与调整

在这一时期,除了开始推进国企改革之外,在科教文卫等城市治理领域的多项改革举措尤其能够体现我国在公共服务改革中的探索与尝试。

科技是最早启动管理体制变革的领域之一。一方面,我国对既有的科技组织体系进行恢复和整顿;另一方面,在生产联合体、科研技术成果有偿转让、技术合同制以及科研机构内部实行课题组自由组合等方面开展改革试点,为今后的深层次体制改革提供了改革试验经验。

在教育领域,除1977年恢复中断十年的高考制度之外,我国于1981年开始实施《中华人民共和国学位条例》,并于1983年在高等院校推广助学金与奖学金并存等制度,为日后各项教育体制改革奠定了初步基础。在原本管制比较严格的文化领域,我国在文化建设体制、文化载体建设等方面逐步松动,这一阶段文化产品供给的组织数量和各类文化产品种类等有所增加[①]。

在医疗卫生领域,我国政府从公共卫生部门改革入手,在发展全民、集体医疗卫生机构的同时,鼓励和允许个人开业行医并持续推进卫生立法工作,并于1984年正式颁布执行《中华人民共和国药品管理法》等法规[②]。

此外,本阶段公共服务改革开始关注管理体制,并先后公布和实施了《中共中央关于科学技术体制改革的决定》《中共中央关于教育体制改革的决定》《关于艺术表演团体改革的意见》《关于体育体制改革的决定》和《关

---

① 阮萌.中国公共物品供给转型的路径研究[D].天津:南开大学,2009.
② 胡杨.管理与服务:中国公共事业改革30年[M].郑州:郑州大学出版社,2008:10-39.

于卫生工作改革的若干规定的报告》等相关文件，多领域、跨部门、全方位的联动改革态势逐渐形成。

（三）公共服务变革的阶段性特征

改革开放初期，尽管"城市治理"这一概念并未明确提及，但本阶段所确立的城市管理实践原则在相当大程度上影响着日后城市治理的基本走向，尤其是关于单位制的改革，极大地改变了1949年以后建立的城市公共服务供给格局，依托于计划经济体制的一元供给模式逐渐走向瓦解。总的来说，在城市治理背景下，本阶段城市公共服务改革主要呈现以下几个特点：

一是"单位制"在公共服务供给格局中呈现出差异化的瓦解进度。即"单位制"在国企等经济领域迅速瓦解，但在行政部门中长期留存。改革开放初期推动的改革更多地聚焦于经济领域，尤其体现为计划经济体制的逐渐瓦解与具有中国特色的社会主义市场经济体制的建立。在城市范围内，扩大国有企业自主经营权，保证企业的独立自主经营地位，与实现社会福利和社会事务逐步剥离的改革同时展开。尽管新的城市服务供给格局并未真正建立，但在经济领域中以"单位制"为特征的单一公共产品供给格局已逐渐瓦解。与此同时，行政部门内部具有鲜明"单位色彩"的社会福利制度以及公共产品生产与分配模式并未彻底瓦解，部分领域中既有的公共服务供给制度一直影响至今。可以说，在单位制瓦解之初，经济领域与行政领域之间差异化的改革进程就已产生。

二是公共服务供给出现主体多元化格局的雏形。国有企业和人民公社承担社会福利的制度的瓦解，直接催生了计划体制外的公共产品供给的产生[1]。在城市，这一变化直接表现为各类经济企业与社会福利组织的兴起。例如，为解决返乡知识青年和待业青年的就业问题，各城市以街道为主体组建了数量众多的街道工厂以及混合所有制经济组织。上述企业在推动计划经济向市场经济进行体制转型的同时，逐渐成为部分城市公共服务的重

---

① 韩东.当代中国公共服务的社会化改革研究［D］.武汉：华中师范大学,2009.

要承担者。与此同时,以街道和居民委员会为主体兴办的自治性社会福利组织开始涌现,它们逐步承接了部分公共服务职能。1983年4月,全国第八次民政工作会议明确了社会福利事业"国家可以办、社会团体可以办、工厂机关可以办、街道可以办、家庭也可以办"的改革思路。以北京为例,20世纪80年代中期,北京市政府就提出在街道建立"一厂"(福利工厂)、"一院"(敬老院)、"一所"(伤残儿童寄托所)、"四站"(老年人活动站、精神病人工疗站、老年人综合服务站、烈军属服务站)的社会福利网络①。由此,敬老院、托儿所、幼儿园等社会福利性组织越来越多地转变为民办经济实体。在此阶段末期,整合公民、企业、社区、社会性福利组织等多元社会主体、承担少量与居民生活密切相关的公共产品的组织不断出现,供给主体由一元转向多元的历史趋势初现。

三是公共服务需求与供给范围呈现阶段性变迁。改革开放以来,由于以"单位制"为主要特征的既有公共服务供给格局的解体,原有以"平均主义"为分配方式的城市公共服务格局被打破,但居民对良好公共服务的需求与愿望并未弱化。恰恰相反,经济体制的转型需要更为优良的城市公共服务。这一时期,统一的公共产品供给格局逐渐被多元化的供给所取代,单一的生活保障需求被多元的公共产品需求取代。在城市公共服务供给范围方面,一些原有在计划经济由国家承担的"私人物品"逐渐退出了国家公共服务的范畴,一些市场经济改革过程中产生的公共产品上升为城市公共服务的必需品。可见,无论是公共服务需求,还是公共服务的供给范围,都呈现出不同于以往的阶段性特征。

二、1993—2001 年:城市公共服务市场化的兴起与探索 ▷▷

1992年,我国确立了社会主义市场经济体制的改革目标。此后,市场机制逐渐嵌入我国城市治理的实践探索之中。随着社会主义市场经济体

---

① 徐靖.我国城市公共产品的有效供给研究[D].上海:上海社会科学院,2011.

制的明确建立,我国的城市公共服务市场化改革也逐渐兴起。自1994年我国开始在全国范围内开展最低生活保障试点开始,直到2002年党的十六大明确指出公共服务是政府的四项基本职能之一。这期间,我国开始了城市公共服务市场化的初步尝试,公共服务逐渐成为政府管理实践中的中心议题。

经济体制改革的深化,需要行政体制改革与之相适应,这就要求政府适当放松对市场的行政干预,并提供满足企业、居民多元化需求的公共服务。随着具有中国特色的社会主义市场经济体制的建立,我国政府逐渐转变了计划经济时期大包大揽的公共服务理念,"全能型政府"逐渐向"服务型政府"转变。因此,政府在努力提高公共产品供给水平的同时,陆续退出了一些领域[①]。同时,随着市场经济条件下发育的各类主体越来越倾向于社会生活管理的自主性,公共产品的政府单一供给方式的社会基础已不复存在。而在"单位制"加速解体的背景下,部分事业单位成为我国城市公共服务改革的主攻方向。

(一)聚焦事业单位:城市公共服务的改革与突破

事业单位是指"国家为了社会公益目的,由国家机关举办或者其他组织利用国有资产举办的,从事教育、科技、文化、卫生等活动的社会服务组织"[②]。作为我国特有的一种组织,自事业单位出现以来,它一直在教育、医疗卫生、社会保障、社会福利等领域发挥了重要的公共服务功能,是我国城市治理格局中的重要组成部分。在计划经济体制下,"单位制"下的行政事业部门、国有企业和人民公社等组织,为所属城市居民提供"公共的私人用品"和公共产品等社会福利,事业单位正是这种一元、刚性公共服务供给结构的有力支撑。伴随着中国特色社会主义市场经济体制的建立,计划经济体制下扮演重要支点作用的事业单位,已不能有效满足城市居民对公共服务的多样化需求。在"单位制"逐渐解体的历史拐点下,事业单位也走上了

---

① 赵强社.城乡基本公共服务均等化制度创新研究[D].杨凌:西北农林科技大学,2012.
② 新华社.事业单位登记管理暂行条例[J].湖南政报,1998(23):42-43.

变革之路。

城市公共服务市场化改革的探索，首先需要对事业单位的功能定位进行再调整，从而使市场机制嵌入公共服务格局中成为可能。在这一阶段，我国政府所推行的事业单位改革是以"分类＋剥离"为主要思路，其目的是在实现事业单位分类管理的前提下，对于事业单位所承担的行政职能及社会服务职能进行调整。一方面，我国通过行政体制改革实现事业单位分类管理的同时，剥离并收回了事业单位原本承担的部分行政职能，从而明确了事业单位的职责权限和应然角色；另一方面，我国将更适合由市场提供的部分社会公共服务从事业单位中剥离出来，使事业单位的社会服务供给功能聚焦到需借助政府力量的服务领域之中。至此，尽管事业单位还是作为政府提供部分公共产品的直接依托，但为日后市场力量介入公共服务供给提供了可能，城市治理领域中的市场化力量逐渐发展。

（二）本阶段城市公共服务领域的变革与调整

本阶段我国所开展的公共服务改革，在很大程度上源于行政机构改革的直接影响，并极大地影响了我国城市治理的管理体制。从1993年起，我国开始推进第三次大规模的国家行政机构改革，将原有18个专设性经济部门全部改组为行业总会或经济实体，原有条状的行政垂直领导模式逐渐向以总公司为主要形式的企业转变。此次改革，尽管部分事业单位的管理体制尚未发生根本性变化，但通过改组公私制度，在电力、石油、铁路、航空等关系国计民生的重要行业，已逐渐形成了国企主导部分行业市场的公共服务供给格局，为本阶段探索城市公共服务市场化奠定了坚实的主体基础。1995年召开的全国事业单位改革工作会议，针对政府机构改革之后的事业单位改革问题，初步确立了"政企分开、现代管理、多元化经营"的发展方针。1996年，中共中央办公厅和国务院办公厅印发了《中央机构编制委员会关于事业单位改革若干问题的意见》，对我国公共事业部门改革的目标和推进方式做出了明确规定。此外，国家教委、体委等主管部门也相继出台了包括《中国教育改革和发展纲要》（1994）、《关于深化体育体制改革的意见》（1993）等深化体制改革的相关文件。2000年，我国加快了事业单位人事制度改革，《关于加快推进事业单位人事制度改革的意见》坚持"脱钩、分类、放权、搞活"的思路，逐渐采取了取消事业单位行政级别、放宽人事自主权等措施，大大加快了我国事业单位的转型进程。

以事业单位的机构改革和公共服务领域的开放为契机，我国调整和优化了政府职能布局，同时加快了公共服务管理体制的实质性改革步伐。根据1998年出台的第四次机构改革方案，我国撤销了电力部、煤炭部、邮电部、广电部等15个部委，并将上述部委的行政职能下放至企业或移交经贸委等其他部门；并对部分部委的职能进行调整：建设部仍然负责城市公用事业如水、天然气、交通等的管理和运营，卫生部和药监局则主要负责管理医药行业的准入、产品定价及企业行为等问题。此外，国家对基础产品的定价权的控制也有所松动，赋予了企业通过增加收费获取一定盈利的条件，市场化改革程度明显增强了[①]。可以说，我国城市公共服务在本阶段的变革，是在市场经济体制转型和国家行政机构改革的双重作用下开展的，事业单位在职能界定、人事制度等方面的变革不断地推动着我国城市公共服务的市场化改革进程，我国城市治理整体格局由此转变。

（三）公共服务变革的阶段性特征

行政体制改革的不断深入与市场机制的逐渐嵌入，赋予了我国城市治理实践巨大的活力。1993—2001年是公共服务市场化改革的初步探索时期，这期间的诸多改革措施在完善市场经济体制、激发多元主体活力方面做出了有益的尝试。本阶段城市治理实践探索的重点在于：一是行政体制改革背景下实现权力的下放，在推动公共服务责任下移、探索实行地方负责与分级管理的同时，尝试打破公共服务供给的政府包揽，支持社会资金参与公共服务的生产和供给，以适应社会多层次的公共服务需求；二是在推进事

---

① 刘明慧，常晋.政府购买公共服务主体：职责界定、制约因素与政策建议［J］.宏观经济研究，2015（11）：3-13.

业单位承包制与责任制、扩大事业单位管理自主权的同时,实现放松管制与引入竞争机制并行的策略,按照市场需求稳步扩大公共服务种类,逐渐允许事业单位采取灵活多样的方式开展与公共事业相关的多种经营。由此,本阶段公共服务改革的特点主要表现为以下三个方面。

(1)城市公共服务与行政管理体制改革并行。本阶段的公共服务改革是在大规模的行政机构改革背景下开展的。我国通过中央权力下放至地方政府,在部分管制范围内有选择地向社会开放,推动审批制向备案制转变,并尝试建立新型的行政管理体系。同时,我国开始对传统的事业单位供给体制进行反思,尝试借助市场化机制的引入,对现有事业单位进行转制改组,从而达到增强财政资金的使用效率、提高公共服务部门管理效能的目的。

(2)市场机制开始在城市公共服务领域发挥作用。随着中国特色社会主义市场经济的建立和健全,我国逐渐在公共服务领域引入市场招投标的竞争机制,扩大基础建设的资金融通渠道和方式,加快包括道路、通信、医疗、教育等基础公共服务管理的市场化进程,从而更好地满足我国市场经济快速发展与城市居民日益增长的城市公共服务需求。

(3)专设性公共服务监督机构的建立。在单位制逐渐瓦解、新公共服务格局尚未建立的时代背景下,监管在公共服务供给格局中显得尤为重要。自本阶段起,我国逐步建立了部分专门的监管性机构,通过权力分配和制度建设加强对涉及公众利益范畴的"公共服务"的管制,对证券、银行、保险、环保等领域的管理进行了专业化的分工。此外,对于"无形公共服务产品"的质量监管也逐渐提上政策议程。

三、 2002年至今：城市公共服务均等化的政策推进 ▷▷

无论是经济体制的市场化转型还是行政机构的体制改革,我国在城市治理领域的各项举措都属于"摸石头过河"的渐进性探索。随着城市公共服务市场化改革的推进,诸如职责不清、权力寻租、地区发展不均衡等现实问题已逐渐凸显。无论是追寻更好的城市治理这一宏观愿景,还是解决更好地提供城市公共服务的具体命题,都呼唤着新一轮的革新与变革。

2002年党的十六大顺利召开,在明确界定公共服务属于政府四大基本职能的同时,又提出了践行科学发展观和构建社会主义和谐社会等宏伟目标。随着我国城市化水平的迅猛发展,城市公共服务的优化与完善对于建构以人为本的和谐社会具有重要意义。面对市场化改革所带来的一系列现实问题,对于均等化的探索成为我国城市公共服务变革的重要趋势。为此,在近十余年来的实践探索中,我国在不断强化和调整政府职能的同时,主要通过标准化和体系化两个维度来探寻我国城市公共服务均等化的可行路径。

(一)均等化:新时期我国城市公共服务改革的渐进探索

自党的十六大将公共服务定义为政府的四大职能之一以来,对于公共服务职能的强化已逐渐成为我国各级政府工作的中心内容之一。不同于市场经济体制确立的早期阶段,尽管GDP增长依然是各级政府的重要施政目的及绩效评估的重要内容,但公共服务重新回归为政府职能,标志着我国公共服务改革向纵深发展成为可能。2005年,时任总理温家宝在政府工作报告中明确提出要建设服务型政府的要求,并指出要强化政府的公共服务能力、创新政府管理和服务的方式,以有效回应公众的公共服务需求。事实上,无论是将公共服务作为政府的四大职能之一,还是强调服务型政府的建设,在很大程度上是对基本公共服务均等化目标的追求,而在公共服务供给中引入多元主体参与以及创新公共服务供给机制等要求,更多地倾向于公共服务体系建设的实现方式[①]。因此,我国对于城市公共服务均等化的探索,其本质是基于标准化和体系化两个维度所展开的。在探索建设具有中国特色的城市公共服务格局的过程之中,我国又是以基本公共服务作为主要突破口。

---

① 项显生.论我国政府购买公共服务主体制度[J].法律科学(西北政法大学学报),2014
(5):69−77.

　　我国对于城市公共服务均等化的探索经历了一个从模糊到明晰的演变过程。自2005年中共十六届五中全会首次提出"按照公共服务均等化原则、加大对欠发达地区的支持力度"①以来,党和国家的多次重大会议都对均等化的城市公共服务的发展进行了前瞻性规划。在2006年十届全国人大第四次会议、党的十六届六中全会以及2007年党的十七大报告中先后强调了基本公共服务均等化作为推动科学发展、促进社会和谐的重要目标,并且重点突出了民生建设对于协调经济社会发展的重要意义。2013年,十八届三中全会报告《中共中央关于全面深化改革若干重大问题的决定》就明确指出:"推进基本公共服务均等化,加快形成科学有效的社会治理体制,确保社会既充满活力又和谐有序。"2017年党的十九大顺利召开,在庄严宣告中国特色社会主义进入新时代的同时,也提出了未来我国城市公共服务发展的新图景:"2020年到2035年期间,要实现城乡区域发展差距和居民生活水平差距显著缩小,基本公共服务均等化基本实现,全体人民共同富裕迈出坚实步伐。"

　　对于公共服务均等化的探索,离不开公共服务体系化建设。我国城市公共服务体系化建设,在很大程度上依托于基本公共服务体系的完善。在本阶段,公共服务体系化建设逐渐纳入政府工作的重点并被各级政府所重视。早在2008年,胡锦涛同志就对基本公共服务体系建设展开了三个层次的构想:"① 公共服务体系建设建立在经济发展的基础上,应依据经济发展程度和水平,逐步建设。公共服务体系建设的指导思想是惠及全民和公平公正,但建设步骤要把握水平适度、可持续发展的原则。② 基本公共服务均等化,是公共服务体系建设的长远目标,也是服务型政府建设的重要价值追求,但也需要逐步实现。应围绕逐步实现基本公共服务均等化的目标,协调处理好公共服务的覆盖面、保障和供给水平、政府财政能力三者间的关系。③ 公共服务体系建设的关键是创新公共服务体制,改进公共服务方式,形成公共服务供给的社会和市场参与机制。通过公共财政、社会组织、企业与家庭的合作,发挥和体现财政资金的公益性价值,提高公共服务质量和效

---

① 中国共产党第十六届中央委员会.中共十六届五中全会公告［Z］.2005-10-11.

益。"①2006年出台的国家"十一五"规划,首先提及"基本公共服务均等化"的概念,并进一步明晰了公共服务均等化的建构方向。2012年7月,国务院颁布首部《国家基本公共服务体系规划》,初步构建起"覆盖全民、以国家基本公共服务项目及标准为核心"的制度体系,并明确了"政府主导、社会参与、公办民办并举"的基本公共服务供给模式。2017年,党的十九大明确指出:"应坚持人人尽责、人人享有,坚守底线、突出重点、完善制度、引导预期,完善公共服务体系,保障群众基本生活,不断满足人民日益增长的美好生活需要。"对于人民切实需求的回应,已逐渐成为我国城市公共服务改革的显著趋势。

近年来,我国在推动公共服务体系化建设的同时,又基于标准化的思路进一步完善我国城市公共服务的治理格局。公共服务标准化是直接与公民接触、提供服务的政府部门(包括行政服务中心、政务服务中心、行政审批服务中心、政务大厅、便民服务中心、办证中心、一站式服务中心、政府超市等)引进企业标准化建设的理念、方法与原则,制定出一套统一的质量管理标准体系,并以此质量管理标准开展的一系列政府服务活动②。2012年8月,国家标准委员会同国家发改委等27个部委制定了《社会管理和公共服务标准化工作"十二五"行动纲要》,明确指出将在"十三五"期间推行基本公共服务标准工作。2015年10月,中共十八届五中全会审议通过《中共中央关于制定国民经济和社会发展第十三个五年规划的建议》,明确提出"推动基本公共文化服务标准化、均等化发展",将公共服务标准化上升国家战略③。2015年12月,《国家标准化体系建设发展规划(2016—2020年)》出台,基本公共服务标准化工程作为国家标准化体系建设的"四大工程"之一,被提升到了前所未有的高度。该规划强调:"围绕国家基本公共服务体系规划,聚焦城乡一体化发展中的基层组织和特殊人群保护等重点领域,加快推进基

---

① 胡锦涛.政治局第四次集体学习时的讲话[Z].2008-02-23.
② 陈振明,耿旭.公共服务质量管理的本土经验——漳州行政服务标准化的创新实践评析[J].中国行政管理,2014(5):17.
③ 句华."十三五"时期公共服务供给方式创新探讨[J].理论探索,2017(2):22-27.

本公共服务标准化工作,促进基本公共服务均等化。"[1]近年来,随着大量基本公共服务领域的标准化试点的不断深入,我国基本公共服务的具体项目及实施标准得到了进一步落实。

(二)本阶段城市公共服务领域的变革与调整

回归到城市治理领域,本阶段我国城市公共服务的内涵范围不断拓展,尤其体现为市政公用行业的市场改革与公共服务领域的全面调整。2002年12月,建设部出台《关于加快市政公用行业市场化进程的意见》,开启了特许经营制度的政策尝试。2003年,党的十六届三中全会首次提及要打破垄断、开放市场,推进市政公用行业市场化。在2004年发布的《市政公用事业特许经营办法》及《城市供水、管道燃气、城市生活垃圾处理特许经营示范文本》的带动下,北京、深圳等城市开始制定自身的特许经营办法。2005年出台的《关于鼓励支持和引导个体私营等非公有制经济发展的若干意见》,则明确允许非公有资本进入公用事业和基础设施领域,支持非公有资本积极参与市政公用事业和基础设施的投资、建设与运营。上述政策的出台,极大地刺激了非公有资本投资公用事业的积极性[2],非公有资本参与公用事业建设从政策放开之前的"零敲碎打"发展到"全面出击",涉足了包括交通、水、电、气、道路、园林绿化、垃圾处理等大部分市政公用领域[3]。本阶段,以上海、深圳等城市为代表,在全国范围内兴起了非公资本加速涌入市政领域的热潮。据不完全统计,2002年至2004年,进入市政公用事业的社会资本约为1 495亿元[4]。在各项政策的推动下,我国市政领域中长久以来的政府垄断的局面已经被打破,多元化投资结构基本形成[5]。

---

① 《国家标准化体系建设发展规划》起草组.国家标准化体系建设发展规划:2016—2020年[M].北京:中国标准出版社,2016.

② 周春山,高军波.转型期中国城市公共服务设施供给模式及其形成机制研究[J].地理科学,2011(3):272-279.

③ 贺巧知.政府购买公共服务研究[D].北京:财政部财政科学研究所,2014.

④ 李东序.稳步推进市政公用事业改革[N].经济日报,2005-09-30.

⑤ 刘卫东.当代中国公共产品供需选择制度研究[D].长春:吉林大学,2013.

此外,我国城市公共服务领域也在探索中不断调整其覆盖范围及改革深度,借助系统化的改革措施,在教育、就业、社保、医保、住房及公共文化等领域实现了较大的进步与革新。

(三)公共服务变革的阶段性特征

总体来看,这一阶段我国城市公共服务改革的力度、广度和深度实现了前所未有的跨越。可以说,当前我国的城市公共服务总体格局与治理样态,都源于这个阶段的探索。从实践观察来看,过去十年改革的重点在于解决公共服务供给市场化进程中出现的政府职能不清、服务范围模糊等问题,力图以基本公共服务的界定为抓手,推动公共服务的均等化。

本阶段城市公共改革的主要特点在于以下三个方面:一是在中央政府的主导和支持下,公共服务市场化改革全面实施,产权交易逐步规范,通过公开招标的方式选择投资者和经营者,特许经营制度正逐步建立和完善。二是为确保公共利益和公共安全,政府在推进公共服务供给体制的改革过程中,逐步摆脱单一的公营化、私营化或市场化的局限性,尝试探索在保证政府公共服务供给主体地位的前提下,深入推进民营企业、外资企业等服务主体融入的多元发展模式,努力克服公共服务改革中的难题。三是逐步理清公共服务管理体制的基本思路,即在推进美好城市治理的建设过程中,城市政府逐渐认识到政府不再是唯一的供给主体,多样化的城市需求呼唤多元的公共服务供给主体,对于技术与人文的关切已逐渐成为优化未来城市公共服务的基本诉求。

值得注意的是,近年来,随着我国城市化水平的稳步提高,国家治理能力与治理水平的显著提升以及社会主义市场经济的日趋成熟,我国城市公共服务改革还呈现出若干新趋势:一是大力推进城乡区域公共服务均等化,保障人民群众得到基本公共服务的机会,而不是简单的平均化;二是逐渐形成了政府主导、社会参与、公办民办并举的基本公共服务供给模式,成为推进具有中国特色城市治理实践的有力支撑;三是在大数据、云计算等新兴技术的加持下,我国基本公共服务管理走向精细化成为可能。

第三节　改革开放以来我国城市公共服务的理论认知

我国对于城市公共服务的理论认知具有鲜明的中国特色，最早始于体制研究，后与职能改革密切相连，并不断细化公共服务的领域和内容。当前，学界已逐渐认识到，公共服务不但是个政府把控供需的经济问题，更是一个兼具人文关怀和技术工具色彩的重大命题。围绕我国城市公共服务的理论认知问题，本部分将从体制职能、领域内容、理念方法三个部分进行阐释与介绍。

一、我国公共服务体制与职能研究 ▷▷

公共服务作为政府的重要职能，其制度变迁与职能演变和国家体制转轨密切相关。早期对公共服务的研究也多关注体制方面的内容。一般认为，根据不同时期公共服务供给呈现的特征，我国公共服务体制大致经历了两大阶段的历史演变。以1978年改革开放为分界点，改革开放之前（1949—1978），属于计划经济体制下的公共服务供给体制，为适应传统计划经济体制的要求，以"高度集中、城乡分割和低水平平均"为基本特征；而改革开放之后（1978年至今），公共服务体制逐步适应建立社会主义市场经济的要求，突出表现为"体制转轨、城乡统筹和追求均等化"的特征①。

（一）我国公共服务的体制转型

在计划经济时代，我国建立起了一个相对单一、平均主义和国家统一配

---

① 李杰刚、李志勇.新中国基本公共服务供给：演化阶段及未来走向［J］.财政研究，2012（1）：13－16.

给的公共服务体系,以适应于当时的经济社会制度安排。这一公共服务体系建立在单位制度、户籍制度和城乡二元结构之上,以城市"单位制福利"和农村"集体福利制度"为主体。在城市实施"单位制福利",采取"企业办社会"的公共服务供给模式。各种企事业单位同时兼具生产经营和公共服务供给的双重功能,向所有职工免费和同质提供诸如退休工资、公费医疗、基础教育、福利服务、住房分配等公共服务。例如,杨发祥、胡兵认为政社合一是这一时期的典型特征,无论是农村的人民公社制,还是城市的单位制等"总体性社会"组织,均集政治、经济、社会功能于一身,具有行政性、封闭性和单一性等特征,且随着社会的发展,公共服务供给主体单一、供给效率低下等问题促使了公共服务体制的转型[①]。

1978年,中共十一届三中全会确立了"以经济建设为中心"的指导思想。此后,随着经济建设的中心地位、优先地位的不断巩固,国家的政治合法性基础较多地转向了经济增长,追求国内生产总值增长成为各级政府的中心任务,政府财政最大化地用于生产性投资甚至充当投资主体[②]。在市场化改革浪潮中,公共服务供给中的政府角色和公共服务供给方式随之发生了重要的转变。

从公共服务供给体制来看,改革开放之后的公共服务体制改革实现了供给方式多元化、供给内容多样化、供给效率高速化。例如,郁建兴认为改革开放之后公共服务体制改革实现了从单一供给主体到多元供给主体的转变,从国家免费供给到居民付费享受的转变,公共服务的供给效率与服务质量大大提高,从根本上改变了计划经济时期公共服务供给的总体短缺状态[③]。

从公共服务财政体制来看,中央政府和地方政府的税收分配与公共财政支出比例是公共服务财政体制改革的重心。郭小聪、代凯认为,"在公共财政体制方面,我国自1994年实施财政管理体制改革以来,在一定程度上缓解了

---

① 杨发祥,胡兵.政社合作与公共服务体制的转型[J].学习与实践,2011(3):94-98.
② WONG J. The adaptive developmental state in East Asia[J]. Journal of East Asia Studies, 2004(3): 345-362.
③ 郁建兴.中国的公共服务体系:发展历程、社会政策与体制机制[J].学术月刊,2011(3):5-17.

中央财政的困难,但却造成了基层财政困难和区域间财力不均,各级政府特别是基层政府财权与事权不匹配,弱化了基层政府的公共服务供给能力"①。白景明等认为,完善公共服务的财政体制就是要建立事权与支出责任相适应的财税制度,"按照市场优先、社会有效、政府有限的原则,界定政府与市场、政府与社会的边界,充分考虑事权的内在属性、外部性、信息处理复杂性等因素,以政府收支分类科目为参照,采取清单列举的方式,率先确定中央和地方两个治理层级的事权范围,再结合税制改革,合理划分税收,并通过转移支付、委托代理、购买服务等方式,实现事权与支出责任、事权与财权相统一"②。

从公共服务行政体制来看,改革开放之后,随着社会的变革与市场的逐步发展,公共服务行政体制也由"管制行政"向"服务行政"转变,由"权力行政"向"民主行政"转变。如张勤认为,随着市场的发展和社会利益多元化格局的出现,行政体制改革要实现由权力行政向民主行政转变,由管制行政向服务行政转变③。宋源认为,从计划经济到市场经济的转型所带来的社会变革,对公共行政的理念、规则乃至职能的履行方式都产生了深刻的影响。由管制行政向服务行政的转变,意味着要转变行政理念、扩大行政主体以及变革管理方式④。综合来看,1978年之后,公共服务体制的转型主要表现在供给体制的多元化转型,公共财政中中央政府与地方政府事权与财权的分配改革,以及行政体制不断由"管制"走向"民主"。

(二)我国公共服务的职能转变

市场化的改革进程深刻地影响着公共服务领域,政府的公共服务职能也发生了重要的变化。因此,对公共服务的研究从过去的宏观体制变革研

---

① 郭小聪,代凯.国内近五年基本公共服务均等化研究:综述与评估[J].中国人民大学学报,2013(1):145-154.
② 白景明,朱长才,叶翠青,等.建立事权与支出责任相适应财税制度操作层面研究[J].经济研究参考,2015(43):3-91.
③ 张勤.行政体制改革的价值取向:公共性和服务性[J].广东行政学院学报,2004(2):14-18.
④ 宋源.转型期公共行政模式的变迁——由管制行政到服务行政[J].学术交流,2006(5):32-36.

究转而关注政府公共服务职能的转变,尤其是公共服务供给的社会化和市场化,以及公共服务供给责任的地方化。

1. 供给模式的市场化探讨

20世纪80—90年代,我国政府逐步推动了公共服务体系改革,以适应经济体制和行政管理体制改革的双重需要。在城市,计划经济时期的公共服务体系一直延续到20世纪90年代初。此后,随着经济体制改革特别是国企改革的深入推进,我国政府开始在城市探索建立新型的公共服务体系。综合来看,新型公共服务体系建设的主要任务是将传统的"企业办社会"模式转变为社会化和市场化的公共服务供给方式。

从公共服务供给的社会化改革来看,主要集中于城市社会保障改革和社会福利服务改革的研究。在社会保障制度方面,其改革的目标是从原来的"企业保险"转向"社会保险"(由个人、企业和政府按比例共同承担筹资责任),实现社会保险的社会化融资、社会化管理服务。到21世纪初,城市已基本建立起包括养老保险、医疗保险、失业保险、工伤保险和生育保险在内的社会保险体系[①]。在社会福利服务方面,民政部于20世纪80年代中后期提出了"社会福利社会办"的改革思路,希望通过社会组织、社会机构的参与,解决传统模式下融资渠道单一以及由国家包办带来的效率低下和服务质量差等问题。正如学者尚晓援所指出的,从"国家福利"向"多元福利"转变,就是强调减少国家干预,要求人们为自己的福利负责,为自己的养老和医疗等福利承担更多的责任[②]。

从公共服务供给的市场化改革来看,主要集中于公共服务供给的市场化改革理念与内容的研究。在公共服务供给市场化改革的理念方面,学者们大都将市场竞争机制的引入视作改革的基本路径。正如徐明春等学者所认为的,公共服务供给的市场化改革就是要引入市场竞争机制,打破政府的垄断地位,构建起以政府、私营企业、第三部门相互合作为基础的公共服务

---

① GOLLEY J. How far across the river? Chinese policy reform at the millennium[M]. Stanford University Press, 2003.

② 尚晓援. 从国家福利到多元福利——南京市和兰州市社会福利服务的案例研究[J]. 清华大学学报(哲学社会科学版),2001(4): 16-23.

新秩序[①]。而在公共服务供给市场化改革的内容方面,相关研究则聚焦于卫生、教育和住房等领域的市场化改革。例如,郁建兴认为我国在住房供给方面实现了从福利分房到货币分房的过渡,初步建立起具有社会保障性质的住房公积金和经济适用房制度;在卫生和教育领域,公立教育机构和医疗机构开始自主经营、自负盈亏,公共服务的供给效率与质量大大提高[②]。

2. 供给责任的地方化探索

20世纪80年代,以分权为主题的行政管理体制和财政体制改革,大大提高了地方政府的财政能力和治理地方事务的自主性、积极性,但也严重削弱了中央政府的财政汲取能力及中央政府对地方行政部门的控制范围和力度。鉴于此,中央政府在1994年推动了以财政中央集权为目标的分税制改革。分税制界定了中央与地方的财权,但并没有合理划分相应的事权,中央政府的财政收入超过了国家总财政收入的50%,却由地方政府承担了70%的支出责任。由于公共服务采取"属地化"供给,支出由地方财政承担,中央财政转移支付体系也未能"充分支持地方政府提供这些服务时所需的支出"[③],由此导致财力有限的地方政府难以提供足够的公共服务,特别是落后地区的政府几乎无法有效提供基本的城市公共服务。财政收入中央集权化与公共服务供给地方化之间的矛盾,还导致地方政府形成"倒逼型"制度外、预算外的支出,产生大量"乱收费"问题。在经济发达地区,由于地方财力相对丰厚,往往能够提供相对充足和水平较高的公共服务,这也因此引发了较大的公共服务供给的区域性差距。

公共服务供给责任的地方化是公共服务体系改革的又一重要特征,它甚至决定性地影响了这一时期公共服务供给的总体状态。但是学者们通常将研究的重心集中于中央政府与地方政府的事权分配问题上,认为这是决

① 徐明春,赵丽华.西方国家公共服务供给模式的市场化改革及其启示[J].山东经济,2007(4):25-27.
② 郁建兴.中国的公共服务体系:发展历程、社会政策与体制机制[J].学术月刊,2011(3):5-17.
③ CHRISTINE P W W, RICHARD M B.中国的财政体系:进行中的工作[M]//劳伦·勃兰特,托马斯·罗斯基.伟大的中国经济转型.方颖,赵扬,译.上海:上海人民出版社,2016.

定地方政府能否有效供给公共服务的关键。如倪红日、张亮认为中央政府与地方政府的职责存在多方面错位以及地方财政的事权与财力不匹配,导致了地区间公共服务水平差距的存在[①]。冯兴元、李晓佳认为公共服务事权在政府间的划分是建立分级财政体制的核心和基础,事权分配的混乱与不合理容易造成诸多问题[②]。因此,吴湘玲、高红岩就曾明确指出:"应通过科学划分各级政府职能,明确规定各级政府的职能、事权、支出范围,合理划分各级政府的财权,然后通过规范的转移支付制度缓解中央与地方政府间的财权、事权不平衡,保证地方财政收支平衡,保证全国不同地区的人民享受水平大体相当的公共产品与服务。"[③]

二、 我国公共服务领域与内容研究 ▷▷

改革开放以来,对于公共服务领域与内容的研究一直都是强化公共服务理论认知的重要方面。而对于公共服务领域与内容的认知的深入,与我国日益活跃的公共服务供给实践密不可分。

(一)我国公共服务领域研究

改革开放以来,通过推进政府公共服务创新,努力增加公共产品的数量,使得我国城市公共服务水平不断提高,整体服务状况得到全面提升。随着公共服务总量不断增长,我国初步形成了文化、教育、科技、卫生、社会保障、国防、农村公共服务等较为全面的公共服务体系。在供给模式上,供给主体结构由政府垄断转向政府公共部门、市场企业组织及社会非营利组织多元参与;在供给主体的制度设计上,供给决策由政治主导转向利益驱动,

---

① 倪红日,张亮.基本公共服务均等化与财政管理体制改革研究[J].管理世界,2012(9):7-18.
② 冯兴元,李晓佳.政府公共服务事权划分混乱的成因与对策[J].国家行政学院学报,2015(3):71-74.
③ 吴湘玲,高红岩.地方政府事权与财权分配关系初探——以四川省德阳市为例[J].中国软科学,2001(4):29-35.

生产与提供机制由一体化转向垂直分离,垂直层级式管理机制也逐步转型为政府主导下的全方位监督[①]。随着公共服务领域不断延展,公共服务体系逐渐完善,我国公共服务的理论和实践研究也在不断细化,在文化、教育、科技、卫生、医疗、社会保障、公共安全等领域都展开了深入的研究。基于联合国政府功能的分类体系,一般认为,政府公共服务的领域应包含一般公共服务、国防、公共秩序与安全、经济事务、环境保护等10大类[②]。

此外,很多学者不再局限于对某一具体公共服务领域的研究,而是基于数据分析从宏观上描绘我国公共服务的总体图景。相关数据表明,2016年我国财政用于教育、医疗卫生、社会保障和就业、住房保障等基本公共服务的支出为69 440亿元,占当年财政总支出的36.97%,财政用于基本公共服务供给的总量和比重都达到了历史最高水平。然而,与其他国家或地区相比,差距依然明显。比较不同国家公共教育支出和医疗支出分别占国内生产总值的比重发现,高收入国家2014年的占比分别为4.8%和12.3%,中等收入国家2014年的占比分别为4.15%和5.6%[③]。

(二) 公共服务的主要内容

"供需"是我国公共服务研究的主要内容。随着公共服务实践的发展和理论认识的深化,对于公共服务供给和需求问题的研究也在不断深入,在关注各公共服务领域发展、政府向公众提供的公共服务规模总量的同时,开始重视"公平"这一价值理念在公共服务中的实现。在供给层面,主要关注公共服务资源的空间分配问题,聚焦于对公共服务均等化的研究;在需求层面,则主要关注公众的主观体验,聚焦于公众对公共服务满意度的研究。

1. 趋向均等化的公共服务供给研究

公共服务均等化问题作为我国公共服务最突出的问题之一,从2005年

---

① 周春山,高军波.转型期中国城市公共服务设施供给模式及其形成机制研究[J].地理科学,2011(3):272-278.

② 杨清望.公共服务的"意义"探析与内容重构[J].法律科学(西北政法大学学报),2012(4):101-113.

③ 中华人民共和国国家统计局.国际统计年鉴2016[M].北京:中国统计出版社,2016.

开始多次出现在党和政府的重要文件中,成为当前我国改革和发展的重点目标之一,也是学界最为关注的研究话题。现有研究表明,区域之间、城乡之间和不同群体之间享有的基本公共服务的差异,成为制约我国实现基本公共服务均等化的现实障碍。

在区域方面,针对公共服务资源区域分配,从全国范围或特定区域内对基本公共服务均等化水平的研究都表明,经济先发地区由于地方财力相对雄厚,往往能够提供相对充足和水平较高的基本公共服务,这也因此造成了比较显著的区域性差距[1]。如南锐、王新民等构建了基本公共服务均等化的评价指标体系,对全国31个省市的基本公共服务均等化水平进行了分析,将全国的基本公共服务均等化水平划分为三个区域等级,并指出我国基本公共服务均等化水平呈现出整体水平较低、区域发展严重不平衡的局面[2]。李振海、任宗哲认为由于历史原因和环境原因,使得西部地区较东部地区存在不均等现象[3]。潘楠认为区域公共服务发展不均衡主要体现在基础教育、医疗卫生以及社会保障等各个方面[4]。

在城乡方面,我国长期的城乡二元结构使得城乡之间的公共服务均等化仍存在较大问题,突出表现在教育、医疗、社会保障等基本公共服务领域。从现有研究来看,无论是比较具体省份的城乡基本公共服务均等化现状,还是对城乡医疗卫生、社会保障等具体公共服务领域的比较,都表明城乡之间基本公共服务的水平差距较大[5]。管廷莲、吴淑君对浙江省城乡基本公共服务均等化进行了研究,认为浙江的基本公共服务在城乡之间呈现出制度保障不均衡、公共服务资源配置不均等、基本公共服务受益程度不均等的非均

---

① 郁建兴.中国的公共服务体系:发展历程、社会政策与体制机制[J].学术月刊,2011(3):5-17.
② 南锐,王新民,李会欣.区域基本公共服务均等化水平的评价[J].财经科学,2010(12):58-64.
③ 李振海,任宗哲.西部地区基本公共服务均等化:现状、制度设计和路径选择[J].西北大学学报(哲学社会科学版),2010(1):5-9.
④ 潘楠.区域公共服务均等化实现机制与完善对策[J].人民论坛,2015(29):138-140.
⑤ 胡仙芝.中国基本公共服务均等化现状与改革方向[J].北京联合大学学报(人文社会科学版),2010(3):82-87.

衡态势[①]。张丽琴、王勤等运用数据分析了我国城乡之间以及不同地区的农村之间医疗卫生服务存在的差异,并认为建立合理的财政投入制度是缩小差异、实现医疗卫生服务和谐发展的有效手段[②]。

在群体方面,群体均等意味着基本公共服务的对象是全体公民,而不应存在民族、地域、性别、身份、收入等差异,尤其残疾人、留守儿童、农民工等社会弱势群体应是当前开展基本公共文化服务均等化的重点对象[③]。从已有研究来看,群体不均等既表现在客观上的基本公共服务覆盖面不全,也表现在主观上的各个群体获取基本公共服务的能力与机会的差异。如胡仙芝认为,基本公共服务的不均等还体现为不同群体之间享受服务的不均衡,如不同性别或不同年龄段的群体所获得的差异性公共服务等[④]。郁建兴也指出,由于发展主义意识形态的影响,以及财权不充分的属地化基本公共服务供给模式,导致部分政府的基本公共服务投入和供给严重不足,大大降低了基本公共服务的普遍可及性,大部分贫困群体、农村居民、灵活就业人员和转移劳动力处于基本公共服务覆盖的边缘[⑤]。

2. 聚焦公共服务公众满意度的需求研究

随着服务型政府理念的发展,越来越多的学者开始关注到公共服务的满意度问题,定量研究方法在公共服务领域中的运用越来越广泛。吴伟、于文轩等对我国34个城市公共服务满意度指数进行测评,结果显示,公众和企业两大主体对公共服务满意度存在较为显著的群体性差异[⑥]。其他同类研究也同样

---

① 管廷莲,吴淑君.浙江城乡基本公共服务均等化问题探讨[J].浙江社会科学,2010(2): 121-124.

② 张丽琴,王勤,唐鸣.医疗卫生服务的差异分析与均等化对策[J].社会主义研究,2007 (6):110-114.

③ 张雅琪,陈韩梅,刘旭青,等.基本公共文化服务均等化研究综述[J].国家图书馆学刊, 2018(1):31-39.

④ 胡仙芝.中国基本公共服务均等化现状与改革方向[J].北京联合大学学报(人文社会科学版),2010(3):82-87.

⑤ 郁建兴.中国的公共服务体系:发展历程、社会政策与体制机制[J].学术月刊,2011(3): 5-17.

⑥ 吴伟,于文轩.提升城市公共服务质量打造服务型政府——2010连氏中国城市公共服务质量调查[J].城市观察,2011(1):5-13.

得出,我国东部经济发达地区的公共服务公众满意度指数排名要明显优于中西部地区[1],公共服务不同领域的满意度也呈现明显的不均衡趋势[2]等结论。

　　除公共服务公众满意度测评类研究之外,对于满意度的影响因素探讨同样是相关研究的重中之重。针对影响公共服务满意度的因素,部分研究者认为关键还在于公共服务供给[3],公共服务客观绩效的效果性影响显著[4],政府形象在这个过程中起到部分中介作用,公众参与是调节变量[5]。有研究则表明,公众期望与实际之间的差距同公共服务满意度存在显著的负相关关系,地方政府公信力、个人效能感、个人幸福感和政府效能这些因素都对公共服务公众满意度产生了显著的影响[6]。还有研究发现,财政自主权的增强,提高了居民对公共服务满意的可能性,这种作用是通过促进公共服务项目投入的资金效率而不是增加支出水平实现的,在相对不发达地区,财政自主权的作用更强[7]。上述种种研究都是对公共服务公众满意度影响因素的有益探讨。

第四节　新时代下我国城市公共服务的特点

　　改革开放之前,我国的城市公共服务是建立在特定经济结构及社会管

---

① 纪江明,胡伟.中国城市公共服务满意度的熵权TOPSIS指数评价——基于2012连氏"中国城市公共服务质量调查"的实证分析[J].上海交通大学学报,2013(3): 41-50.

② 冯菲,钟杨.中国城市公共服务公众满意度的影响因素探析[J].上海行政学院学报,2016(2): 58-75.

③ 范柏乃,金洁.公共服务供给对公共服务感知绩效的影响机理——政府形象的中介作用与公众参与的调节效应[J].管理世界,2016(10): 50-60.

④ 王欢明,诸大建,马永驰.中国城市公共服务客观绩效与公众满意度的关系研究[J].软科学,2015(3): 111-114.

⑤ 范柏乃,金洁.公共服务供给对公共服务感知绩效的影响机理——政府形象的中介作用与公众参与的调节效应[J].管理世界,2016(10): 50-60.

⑥ 冯菲,钟杨.中国城市公共服务公众满意度的影响因素探析[J].上海行政学院学报,2016(2): 58-75.

⑦ 高琳.分权与民生:财政自主权影响公共服务满意度的经验研究[J].经济研究,2012(7): 87-98.

理模式基础之上的。这种供给方式在当时特定的历史条件下发挥了重要的作用,取得了令人瞩目的成就[①]。而经过改革开放40年的探索,我国城市公共服务的总体格局已呈现巨大变化。这种变化,既表现在对于带有计划经济色彩的传统公共服务体制的突破,也体现为建立多元的公共服务供给模式和基本形成中国特色的公共服务体系等方面。基于对改革开放40年来改革实践及理论认知的简要梳理,可以发现新时代我国城市公共服务改革有如下特点。

一、政策界定日益精准:从模糊认知到明晰定位 ▷▷▷

我国的公共服务改革是在改革开放大潮和社会深刻转型的大背景下所启动并不断深化的。因此,不同时期的公共服务改革必然服从于特定时期改革开放的重点,并带有鲜明的时代烙印。从总体上看,在进入21世纪之前,我国改革开放的重点在于建立社会主义市场经济体制。因此,前期城市公共服务改革的任务主要是满足建立社会主义市场经济体制的要求,重在解决经济体制改革进程中出现的服务短缺等问题。迈入21世纪,我国进入了社会转型的关键时期,明确提出了构建社会主义和谐社会、全面建成小康社会的重大战略目标和任务。在这种情况下,我国公共服务改革的目标和重点也随之调整并日渐清晰。党的十八大提出要"加快形成政府主导、覆盖城乡、可持续的基本公共服务体系","到2020年基本公共服务均等化总体实现"。十八届三中全会提出要"推进城乡基本公共服务均等化","城镇基本公共服务常住人口全覆盖"等重大改革。"十三五"规划纲要进一步明确要"加快健全国家基本公共服务制度","建立国家基本公共服务清单"。可见,我国城市公共服务逐渐实现了从模糊的政策口号向具体的标准体系转变,政策界定维度上的城市公共服务日益明晰。

---

① 何水.中国公共服务改革:实践透视与路径探寻[J].郑州大学学报(哲学社会科学版),2013(6):5-9.

二、供求结构衔接转型：从单一主体到多元主体 ▶▷

改革开放40年，我国城市公共服务实现了供求结构的衔接与深刻转型。无论是在供给层面还是需求层面，供求结构的变革最能凸显我国城市公共服务的巨大变革。在供给层面，随着我国单位制的逐渐解体和事业单位改革的不断深入，"政府包揽、分级承担"的传统公共服务体制逐渐被打破，实现了由政府单一主体向多方供给主体的深刻转变。在需求层面，城市公共服务需求的话语权也实现了由政府独享转向多方共享，城市公共服务不再仅仅取决于政府的职能安排，民众诉求逐渐上升为城市公共服务的具体事项。随着我国社会主义市场经济体制的不断完善，我国在不断强化政府在公共服务供给中的主导地位，同时采取多种有力措施探索推进公共服务的市场化与社会化，我国城市公共服务供求结构由此转型。

三、新时代下我国公共服务理念与方法研究 ▶▷

随着对公共服务认识的不断深化，城市公共服务不再只被视作由政府部门把控供需的经济问题。一方面，要捍卫社会公平正义和公民权利；另一方面，要提升供给效率和实现供需匹配。因此，城市公共服务已逐渐演变为一个兼具人文关怀与技术理性的重要命题。在此背景下，我国城市公共服务的理念和方法在不断进步。

（一）政府购买公共服务的理念探讨

如何解决我国公共服务领域现存的问题，学界认为政府向社会力量购买公共服务是一剂良药。2013年，《中共中央关于全面深化改革若干重大问题的决定》提出："要推广政府购买服务，凡属事务性管理服务，原则上都要引入竞争机制，通过合同、委托等方式向社会购买。"这是我国第一次将政府购买公共服务提到国家改革的层面，并将其作为深化行政体制改革、加快政府职能转变的重要内容。至此，学术界对于政府购买公共服务的关注度大大增加。

学者们对于政府购买公共服务的研究主要集中在四个方面：首先是对政府购买公共服务的内容以及边界的研究。例如，魏娜、刘昌乾指出："政府购买公共服务的边界和领域可以界定为非排他性、非竞争性的基本公共服务，非排他性、竞争性的以物为对象的基本公共服务，非排他性、竞争性的以人为对象的基本公共服务，非基本公共服务。"①其次是对政府购买公共服务的方式的研究。李军鹏认为，政府购买公共服务的基本方式应包括合同外包、公私合作、政府补助、凭单制等方式，且不同方式适用的情况也明显不同②。再次是对政府购买公共服务实现机制的研究。常敏、朱明芬从主体视角出发，提出了以服务消费者、服务生产者、服务购买者以及第三方评估为主体的政府购买服务的多元主体协作网络③。林民望构建了包括外部环境、驱动力、政府购买公共服务制度、影响效果、政策调整等多个维度的政府购买公共服务的整合性理论框架，为政府购买公共服务、公共服务外包、政府与社会资本合作等问题的研究提供一个概念化的解读视角④。最后是对政府购买公共服务的困境及其解决路径的研究⑤。在政府购买公共服务中，需求方缺陷和供给方缺陷是政府面临的最大挑战⑥。刘明慧、常晋提出清晰界定主体职责（购买主体、使用主体、承接主体、评审主体）是解决政府购买公共服务现实困境的必经之路⑦。刘舒杨、王浦劬指出，为解决政府购买公共服务的困境，需要强化政府向社会力量购买公共服务关系中各主体的法定

---

① 魏娜，刘昌乾.政府购买公共服务的边界及实现机制研究[J].中国行政管理,2015(1)：73-76.

② 李军鹏.政府购买公共服务的学理因由、典型模式与推进策略[J].改革,2013(12)：17-29.

③ 常敏，朱明芬.政府购买公共服务的机制比较及其优化研究[J].上海行政学院学报,2013(6)：53-62.

④ 林民望.政府购买公共服务：一个整合性分析框架[J].北京理工大学学报(社会科学版),2017(1)：91-98.

⑤ 李军鹏.政府购买公共服务的学理因由、典型模式与推进策略[J].改革,2013(12)：17-29.

⑥ 詹国彬.需求方缺陷、供给方缺陷与精明买家——政府购买公共服务的困境与破解之道[J].经济社会体制比较,2013(5)：143-150.

⑦ 刘明慧，常晋.政府购买公共服务主体：职责界定、制约因素与政策建议[J].宏观经济研究,2015(11)：3-13.

地位,优化购买服务的行政管理,确立政社合作共治的理念①。

综合来看,现有研究认为政府购买公共服务是解决现有公共服务无法满足社会需求的有效措施。推进政府购买公共服务目标的实现,其重点在于推进公共服务供给的多元化,从而建立起多元化、社会化、制度化、法治化的政府购买公共服务制度。

(二)"互联网+公共服务"的方法革新

现代信息技术对于公共服务的重要性早已被广泛认可。很早就有学者探讨电子政务在推动公共服务标准化、均等化、个性化和政府转型中所具有的潜力②。随着技术的发展,当下"互联网+"浪潮与大数据时代引起了学者们广泛的关注,学界普遍对互联网技术与大数据方法在公共服务领域中的价值予以充分肯定。在基本公共服务供给中,大数据有助于实现对公众真实需求的精准识别,从而实现需求的精准供给③。在城市社区层面,针对社区公共文化服务、便民服务、医疗保障服务、养老服务、教育服务等公共服务领域,"互联网+"具有广阔的展演、交流和互动平台④。此外,有学者也探讨了"互联网+公共服务"在具体公共服务领域中的实现问题,如互联网教育创新⑤、智慧文化服务⑥等。还有学者将政府购买公共服务的理念与大数据的方法相结合,从理论上构建起了政府购买公共服务精准化的大数据应用模型⑦。现有研究也指出政府数据意识薄弱、开放共享不足、信息泄露风

---

① 刘舒杨,王浦劬.中国政府向社会力量购买公共服务的深度研究[J].新视野,2008(1):84-89.

② 杜治洲,汪玉凯.电子政务与中国公共服务创新[J].中国行政管理,2007(6):47-50.

③ 王玉龙,王佃利.需求识别、数据治理与精准供给——基本公共服务供给侧改革之道[J].学术论坛,2018(2):147-154.

④ 何继新,李原乐."互联网+"背景下城市社区公共服务精准化供给探析[J].广州大学学报(社会科学版),2016(8):64-68.

⑤ 郑庆华.互联网教育与公共服务体系[J].中国远程教育,2015(4):32-35,79.

⑥ 徐望.公共数字文化建设要求下的智慧文化服务体系建设研究[J].电子政务,2018(3):54-63.

⑦ 宁靓,赵立波.政府购买公共服务精准化的大数据应用模式研究[J].山东大学学报(哲学社会科学版),2018(3):150-158.

险、专业人才缺失等问题①，是推进大数据时代公共服务方法创新所必须克服的挑战。

（三）提升居民获得感的价值追求

2015年2月，习近平总书记在中央全面深化改革领导小组第十次会议上的重要讲话中指出：“要让人民群众有更多获得感。”获得感很快成为全面深化改革是否取得成效的重要标准。十九大报告中明确强调，“完善公共服务体系，保障群众基本生活，不断满足人民日益增长的美好生活需要，不断促进社会公平正义，形成有效的社会治理、良好的社会秩序，使人民获得感、幸福感、安全感更加充实、更有保障、更可持续”。至此，“获得感”已成为公共服务发展效果的重要标准之一。目前，对于居民获得感的研究主要集中于对获得感内涵与提升路径的探索。尽管学者对于获得感的概念界定有所不同，但大都认为共建共享是“获得感”的重要特征，提供更高品质、更高效率、更加全面、更具公平的公共服务是增强居民获得感的重要途径。曹现强、李烁认为，居民的“获得感”就是建立在共建共享基础上的覆盖全面的、高水平的、公平的社会保障体系以及高质量、均等化的公共服务供给②。而李斌、张贵生则提出，公共服务获得感主要是指“社区居民在获取公共服务时，对于所在区域公共服务资源提供的充足性、资源获取的便利性、资源分布的均衡性、资源共享的普惠性等方面实实在在的成效感知”③。

此外，满意度是评价公共服务发展效率的另一重要标准。随着服务型政府的建立和发展，众多学者开始关注到居民对公共服务满意度的问题。对于公共服务的满意度研究主要集中在以下三个方面：第一，将满意度视作衡量公共服务发展的重要标准，并由此引出对于公共服务满意度测量问题的关注。如吴伟、于文轩等人运用定量研究方法，对我国34个城市的公

---

① 陶国根.大数据视域下的政府公共服务创新之道[J].电子政务，2016（2）：68-73.
② 曹现强，李烁.获得感的时代内涵与国外经验借鉴[J].人民论坛·学术前沿，2017（2）：18-28.
③ 李斌，张贵生.居住空间与公共服务差异化：城市居民公共服务获得感研究[J].理论学刊，2018（1）：99-108.

共服务满意度指数进行评价分析[①]。第二,对于公共服务居民满意度的影响因素进行探讨。如冯菲、钟杨认为,地方政府公信力、个人效能感、个人幸福感和政府效能等因素都对公共服务的公众满意度产生了显著的影响,而城市的经济发展水平、公共服务人均财政投入与公共服务公众满意度并不存在显著的相关性[②]。高琳认为,财政自主权的增强,增加了居民对公共服务满意的可能性,这种作用是通过促进公共服务项目投入的资金效率而不是增加支出水平实现的[③]。第三,围绕公共服务具体领域的满意度进行探讨。如王君[④]、江明[⑤]、纪江明[⑥]等人探讨了基础教育、公共交通、社会保障等单一领域的公众满意度,并从城市层面与受访市民的个人层面解释了影响城市公共服务满意度差异的因素。

四、服务内容趋于精准:综合考量本国公共服务的现实基础 ▶▷

　　改革开放以来,我国在深入探索城市公共服务变革的过程中,逐渐放弃了贪大求全且内容模糊的政策宣扬和理念口号,在充分结合我国实际情况的基础上,提出了更务实的基本公共服务内容,并逐渐形成了具有中国特色的城市公共服务内容体系。

　　随着我国政府对公共服务投入的逐年增长,特别是中共十六大以来,中

---

① 吴伟,于文轩.提升城市公共服务质量打造服务型政府——2010连氏中国城市公共服务质量调查[J].城市观察,2011(1):5-13.

② 冯菲,钟杨.中国城市公共服务公众满意度的影响因素探析[J].上海行政学院学报,2016(2):58-75.

③ 高琳.分权与民生:财政自主权影响公共服务满意度的经验研究[J].经济研究,2012(7):87-98.

④ 王君,琳挺进,吴伟,等.中国城市公共教育服务满意度调查及分析[J].复旦教育论坛,2011(4):49-53.

⑤ 江明,葛羽屏.分层模型视角下中心城市基础教育满意度影响因素研究——基于"2012新加坡连氏中国城市公共服务质量调查"的实证分析[J].教师教育研究,2015(2):1-7.

⑥ 纪江明,胡伟.我国城市公共交通公众满意度的影响因素研究——基于"2012连氏中国城市公共服务质量调查"的实证分析[J].软科学,2015(6):10-14.

央积极加快公共财政建设步伐,在支持经济发展、做大财政收入"蛋糕"的基础上,不断调整和优化财政支出结构。我国在逐步减少甚至是退出某些服务领域的同时,大幅增加了对公共服务薄弱环节的资金投入,大力改善民生。至此,我国城市公共服务的覆盖面不断扩大,公共服务水平显著提高,已在综合考量我国公共服务现实条件的基础上,实现了公共服务体系建设的巨大飞跃。

第二章

当代中国城市公共服务
发展的动力

改革开放以来,中国城市公共服务在不断探索中逐渐实现了巨大转变。在转型的背后,理论的变革、社会的发展与政府的改革成为三条动力线索,合力推动了当代中国城市公共服务的深化发展。

第一节　理论的变革:从新公共管理到城市治理理论

对城市公共服务发展具有指导意义的当代公共管理理论包括新公共管理理论、新公共服务理论和城市治理理论等。这些理论在不断对话发展中有其逻辑自洽的生长脉络,不仅推动了公共服务相关理论的广采博收,而且在实践中助力着不同时期公共服务体系的完善。

总的来说,新公共管理理论秉持理性经济人假设,尊崇市场力量,主张引入市场竞争机制来完善政府公共组织,改进公共产品供给机制,提高公共服务供给效率[①];新公共服务理论承认人的利他性和自主性,重塑公民作为公共服务接受者的重要地位,主张通过公民互动网络、民主机制、社区及非政府组织力量来推动公共产品与公共服务的供给;城市治理理论强调治理主体的多元化、治理结构的网络化、治理过程的互动化和治理方式的民主化,呼吁在公共服务供给中一定要重视"多元"与"合作"。具体而言,三派理论的理论基础和具体内容如下。

一、公共服务的效率与竞争:新公共管理理论的呼吁 ▶▷

在20世纪70年代的全球石油危机背景下,西方政府为了应对巨大的

---

① 李军鹏.公共服务型政府[M].北京:北京大学出版社,2004:14—18.

预算赤字开展了声势浩大的政府改革运动,促使了"新公共管理范式"的诞生[①]。到了20世纪80年代末90年代初,随着政府改革运动的深入发展,"新公共管理"理论在当代西方公共管理实践中越来越凸显出其主导范式的地位[②]。

(一)理论基础

新公共管理理论是在对传统公共行政理论批判的基础上逐渐形成和发展起来的,因此其理论基础与以往的行政理论有很大区别。传统公共行政理论在20世纪70年代以前一直处于政府研究领域的主导地位,其理论基础是以威尔逊、古德诺的"政治—行政"二分论和韦伯的"科层制"为支撑的官僚组织理论。按照休斯的观点,传统公共行政学提出了如下四个基本原则:第一,政府组织及其结构应根据科层制的原则建立,即政府管理体制以韦伯的"科层制"理论为基础。第二,由政府机构提供公共物品和服务。第三,政治事务和行政事务分开。政治事务指政策和战略的制定;行政事务指执行政策和行政命令。第四,行政事务作为一种特殊的管理形式,需要职业化的官僚承担,他们终生受雇,并可以一视同仁地为不同的政治领导人服务[③]。

然而,在现实的公共服务供给过程中,官僚制的严格等级制结构和规章制度、非人格化的组织架构和对人的严格控制以及缺乏对公众需求偏好的考量等特点,导致官僚制组织的机构僵化和效率低下问题越来越突出,既带来了财政危机,也使得公众抗议不断。为解决传统官僚制的问题,新公共管理在批判官僚制的基础上,致力于将市场机制引入政府部门和公共服务管理中来,并通过汲取新制度经济学、公共选择理论和企业管理等理论养分以

① 李德国.理解公共服务:基于多重约束的机制选择[M].北京:中国社会科学出版社,2017:26.

② 叶响裙.公共服务多元主体供给:理论与实践[M].北京:社会科学文献出版社,2014:13.

③ HUGHES O E. Public management and administration: an introduction(2nd ed.)[M]. Macmillan Press LTD. St. Martin's Press, 1998:1.

求新突破。

1. 新制度经济学

新制度经济学从制度成本比较的角度研究行政制度的选择和设计,提出"在公共部门,如果采用签约的形式来降低行政经费并造成某种竞争,将有可能使某些交易付出较低的成本"①,这为设计一种以市场为基础的公共决策与公共管理模式提供了方法论。并且新公共管理从"理性人"假设(人的理性都是为自己的利益,都希望以最小的付出获得最大的利益)中获得绩效管理的依据,将其作为出发点,进一步发展了对行政结果、绩效等进行测量的具体政治活动,为政府改革实践和新公共管理范式的发展提供了理论支持。

2. 公共选择理论

公共选择理论将经济学方法运用于政治学的研究,运用个人主义方法论,试图解释传统上隶属于政治学、行政学研究范畴的问题,对"政府失灵"现象及其原因进行了系统的分析②,认为传统的官僚制组织模式不具有更好的责任机制、激励约束机制和灵活性,因此需要向灵活的和成本—收益对称的市场机制转变。公共选择理论以及20世纪80年代后期兴起的新保守主义经济理论的盛行,为市场机制及竞争机制进入公共部门提供了理论依据,也使得政府在提供公共服务的实践活动中逐渐认可应以市场或顾客为导向,以提高服务效率、质量和有效性为目标,并积极采用对政府绩效目标进行界定、测量和评估的新手段。

3. 企业管理理论

在西方各国由工业社会向后工业社会及信息社会转变的背景下,私营部门率先打破权力集中、等级森严、控制严密的官僚制体制的组织模式,开始进行管理变革,新的管理理论、技术和模式层出不穷。新公共管理理论又从企业管理理论和实践中汲取营养,将企业效率观、战略管理、绩效管理、组织创新和组织设计等方法逐渐运用和推广到公共部门中,形成了重视结果、

---

① 陈振明.评西方的"新公共管理"范式[J].中国社会科学,2000(6):73-82,207.
② 金南顺.城市公共服务:理论与实践[M].北京:中国社会科学出版社,2009:13.

以顾客为导向的管理理念。

爱德华兹(J. David Edwards)曾提出企业管理主义的四大要素：第一，最突出的价值是经济效率，追求用最小的投入得到最大的产出；第二，确信管理者能够运用科学的技术和技能解决问题的能力；第三，管理主义是一种强调管理通用性的学术共识；第四，把管理者看作追求社会和组织最高善的道德化身[①]。新公共管理理论认为这四大要素皆可在某种程度上适用于公共部门运作和公共服务的提供上，同时认为私营部门的许多管理方式和手段都可为公共部门所借用，如为了更灵活地适应环境，公共部门可采用私营部门的组织形式，而不是只遵循韦伯所说的科层制；高度重视产出和结果，而不是只管投入，不重产出；在人事管理上，可实行灵活的合同雇佣制和绩效工资制，而不是一经录用、永久任职等。

（二）主要内容

关于新公共管理理论的主要内容，西方公共管理学者及实践者们分别从不同视角进行过论述。例如，休斯从管理的框架结构论述新公共管理的内容，总结出战略、管理的内部构成要素、管理的外部构成要素三个部分。经济合作与发展组织(OECD)提出，新公共管理一方面可以提高公共组织的绩效和人力资源管理水平；另一方面可以将私营部门的管理方法引入公共部门中，提高公共产品和公共服务的供给能力。奥斯本(David Osborne)和盖布勒(Ted Gaebler)在《改革政府：企业家精神如何改革着公共部门》一书中概括了新公共管理的政府实践模式和政府改革的十大原则。无论是从哪种视角、何种途径进行的论述，都有两个无法忽视的共同因素：竞争机制和服务效率。如果将新公共管理理论视作重新赢得公众信任的权杖的话，那么权杖顶端最突出的两颗宝石则是效率与竞争。

综合研究者的不同论述视角，重新审视新公共管理理论对公共服务供给做出的贡献，将其基本内容和特点从内外两方面加以分析[②]。

[①] 曾峻.公共管理新论：体系、价值与工具[M].北京：人民出版社，2008：92.
[②] 曾峻.公共管理新论：体系、价值与工具[M].北京：人民出版社，2008：92.

1. 内部管理特点

第一，不强化公共部门和私人部门的差异，主张用私人部门精神和方法改造公共部门，建设企业家政府，从私人部门引入战略管理、人力资源管理、标杆管理、全面质量管理、绩效管理、无缝隙组织、组织再造等理论和技术。

第二，轻过程、重结果，提出结果导向、顾客导向，加强绩效管理和绩效评估，公共部门评价标准从2E（economy/efficiency）发展到3E（economy/efficiency/effectiveness）。

第三，突破等级森严、僵化的官僚制，削减政府机构和人员，建设弹性化、参与式、分权型组织，主要体现在人事制度、采购制度、下放权力、基层参与等方面。

第四，部门内部由聚合趋向分化，将一些大的实体分解为"围绕着产品组成的合作性单位"，它们的资金是独立的，彼此之间在保持一定距离的基础上相互联系，"在公共部门的内部与外部"，既可对这些单位进行管理，又可以"获得特定安排所带来的效率上的优势"。

2. 外部公共服务提供特点

第一，通过私有化、放松管制等措施，扩大私人部门和社会组织自主管理的空间。传统公共行政提供公共服务时追求的目标是整齐划一，公共物品和服务的生产、供给和分配全部取决于公共部门。政府作为单一主体对社会需求感知的不敏感，难免导致其对公共服务多样化需求的忽视。而新公共管理理论强调顾客导向，认为政府是负有责任的"企业家"，公民是"顾客"或"客户"，因此政府的目标则变成了满足"顾客"需求，要求根据顾客的多样化需求提供服务，为达到这个目标，只有逐渐扩大私人部门和社会组织的自主管理空间，才能够知晓和满足多样化的社会需求，以促进政府服务质量的提高。

第二，公共服务的决策与执行分离，在公共服务中引进竞争机制，核心领导层只"掌舵"不"划桨"，把具体执行功能分解给"执行机构"或私人企业、非营利组织。新公共管理理论提出公共服务机构需要分散化和小型化，具体公共项目的执行和公共服务的供给可交给执行机构或半自治性的分散机构，政府部门负责制定政策、计划和协调工作，缩小政府的规模，减少开支,这既可缓解机构臃肿和人浮于事的现象,也可提高公共服务供给的质量和效率。

第三,建立公共和私人部门的伙伴关系,全面发挥政府、市场和社会三方力量的作用,形成共同治理的格局。新公共管理理论认为,政府应通过授权或分权,将社会服务与管理的权限通过民主的方式下放给社区、家庭和志愿者组织等社会主体。

第四,重视私营部门管理方式,引入竞争机制和弹性管理机制。新公共管理理论主张让私营部门与其他社会主体共同参与公共服务的供给,因此需要重视对私营部门的管理方式。在公共部门与私人部门之间、公共部门内部引入竞争机制,进而提高服务供给的质量和效率,同时"不再采用'军事化'的公共服务伦理观",在人员雇用及报酬等方面更具有弹性。

新公共管理理论在上述两方面的内容显示了其理论的来源及应用,也紧扣着竞争与效率这两大主题。在内部管理方面,新公共管理理论引入和发展了企业管理理论和技术方法,无论是顾客导向、结果导向的目标诉求,还是弹性化、分权化的管理方式,都是为了解决传统官僚制组织僵化和膨胀等问题,以求缩减行政开支,提高行政效率;在外部公共服务提供方面,又反映和吸纳了公共选择学派和制度经济学"亲市场亲社会、疏政府疏官僚"的要求,以放松管制来扩大社会组织自主管理空间、实行决策和执行的分离、建立公私合作的治理格局、采取弹性管理私营部门等诸多措施,皆是为了满足公民对公共服务的多样化需求,以改善公共服务供给的质量和效率。无论哪一方面都体现了新公共管理学派重振公共部门服务质量的决心和努力。当然,新公共管理理论也存在不少局限。例如,过分依赖经济学的理论与方法,忽视了政治过程与市场过程、公共部门与私人部门之间的本质差别,同时对公共利益与公共责任、良好的治理及其标准等问题的研究还比较薄弱,需要慎重思考和讨论。

二、公民是公共服务的接收者：新公共服务理论的启发 ▶▷

随着新公共管理运动如火如荼地开展,对它的批评也随之而来。这些批评围绕着其市场原教旨主义、具体内容、普适性、价值诉求等方面展开。人们越来越发现，市场的作用并不如想象中的那么大，它不仅在促进民主、公平等政治价值方面难以有建树，在节约成本、提高服务质量上也受到质疑，并且在公共服务供给的实践中，由于新公共管理对竞争和效率的过分强调，又使得市场在某种程度上忽视了公共性价值。许多批评者认为新公共管理的"顾客"隐喻过于简单，公民既是公共服务的接受者，也是主权的拥有者、公共服务机构的监督者。

针对新公共管理运动的反思，21世纪初，美国学者登哈特夫妇（Robert Denhardt & Janet Denhardt）提出一套"政府不仅输送顾客服务，还输送民主"的新公共服务理论，旨在唤醒公共服务的灵魂，重现那些被轰轰烈烈的新公共管理运动所遮蔽的精神[①]。新公共服务理论一经提出，即为各界广泛关注，其所推崇的公共服务精神，也成为新公共服务理论的核心价值观。

（一）理论基础

如果说新公共管理将政府管理的钟摆拉到了效率的那一边，那么新公共服务理论的提出，则试图让这个钟摆回归到民主行政上[②]。新公共管理的主要理论基础是经济学理论，是基于实证社会科学的更精致的对话；而新公共服务则是一种民主理论，包括了实证方法、解释方法和批判方法在内的各种认识方法。具体来说，新公共服务理论的理论基础主要有以下方面。

1. 公民权理论

亚里士多德在《政治学》中首先提出了公民权。卢梭把公民界定为"把社区利益放在心上的人"。美国前总统林肯曾在葛底斯堡演讲中提到"民有政府、民治政府、民享政府"（government of the people, by the people, for the people），也充分说明在美国政治生活中对公民角色的重视。桑德尔（Sandel）从民主社会角度解读公民权，认为政府的存在就是要一定的程序

---

① 李德国. 走向实践的新公共服务：行动指南与前沿探索［J］. 国家行政学院学报, 2013（3）：103-108.
② 曾令发. 嬗变中的新公共管理［J］. 行政论坛, 2008（2）：13-17.

（如投票程序）和公民权利，从而使公民能够根据自身利益做出选择。在这种视角下，公民个人会更积极地参与政府治理，由于公民对公共事务有了更广阔的视野，形成了归属感和集体意识，在危急时刻会自觉地将自己的命运与社会的命运相结合，因此公民就会超越个人私利而更加关注公共利益。金和斯迪沃斯主张行政官员不应该只把公民视作投票人、委托人或顾客，公民应具有多重角色，他们既是公共服务的接受者、参与者和监督者，也是纳税等义务的承担者，因而可以超越自身利益去关注更高层面的公共利益，所以公共管理者应当寻求更有效的回应，相应地提高公民的信任度，这种观点直接为新公共服务提供了理论基础。

2. 社区和市民社会理论

社区和市民社会理论认为，人们只有在社区中才可以通过讨论和对话的形式参与到社区的利害关系体系中，规避风险以实现自身利益，因此社区在民主政治建设中有重要作用。而民主社会的政府，特别是地方政府的重要作用之一，就在于帮助创立和支持社区，以增强公民与社区的联系，提供更符合公民需要的公共服务。当然，为建设良好的社区关系，也不能全部依赖政府，为实现这一目标，也在很大程度上取决于一些健康的、有活力的中介机构的建设和努力，这些机构既要关注公民的愿望和利益，也要为公民更好地参与更大的政治体系提供经验。正如普特纳姆（Putnam）所主张的，美国的民主传统以活跃的公民为基础，他们活跃于各种团体、协会和政府机构之中，这些小型团体聚合起来就构成了"市民社会"，只有在这里，公民才能够以个人对话和讨论的形式共同参与进来，而这种方式便是社区建设和民主本身的实质。

3. 组织人本主义和组织对话理论

传统的组织理论建立在科层制的基础上，强调权威、控制、系统化的规则体系和严格的程序，推崇基于理性思考和非人格化特征的组织管理，试图以此来追求和保证组织效率；而组织人本主义则倡导更具人本主义的组织发展观，强调组织发展应建立在组织成员个人的成长、发展和创造性的培养上，建立在对组织成员的信任、尊重、减少控制以及对共同目标的认同感的培养上。

　　组织对话理论属于后现代公共行政的范畴。它主张在一个日益复杂多样而又紧密联系的后现代社会中，随着公共问题复杂性的增加以及主体间彼此依赖性的加强，治理也必须以各方（包括公民和行政官员）真诚、开放的对话为基础。该理论认为，恢复公共官僚机构的活力、重建公共行政领域的合法性观念，都需要促进公众对话，并且有必要在实践和理论上赋予公共行政以新的意义，以便建立新的公共服务体系。

（二）基本内容

　　作为对新公共管理理论的反思，特别是针对作为其精髓的企业家政府理论，登哈特提出了新公共服务理论。在登哈特看来，新公共服务"是一场基于公共利益、民主治理过程的理想和重新恢复公民参与的运动"。新公共服务理论认为政府不应该像企业那样运作，而更应该像一个民主政体那样运作；行政官员需要认识到他们要通过"倾听"公众的声音而不是向公众"发号施令"才能实现预期目标；公民将和公共官员以一种互利合作的方式共同界定和处理一些公共问题。具体而言，新公共服务提出七大原则[①]。

　　1.服务而非掌舵

　　这被登哈特认为是七大原则中最突出的原则。公共管理者越来越重要的作用在于帮助公民表达和实现其共同利益，而不应试图在新的方向上控制或驾驭社会。现代生活的复杂性和政策制定的多元互动性使得政府在过去政治生活中"掌控社会"的作用显得越来越不合时宜，且无法实现。政府在政策制定和公共服务供给活动中可以是重要的参与者，但不应再处于绝对控制地位。

　　因此，政府的作用不再是通过管制和命令来指挥公众行动，也不应止步于通过建立一套惩戒规则和激励措施来引导人们的行动，而应该从控制转向服务。在回应公民诉求、提供公共服务时，政府与私人或非营利的团体

---

① ［美］珍妮特·V.登哈特，罗伯特·B.登哈特.新公共服务：服务，而不是掌舵［M］.丁煌，译.北京：中国人民大学出版社，2004：40-41.

和组织需要协同行动，来寻求问题的解决方案。在这个过程中，政府不再只扮演服务供给者的角色，将越来越多地扮演调停者、协调者甚至裁决者的角色，并具备调停、磋商和解决冲突的新技能。

2. 公共利益是目标而非副产品

公共利益是管理者和公民共同的利益和责任，是目标而不是副产品。公共行政官员必须促进建立一种集体的、共同的公共利益观念。公共行政的目标不是找到由个人选择驱动的快速解决问题的方案，也不应以效率作为目标来实现公共利益。换句话说，公共官员要以公共利益和共同责任作为首要目标。

在创造共同利益的过程中，充分的公众对话和协商是重要条件，政府除创造对话沟通的环境之外，还要确认经由协商程序而产生的解决方案完全符合公正和公平的原则。政府不仅要积极行动以寻求公共问题的解决方案，而且有责任确保方案在实质和程序上都与公共利益保持一致。也就是说，政府的作用是确保公共利益居于主导地位，确保解决方案本身和提出解决方案的过程符合公正、公平与平等的民主价值准则。

3. 思考要有战略性，行动要有民主性

新公共服务理论认为，符合公共需要的政策和计划，只有通过集体努力和协作的过程，才能够最有效地、最负责任地得到贯彻执行。政府首先要明确阐述远景目标，通过战略思考促进有效、负责的公民行动，鼓励公民增强责任心，使人们意识到政府是开放的、容易接近的，能够敏感地对社会需求做出回应。同时，为实现集体的远景目标，在具体的行动方案实施过程中，需要政府和各方力量的共同参与，政府可通过参与和推动公民教育计划、培养更多的公民领袖，从而激发公民自豪感和责任感，以进一步推动民主行动的开展。

4. 服务于公民而不是顾客

新公共服务理论认为，公共利益是基于共同价值准则的对话协商的结果，而不是个体私利的简单相加，因此政府与公民之间的关系不同于工商企业与顾客之间的关系，公共管理者不仅要回应"顾客"的需求，而且要关注政府与公民之间、公民与公民之间的信任与合作关系。

政府在提供公共服务时，既要回应直接的"顾客"，也要服务于这样一些人：等待服务的人，没有积极寻求服务但可能需要服务的人，服务受益者的后辈，直接受益者的亲友，甚至是不想成为顾客的顾客等。公平和平等是政府供给服务的重要原则，在许多情况下它比直接顾客的愿望更为重要，因为政府在面对"顾客"表达自己的利益需求时，不能因"顾客"拥有的资源或技能的多寡而区别对待他们。

5. 责任并不是单一的

责任问题极其复杂，但在传统公共行政理论和新公共管理理论的视野里都倾向于将其简化。传统公共行政理论认为，行政官员需要向民选官员负责，政治家通过控制的手段实现责任的履行[①]；新公共管理理论则赋予行政官员较大空间，让他们按企业家的方式行事，按市场规律处理效率、成本等问题。然而这二者都没有反映出公共服务的需求和现实状况，因为行政官员在供给公共服务和执行政策命令时，还受到一系列制度和标准的影响。具体来说，这些制度和标准包括公共利益、宪法和法律、职业标准、社区价值观、政治规范、职业标准和公民利益等。

新公共服务理论意识到了这些责任的现实性和复杂性，意识到在规范相互冲突的情况下，公共行政官员极易陷入复杂的价值冲突之中。因此新公共服务理论认为，公共行政官员在复杂的现实情况中，不要独自做出怎样服务于公共利益的决定，应该通过对话过程、经纪业务、向公民授权和公民参与来解决问题。

6. 重视人而不只是生产率

新公共服务理论在探讨管理和组织时十分强调"通过人来进行管理"的重要性，认为生产力提高、流程再造和绩效测量等新公共管理工具可以成为创新管理制度的重要工具，但如果不能同时充分关注组织成员的价值观和利益，那么即便这些管理方法能够取得成效，也无法培养出真正负责任、活跃的和热心公益的雇员或公民，最终也会失败。

---

① 陈征宇，肖生福.新公共服务的行政责任观及其启示[J].江西社会科学，2007(4)：164-168.

7. 重视公民权胜过企业家身份

新公共管理理论鼓励公共行政官员像企业家一样去思考和行事，难免会导致略显狭隘的追求目标。而新公共服务理论明确提出，公共行政官员并不是其机构和项目的业务所有者，公共项目和公共资源并不属于公共行政官员个人，作为公共资源的管家、公共组织的管理人、公民权和民主对话的促进者、社区参与的催化剂、街道层面的领导者，他们应该承担起服务公民的职责，因此不同于企业家只注重利润和效率，公共行政官员还必须共享权力，通过民众开展工作，作为中间人促成问题的解决，其在治理过程中的角色定位应为负责任的参与者而非企业家。

我们可以看到，在新公共服务的七大原则中，无论是对行政目标的重新界定、政府行为方式的改革，还是对服务对象的重新审视，公民和公共利益的中心地位不言而喻。公民（而不是顾客）是公共服务的接受者，成为新公共服务理论的核心观点。它也许并不能够像新公共管理运动那样提供最新的管理技术，但却对市民参与、合作生产、相互信任、自主治理等一系列民主价值进行了重新定位。要在实践中更好地践行新公共服务理论，最根本的就是将公民视为能够表达社区利益、达成共享价值的"主人"（owner），与其发展互动关系，增进公众共同参与政策议程的程度①。

不过，尽管新公共服务细致地描绘了一幅亲切可人的治理图景，但也不断有质疑之声。有学者认为它只是构筑了一个先验性的知识框架，是一个对理性过分偏袒的"宏大叙述"，而缺乏现实可操作的具体行动方案。对此，登哈特认为，新公共服务理论的"初始目的并不是创造一套新的观念，而是重新呼吁那些能够促进有效治理，却又经常被使用市场价值和途径来重塑或操纵政府的行动所遮蔽的民主价值"②。不得不承认的是，新公共服务所倡导的参与、协商和公共责任等民主精神，为我们进行公共服务改革和反思提供了新的参照系，并且逐渐通过一些市民调查、协商对话、网络合作、邻里组织等具体实践方式得到了进一步验证和推广。

---

① 周义程.新公共服务理论的贫困［J］.中国行政管理，2006（12）：79-82.
② 李德国.走向实践的新公共服务：行动指南与前沿探索［J］.国家行政学院学报，2013（3）：103-108.

三、 多元主体的网络与合作：城市治理理论的要求 ▶▶

面对城市化、全球化进程的加快，仅凭国家干预的"统治"手段来应对高度复杂的公共问题已经越来越力不从心，因此一个超越传统政治学架构、问题解决取向的"治理"典范就在理论与实务压力下酝酿而出。诞生于20世纪80年代末的治理理论是"一套十分复杂且充满争议的思想体系"，涉及的最核心的问题就是权力多中心化。这一理论的主要创始人之一詹姆斯·N.罗西瑙，在其代表作《没有政府的治理》和《21世纪的治理》等文章中将治理定义为"一系列活动领域里的管理机制，它们虽未得到正式授权却能有效发挥作用"。罗茨（Rhodes）认为："治理意味着统治的含义有了变化，意味着一种新的统治过程，意味着有序统治的条件已经不同于以前，或是以新的方法来统治社会。"①

到了20世纪80年代中期，全球化的进程改变了许多城市的性质和运作方式。在这个背景下，治理作为促进参与、透明度和问责性的制度模式被推广到各个层面。当人们将治理的分析框架应用到城市管理层面时，城市治理理论便应运而生。"城市治理"一词包括了非常广泛的实践。现代管理文献表明，这些实践领域包括社会福利、环境保护、教育和自然规划等，并在中央和地方各层级表现出共同指导、共同生产、合作管理等方面的创新②。

（一）理论基础

1. 自主治理理论

20世纪80年代，奥斯特罗姆从5 000多个小规模公共池塘资源案例出发，应用制度分析与经验分析的方法，研究如何消除个人理性致使集体的非理性而导致的公地悲剧，证明了在政府的国有化与市场的私有化之外还存

---

① RHODES R. The new governance: governing without government[J]. Political Studies, XIIV, 1996: 653.
② 申剑,白庆华.城市治理理论在我国的适用[J].现代城市研究,2006(9)：65-71.

在第三条道路,即公共池塘资源的共享者们可以通过自组织进行有效的自主治理。

奥斯特罗姆探讨了自主治理的三个难题:制度供给、可信承诺和相互监督。他认为,首先,在公共池塘资源系统中,只要人们经常不断沟通、相互交往,那么他们就有可能知道谁是值得信任的,当人们有了共同的行为准则和互惠的处事模式后,就拥有了为解决池塘资源使用困境而建立制度安排的社会资本,进一步就能解决新制度供给的问题。其次,在制度供给得到解决后,为规避"搭便车"、逃避责任和各种机会主义诱惑,要摒弃外部强制作为解决问题的方法,让使用者们通过自我激励去监督人们活动,实施制裁以保持对规则的遵守。最后,奥斯特罗姆认为第三方监督并非唯一途径,只要人们对遵守规则做出了权变的策略承诺,就会产生监督他人的动机,以使自己确信大多数人都是遵守规则的,既增强了组织成员进行相互监督的积极性,又降低了监督成本。

2. 多中心治理理论

"多中心"一词最早是由英国自由主义思想家迈克尔·波兰尼在《自由的逻辑》一书中作为经济学话语率先提出的。他从科技发展历史和高度集中的计划经济分析中,总结出自发秩序和理想秩序两种表达形式[①]。他认为,组织社会任务有两种方式:一种是一元的或单中心的秩序,在该种秩序下进行的公共服务供给通常由终极权威所协调,而权威通过一体化的命令结构实施控制;另一种是自发的或多中心的秩序,在该种秩序下有许多相互独立的因素在特定的规则体系中进行相互调适,这种特定的规则体系允许个人决策者自由地追求自己的利益,但其利益也同时受到特定规则固有的约束。

所谓多中心治理,就是行为主体既独立自由地追求自己的利益,又相互合作。它反对集权和垄断,提倡"由社会中多元的独立行为主体基于一定的集体行动规则,通过相互博弈、相互调适、共同参与合作等互动关系,形成多样化的公共事务管理制度或组织模式"。多中心治理意味着公民既是参与者也是受益者,公民有直接参与权和收益权,也意味着社会治理结构从

---

① 屠凤娜.多中心治理理论对我国城市治理的启示[J].环渤海经济瞭望,2012(2):45-46.

"单中心"的服从模式向"多中心"的合作模式转变,为公民提供更多的公共产品和更优的公共服务。

(二) 主要内容

城市治理理论是针对城市管理过程中国家失灵和市场失灵现象所提出的一种新兴的城市管理范式①。它允许城市充当治理的关键角色,同时也明确要求地方政府机构需要与当地公共和私营部门及社会力量合作以实现集体目标②。城市治理理论强调了社会参与对实现集体目标的重要性,通过讨论与之相关的"跨域治理"或"协商治理机制"等议题,探索了中央、地方政府与非政府组织等公私行动者之间的社会参与互动模式,并尝试将治理运用到城市公共事务管理和公共服务供给的过程中来。

城市治理理论认为传统公共行政所依赖的国家权威已无法应对公共管理的各项任务和公共服务的复杂需求,而新公共管理奉为风向标的市场力量也会出现市场失灵现象,因此为达成城市治理的集体目标,政府必须通过与私人部门、社会组织等多个行动者之间的集体行动来实现③。这背后反映出城市治理理论对"权力"认知的重新界定。城市治理理论认为,"权力"不再是传统韦伯式的通过森严的等级和严格控制实现的"凌驾于他人之上的权力"(power over),而是治理视角下通过合作和动员实现的"指向于特定目标的权力"(power to)④。因此,从该视角出发,城市治理理念有以下几个关键要素。

1. 治理主体的多元化

城市公共事务涉及中央、地方、非政府组织、个人等多层次的权力和利

① 曹海军,霍伟桦.城市治理理论的范式转换及其对中国的启示[J].中国行政管理,2013 (7):94-99.

② 乔恩・皮埃尔,陈文,史滢滢.城市政体理论、城市治理理论和比较城市政治[J].国外理论动态,2015(12):59-70.

③ STOKER G. Urban political science and the challenge of urban governance[M]. Oxford University Press, 2000.

④ STONE C N. Regime politics: governing Atlanta, 1946 –1988[M]. University Press of Kansas, 1989.

益协调[①],虽然地方政府毫无疑问是城市治理和公共服务供给的主角之一[②],但绝不应该是唯一的角色。城市治理需要改变政府自上而下的封闭决策模式,鼓励多元主体共同参与到城市治理过程中来,因此,城市中的国家机构、私营部门、市民社会等都应该成为重要参与者[③]。只要各种公共部门和私营部门行使的权力得到公众的认可,这些部门就可能成为不同层面上的权力中心,即可成为城市治理的主体。

2. 参与机制的网络化

城市治理理论的参与机制涵盖了政府管理、市场调节以及多元主体参与的网络化结构[④],而多元化的治理主体之间的权力依赖与合作伙伴关系,表现在运行机制上,最终必然形成一种自主自治的网络,它要求各种治理主体放弃部分权利,依靠各自的优势和资源,通过对话来增进理解,最终建立一种公共事务的管理联合体。城市治理的参与机制强调"网络"而非"制度",这样的网络一般拥有稳定的、核心的利益相关者,在特殊的战略领域具有重要的共同利益。需要注意的是,根据具体目标的不同,参与主体也会相应调整,有可能导致主体间责任界限的模糊,产生这一问题的关键在于国家把原先由它独立承担的责任转移给私营部门和第三部门的同时,没有将相应的权力等量移交。

3. 政府职能的协作化

传统公共行政理论和新公共服务理论重视公共部门在决策制定和行动执行方面的"控制能力"和"协调能力"(coordination),而城市治理理论更强调的是政府职能的"协作能力"(collaboration)。因为城市治理的目标不仅是让公共部门知道应该做什么,更应该知道每一部门的独特能力和权限范围,从而做出具体安排,实现集体目标[⑤]。"控制能力"和"协调能力"强调

---

① 顾朝林.发展中国家的城市治理研究及其对我国的启发[J].城市规划,2001(9):13-20.

② 黄光宇,张继刚.我国城市治理研究与思考[J].城市规划,2000(9):13-18.

③ 袁政.城市治理理论及其在中国的实践[J].学术研究,2007(7):63-68,160.

④ 曹海军,霍伟桦.城市治理理论的范式转换及其对中国的启示[J].中国行政管理,2013(7):94-99.

⑤ WALLIS A D. The third wave: current trends in regional governance[J]. National civic review, 2010(3): 290-310.

的是参与主体之间的上下等级关系,而"协作能力"强调的是在政府的主导下参与主体间的合作关系。因此,为实现某种程度上的治理,需要重新界定政府的作用范围和职能范围。

4. 参与规范的灵活性

由于治理是使相互冲突或不同的利益得以调和并且采取联合行动的持续过程,在形成意见共识和利益共赢的过程中,既包括有权迫使人们服从的正式制度和规则,也包括各种人们同意或认为符合其利益的非正式制度安排。因此,城市治理的参与规范既可以是制度化的约束框架,也可以是非制度化的协议共识。在此之中,政府需要制定和完善治理规范,改变直接介入的城市管理模式,致力于治理环境及参与条件的改善,促进各参与主体之间建立共同愿景、协商价值冲突及形成治理共识。

5. 参与方式的自愿性

城市治理的多元主体参与是自愿而非强迫的。自愿参与能最大限度地调动参与者的积极性和创造性,从而实现资源的最佳配置。因此,政府要对参与主体进行赋权并信任他们。因为拥有高度信任关系的合作网络有利于降低成员间的沟通与监督成本,不必再依赖高层级的权力结构介入或正式制度来化解集体行动困境;同时,为改变传统公共行政理念指导下的零和博弈现象,通过赋权可增加利益相关者参与的权力和责任意识,促进集体目标的达成。

总而言之,城市治理就是坚持多元价值取向,强调在城市政府的主导下,多元主体共同治理城市公共事务、共同参与城市公共服务体系建设,以实现城市经济发展、社会稳定、服务优化、环境友好的目标,最终实现城市的可持续发展。如果说新公共管理理论为政府的公共服务供给提出了效率要求,并贡献了竞争机制这一有效工具,而新公共服务理论为政府的公共服务供给提出了公共利益和责任目标,并重新强调了公民作为接受者的重要地位,那么城市治理理论则为这一目标的实现提供了真实可行的实践模式和到达路径。

也就是说,好的公共服务不仅要求结果的有效性和责任性,而且要求供给过程实现多元化、网络化、透明性和回应性;既要求政府努力做到高效廉洁、协作负责,也要求社会组织充分发展,公众的广泛参与和公众民主意识的增强,这样才能共同形成一个多元、有效、合作的公共服务体系。

第二节 社会的发展：需求、组织与 体制的交互作用

社会的发展是城市公共服务发展的前提和基础。对社会发展的认知和把握，决定了公共服务未来发展的方向和内容。城市公共服务正是在社会发展的多种相关因素的作用下，不断进行完善和创新的。公共需求的深刻变化、社会组织的深入发展、经济体制的切实转变，是构成城市公共服务发展的主要社会环境影响因素。

一、公共需求的深刻变化 ▶▶

当下，我国公共需求呈现快速增长的趋势。参照"罗斯托模型"[①]，一个国家在经由"准备起飞阶段"和"起飞阶段"，进入"成熟阶段"以后，社会公众的公共需求和权益诉求会产生很大的变化。这个阶段对应的收入水平，参考世行最新标准[②]，应该是人均GDP突破4 000美元。当下中国已经进入社会转型的新阶段。2014年底，按照同期美元汇率计算，我国人均GDP已达到约7 500美元，可以说中国已经踏入中上等收入国家门槛[③]，此时也是公共需求快速扩张的时期。在这个发展与转型的特定时期，公共服务也出现需求全面增长与供给发展不平衡的矛盾，因此，能否反映并且满足社

---

① 美国经济学家华尔特·惠特曼·罗斯托于1971年在《政治和成长阶段》中，将一国经济发展划分为6个阶段：传统社会阶段、准备起飞阶段、起飞阶段、走向成熟阶段、大众消费阶段和超越大众消费阶段。

② 按世界银行公布的数据，2012年的最新收入分组标准为：人均国民收入低于1 035美元为低收入国家，在1 035～4 085美元之间为中等偏下收入国家，在4 085～12 616美元之间为中等偏上收入国家，高于12 616美元为高收入国家。

③ 马庆钰，贾西津.中国社会组织的发展方向与未来趋势［J］.国家行政学院学报，2015（4）：62-67.

会成员的多元化需求成为当前各级政府的重要任务。

旺盛的公共需求导致公共服务面临巨大压力。国际经验告诉我们,在经济社会转型和社会结构、利益关系变化的关键时期,适应基本公共需求的变化非常重要。如果能很好地解决由公共需求变化引发的社会矛盾、社会问题,就有可能保持经济社会的协调发展;反之,经济社会发展就有可能中断或倒退[①]。而我国不仅在公共需求方面快速且不均衡发展,在供给方面更是面临着严峻的双重压力:一方面要承担改革成本,解决历史欠账问题;另一方面又要着眼于发展,解决新的问题和矛盾,并为中长期发展创造条件。这种双重压力也使得认知公共服务需求变得尤为迫切。总的来说,我国目前公共需求呈现非平衡性扩张的特点。

(一)公共需求的区域分化与扩张

我国的东、中、西部由于发展水平的差异,对公共服务的需求各有侧重。以沿海开放的大中型城市、经济特区为依托的中国东部地区,改革开放以来经济发展较快,形成了对公共服务的旺盛需求,社会事务在总量上的扩充和多样化的发展趋势,使传统的政府公共服务职能和供给日趋不足。较之东部地区,中西部地区经济发展相对较慢,社会转型期特征突出,公众对公共服务的需求总量和多样化水平也未达到东部地区的程度,有限或隐性的公共需求与发展不成熟的公共服务组织并存,成为这些地区改革开放以来需求与供给的基本状况。在中国西部的偏远地区,经济发展的市场化和社会生活的多样化进程在深度和广度上与东、中部都有所不同,其对公共服务供给的需求不像东、中部地区那样显性化和扩大化。

(二)公共需求的行业分化与扩张

随着社会的发展,公共服务的具体内容也在不断增加,包括经济调节、市政管理、社会教育、社会治安、民政工作、社会保障、社区建设等。从不同行业

---

① 迟福林.我国公共需求的深刻变化与政府转型的现实压力[N].中国经济时报,2005-11-04(008).

来看,第一,在生产性领域或经济部门,社会对公共服务的需求经历了一个质的变化过程,由对政府"保姆式"服务、"家长制"干涉的依赖,转向对政府行政指导、法律建设、信息提供、科技扶持、经营补贴等相关服务的需求。因此,对于经济领域的公共服务事项,政府正趋向多退少留,把更多的产品和项目交给社会中介组织、民营机构去做,积极推进这一领域内公共服务供给主体的行为的企业化。第二,在社会生活领域,中国社会对公共服务的需求正经历从无到有、由少到多、由浅入深的深刻变革过程。其原因是,市场经济的发展以及由此带来的人们生活水平的提升、公民社会权利意识的普遍觉醒等,催生了人们对公共服务空前广泛和深刻的需求,主要包括教育公共服务、社会保障公共服务、医疗卫生公共服务、环境保护和公共事业等。值得一提的是,社会性公共服务是现代政府职能的主要内容之一。发达国家的政府的职能已从以经济性服务为主,逐步转变为以社会性公共服务为主。

同时,社会成员内部的公共需求结构也面临着从基本生存到全面发展的转变,这从侧面印证了公共需求行业分化的趋势及特点。这个变化可以从我国居民的消费结构变迁中反映出来。例如,我国的恩格尔系数从1978年的0.575下降到2017年的0.029 3,从恩格尔系数的明显变化可以看出,社会成员在教育、卫生、住房、旅游方面的支出已经远远大于基本的生存支出(如基本食品支出等)。社会成员对公共安全、公共医疗、义务教育、社会保险等方面的公共需求已经成为需求结构的主体。而这些领域的公共需求也呈现出不均衡发展的特点。例如,城镇居民在教育、医疗、社会保障等方面的公共需求年均提高的速度越来越快。有专家估计,过去10年城镇居民在教育、医疗、社会保障等方面年均公共需求的提高比重,大体相当于过去5年公共需求比重的总体增幅[①]。

(三) 公共需求的群体分化与扩张

改革开放以来,随着经济的发展和体制的变革,中国社会分化速度加

---

① 迟福林.我国公共需求的深刻变化与政府转型的现实压力[N].中国经济时报,
2005-11-04(008).

快，出现了多元化的利益群体，如没有单位归属的"个体户"，没有部门归属的私人企业主，因改革而产生的暂时性弱势群体或边缘性群体；也出现了各种社会中介组织，如各类协会等。在多元利益主体的互动过程中，社会公正的呼声越来越高，社会群体的维权意识不断增强。由于改革总是着眼于最大多数人的长远利益和根本利益，不可能使社会各群体的利益得到齐头并进的发展，因而，公共服务如何实现差异性和公平性原则，对于实现社会公平、正义具有特别重要的意义。

目前，我国公共需求主体正在不断扩大化和差异化，认识不同群体在不同历史阶段的需求差异十分重要。客观来讲，处于不同收入水平的居民对公共服务的要求是不同的。中高收入群体更多地要求政府提供公共安全等服务，而中低收入群体则更多地要求政府提供公共医疗、义务教育等公共服务。

当前，以人为本的科学发展观不断具体化，其核心内容在于使更广大的人群更公平地分享发展的成果。在建设和谐社会的目标下，公共服务尤其要关爱和救助竞争中的弱势群体，努力使公共服务覆盖全民，使广大人民群众都能从中受益，而不只是少数或部分人受益，这也是新时期公共服务的重要指导思想。

二、　社会组织的深入发展 ▷▷

按照西方福利经济学的解释，公共服务之所以要由政府而不是市场来提供，主要是因为公共服务具备高投入和高风险、非竞争性和非排他性、外部经济效应等特征，而市场存在的技术问题限制了社会、市场在这个领域的投资和经营。但是，随着市场经济的不断发展，市场技术得以不断创新并日渐完善，技术领域的革新为把市场竞争机制引入公共服务领域开辟了新的天地。技术的变革在某种程度上消除了市场准入的障碍，一定程度上改变了公共产品的非竞争性和非排他性这一客观属性。这种变革，既包括商品和服务设计方面的技术改进，也包括市场管理上的规则创新，如公共工程的招投标、承包合同的制定等。

市场经济技术的发展为公共服务供给主体的扩大提供了可能,公共服务理论的发展也为社会组织介入公共服务领域提供了理论依据。新公共管理理论主张在公共服务领域引入市场竞争机制,认为应该建立起综合运用政府科层制体系、市场机制、社会自治体系的新型公共服务体制,通过政府购买公共服务这种市场化运营方式,打破政府的垄断地位,提高公共服务的效率,并给公众以自由选择的机会;新公共服务理论主张"为公民而不是顾客服务",通过引入社会志愿机制保障公共服务供给的公平,并实现社会自生产与自供给,以弥补"政府失灵"与"市场失灵";城市治理理论认可多元主体的公共服务供给模式,提倡在政府的主导下,多元主体共同治理公共事务和公共服务,政府应由公共服务的"实施主体"转为"决策主体",从"生产者"转为"提供者""规划者""监督者"和"协作者",从依赖行政手段转向依靠市场和社会手段[1]。

社会组织,国际上通常称为"志愿者组织"或者"非营利组织",主要是指以促进国家经济和社会发展为己任,不以营利为目的、具有正式的组织形式,且属于非政府体系的组织,类似的概念还有"第三部门""非政府组织"等[2]。作为与政府公共组织和市场企业组织鼎足而立的第三部门,社会组织具有通过"以志愿求公益"来弥补政府缺陷和市场不足的功能。当前我国已进入全面深化改革的阶段,社会组织也逐渐凸显出自己的社会价值,并在公共服务发展中进一步发挥着作用。具体而言,社会组织在我国的深入发展呈现以下两个特点。

(一)党和政府高度重视社会组织建设和管理工作

1978年党的十一届三中全会后,我国的社会组织得以复苏和发展,各类社会组织大量涌现。由于国家有关部门仍然依据旧办法对社会组织进行登记管理,因而难以对一时间大量涌现的社会组织进行有效管理,以致曾出现了一些混乱和无序情况。1984年,国务院下发了《关于严格控制

---

① 胡家勇,等.政府职能转变与政府治理转型[M].广州:广东经济出版社,2015:192-193.
② 马庆钰,贾西津.中国社会组织的发展方向与未来趋势[J].国家行政学院学报,2015
　(4):62-67.

成立全国性组织的通知》，针对社会组织的问题进行政策性调整，取得了一定成效。1988年8月和1989年6月，国务院先后发布了《基金会管理办法》（后被2004年国务院颁布的《基金会管理条例》取代）和《外国商会管理暂行规定》；1989年10月，国务院又发布了《社会团体登记管理条例》。这三个法规的相继出台，初步形成了以这三大法规为主以及由多个政策规章和地方配套法规组成的社会组织管理政策和法规体系。相关的管理力量得到充实，执法力度得到加强，使社会组织进入比较有序的快速发展时期。

从2004年开始，我国政府从国家政策的角度做出加快发展社会组织的战略性部署。2004年9月，党的十六届四中全会第一次提出了中国特色社会主义"经济建设、政治建设、文化建设、社会建设"四位一体的总体格局。党的十六届六中全会通过的《中共中央关于构建社会主义和谐社会若干重大问题的决定》，对健全社会组织、增强服务社会功能进行了系统、全面的阐述。党的十七大进一步确定了要建立"党委领导，政府负责，社会协同，公众参与"的社会管理体制。2010年，十七届五中全会通过的《中共中央关于制定国民经济和社会发展第十二个五年规划的建议》再次明确提出，"要发挥群众组织和社会组织作用，提高城乡社区自治和服务功能，形成社会管理和服务合力，要培育扶持和依法管理社会组织，支持和引导其参与社会管理和服务"。2011年3月，《中华人民共和国国民经济和社会发展第十二个五年规划纲要》专设第三十九章，提出加强社会组织建设，强调坚持培育发展和管理监督并重，推动社会组织健康有序发展，发挥其提供服务、反映诉求、规范行为的作用。这些政策的相继出台，为我国社会组织的发展提供了方向的指引和巨大的动力①。

在确定了社会组织的管理政策后，政府又颁布了一系列政策法规来确定和推动社会组织在公共服务供给方面的地位和作用。党的十七届二中全会通过的《中共中央关于深化行政管理体制改革的意见》明确提出，要从制

---

① 夏建中，张菊枝.我国社会组织的现状与未来发展方向［J］.湖南师范大学社会科学学报，2014（1）：25-31.

度上更好地发挥公民和社会组织在社会公共事务管理中的作用。党的十八届三中全会提出："推广政府购买服务,凡属事务性管理服务,原则上都要引入竞争机制,通过合同、委托等方式向社会购买。"政府向社会组织购买公共服务,为发挥社会组织在公共服务供给中的补充作用奠定了基础。国务院还先后于2013年9月、2014年11月发布了《关于政府向社会力量购买服务的指导意见》和《关于促进慈善事业健康发展的指导意见》。在政府明确的政策导向下,政府与社会组织围绕公共服务的供给,形成了一种新型的合作机制。公共财政将逐步成为社会组织发展的重要资金来源,这个大趋势将催生越来越多的社会组织去担当社会公共产品的生产者和供给者。党中央和国务院的高度重视,赋予了社会组织在社会管理和公共服务中更重要的地位和更广阔的发展空间,也意味着对社会组织建设与管理提出了更高、更新的要求。

(二)社会组织的蓬勃快速发展

自1988年民政部门恢复对社会组织登记管理工作以来,我国社会组织稳步发展,已成为建设和谐社会不可或缺的力量,社会组织发展迅速,布局得到调整,结构不断优化,质量逐步提高,功能作用得到进一步发挥。目前已基本形成群众有序参与、有效覆盖城乡、门类齐全的社会组织体系[1]。据民政部有关数据显示,1988年,我国经民政部门登记的社会团体仅有4 446个,到2010年有近44.3万个,而从2010年到2017年的短短8年时间里,又增长了约60%;截至2017年底,全国社会组织约有76.2万个(见表2-1)。就整个社会组织来讲,2017年,社会组织共吸纳社会各类就业人员864.7万人,形成固定资产5 434.8亿元,接受社会捐赠729.2亿元[2]。社会组织在政治、经济、文化、社会、教育、科技等各个领域发挥着积极作用,成为连接党和政府与人民群众的纽带,也成为我国经济社会发展中的一支重要

---

[1] 王浦劬,等.政府向社会组织购买公共服务研究:中国与全球经验分析[M].北京:北京大学出版社,2016:1.
[2] 民政部.2017年社会服务发展统计公报[EB/OL].(2017-08-02)[2018-07-03].http://www.mca.gov.cn/article/sj/tjgb/201808/20180800010446.shtml.

力量。

表2-1　2010—2017年我国社会组织的数量变化

时间 社会组织类型	2010年	2011年	2012年	2013年	2014年	2015年	2016年	2017年
社会团体（万个）	24.5	25.5	27.1	28.9	31.0	32.9	33.6	35.5
民办非企业（万个）	19.8	20.4	22.5	25.5	29.2	32.9	36.1	40.0
基金会（个）	2 200	2 614	3 029	3 549	4 117	4 784	5 559	6 307

资料来源：民政部2017年社会服务发展统计公报。

三、经济体制的切实转变 ▷▷

中共十八大报告明确指出，"经济体制改革的核心问题是处理好政府和市场的关系"。十八届三中全会通过的《中共中央关于全面深化改革若干重大问题的决定》也指出，"经济体制改革是全面深化改革的重点，核心问题是处理好政府和市场的关系，使市场在资源配置中起决定性作用和更好发挥政府作用"。这使我们认识到，理顺政府与市场的关系是深刻认识经济体制改革的重要切入点。

从本质意义上讲，中国的经济体制改革实际上是一个政府还权于居民、还权于企业、还权于市场、还权于社会的过程。通过简政放权，激发经济发展的内生动力和各类经济主体的活力。有学者认为，我国的经济体制改革有三重艰巨任务：一是将计划经济体制转变为市场经济体制；二是将自然经济体制转变为市场经济体制；三是将落后的市场经济体制转变为现代市场经济体制[①]。经过40年的改革开放，我国已经初步建立起了社会主义市场经济体制，市场机制在资源配置中发挥基础性作用，政府宏观调控体系不断健全，国家综合实力和人民生活水平快速提升。

中华人民共和国成立后的前30年，我国政府一直推行计划经济体制，

---

① 白永秀，王颂吉.我国经济体制改革核心重构：政府与市场关系［J］.改革，2013（7）：14—21.

由国家的专门机构"计划委员会"来规划和制定各个领域的经济发展目标。工厂按照国家计划生产商品,农村按照国家计划种植农作物,商业部门按照国家计划进货和销售,所有品种、数量和价格都由计划部门统一制定。这种体制使中国经济能够有计划、有目标地稳定发展,但也严重束缚了经济本身的活力和发展的速度。20世纪70年代末期,在认识到中国经济与世界经济的发展差异后,我国做出重大决策,即对实行了几十年的经济体制进行改革。十一届三中全会的会议公报中曾提到,"我国经济管理体制的一个严重缺点是权力过于集中,应该有领导地大胆下放";"应该着手大力精简各级经济行政机构,把它们的大部分职权交给企业性的专业公司或联合公司";"应该坚决实行按经济规律办事,重视价值规律的作用"等。由此可见,在改革开放之初,我们党就把"权力过于集中"和"政企不分""精简政府机构""提高政府效能"作为改革的主要内容,切中了传统体制的要害[①]。

　　1978年,改革率先在农村展开。在农村推行以家庭联产承包为主的责任制,农民重新掌握土地的使用权,可以自主安排农活和处置农产品,由他们自行决定种什么、种多少;在农产品的经营方面,也给予农民更多的选择权,取消统购、派购的做法,放开大部分农副产品的价格,取消过去众多的限制性政策,允许农民发展多种经营、开办乡镇企业,农民的生产积极性得以空前提升。

　　以1984年为界,经济体制改革的重点逐渐由农村转移到城市。1992年,经过十几年改革开放的尝试,政府有了更加明确的改革方向,即建立社会主义市场经济体制。党在1992年的十四大报告中明确提出了"经济体制改革的目标是建立社会主义市场经济体制","市场在社会主义国家宏观调控下对资源配置起基础性作用"。这是党对现代市场经济以及政府与市场关系认识的一次质的飞跃,对建立社会主义市场经济体制起到了至关重要的作用。同时,为发挥市场在资源配置中的基础性作用,报告也提出要加快培育市场,积极培育包括债券、股票等有价证券在内的市场体系;加强市场制度和法规建设;打破条条块块的分割和垄断,促进公平竞争;"建立起以

---

① 胡家勇,等.政府职能转变与政府治理转型[M].广州:广东经济出版社,2015:6.

市场形成价格为主的价格机制"①。

1997年,政府进一步提出非公有制经济是中国社会主义经济的重要组成部分,鼓励资本、技术等生产要素参与收益分配,使经济体制改革迈出更大步伐。2002年至今,各项改革有序推进,成效明显:社会主义市场经济体制已经初步建立,市场在资源配置中的决定性作用显著增强,宏观调控体系日趋完善,以公有制经济为主体、个体和私营等非公有制经济共同发展的格局基本形成,经济增长方式逐步由粗放型向集约型转变。此后,中国建立起了比较完善的社会主义市场经济体制,并计划到2020年,建立起比较成熟的社会主义市场经济体制。可以说,经济体制的变化及其带来的经济增长也是我国公共服务变革的动力源泉。

第三节　政府的改革:从管制型政府到服务型政府

改革开放以来,我国共进行了8轮国务院政府机构改革。除1982年的首次改革之外,其余几次改革均与政府职能转变密切相关②,可见政府的职能转变是观察政府改革脉络的重要视角。作为基本公共服务供给的责任主体,政府职能侧重在很大程度上决定了一段时期内公共服务供给的内容、方式、质量和效果,其职能转变也是下一阶段公共服务发展方向的重要助推力。因此,通过回顾政府改革的职能转向,既可以探寻公共服务供给的发展脉络,也可以把握公共服务的未来发展方向。

总体来看,从1982年到2018年,政府职能转变的发展趋势和阶段侧重与经济、行政体制改革基本同步③,因此也符合本书所划分的公共服务发展

① 胡家勇,等.政府职能转变与政府治理转型[M].广州:广东经济出版社,2015:6-7.
② 高小平,沈荣华.推进行政管理体制改革:回顾总结与前瞻思路[J].中国行政管理,2006(1):9-13.
③ 王浦劬.论转变政府职能的若干理论问题[J].国家行政学院学报,2015(1):31-39.

三阶段。由于政府改革也是公共服务朝向下一阶段发展过渡的重要助推力，其动态属性意义更大，因此本节旨在挖掘政府职能转向的动态线索，从整体发展的时间主线上提炼出体制转型、政策目标转向、供给方式转变三条动态线索来探究政府职能转向和公共服务供给体系的发展脉络。

一、 体制转型：从高度集权转向适应市场经济体制 ▶▷

从1949年中华人民共和国成立到改革开放前，我国实行的是高度集权下的计划经济体制，党和政府垄断了各项资源，对社会实行严密的控制。随着社会主义制度的确立和社会主义改造的完成，党通过直接和间接领导的方式，实现了对基层政权和社会的整合，实现了超大规模社会的再组织与再制度化。但是，"全能型政府"的长期存在，致使政治与行政高度契合，市场机制被完全取缔，社会资源被政府牢牢控制，一切社会组织和个体均依附于党和政府，几乎不存在任何独立自主的民间组织与公共场域，随着经济和社会的进一步发展、人民生活方式的急剧变化，对政府运行模式和组织结构也提出了新的改革要求。

（一）向市场放权，从高度集权转向适应市场经济体制

我国政府机构的改革是在适应、服务于经济体制改革的背景下进行的。改革开放40年来，五年一次的政府机构改革总体上是伴随着经济体制改革的步伐进行的。随着经济体制改革的不断深入和社会的不断发展，政府机构改革基本做到了同步适应和逐步深化[1]。当然，根据"渐进过渡"的改革方式，每次具体的政府机构职能转向又都有所不同。回顾我国机构改革的发展过程不难看出，适应并服务于经济体制改革和经济发展需要始终是政府机构改革的重要使命。

由于1982年的改革没有触动高度集中的计划经济管理体制，政府职能也并没有转变，因此政府机构很快又重现膨胀的旧态，这也为1988年的第

---

[1] 何颖.中国政府机构改革30年回顾与反思[J].中国行政管理,2008(12): 21-27.

二轮机构改革埋下了伏笔。1988年，政府机构的第二轮改革，是一次弱化专业经济部门分钱、分物、直接干预企业经营活动的职能，以达到增强政府宏观调控能力和转向行业管理目的的改革，提出了政府要"按照加强宏观管理和减少直接控制的原则，转变职能，划清职责范围，配置机构。该撤销的撤销，该加强的加强，该增加的增加，不搞简单的撤并机构和裁减人员，使改革后的机构能够比较适应经济体制改革和发展社会主义商品经济的要求"①。但由于当时经济体制改革的目标不明晰，计划和市场关系的争执处于胶着状态，因此这一时期提出的"简政放权"和"搞活企业"并没有真正改变政府与市场的关系。

1993年的第三轮政府机构改革首次提出"政府机构改革的目的是适应建设社会主义市场经济体制的需要"，在政企分开和部门性质定位方面迈出了一大步②。此次改革的要点是适应建立社会主义市场经济体制的要求，按照政企职责分开和精简、统一、效能的原则，转变职能，理顺关系，提高效率。受限于市场经济体制刚刚建立的背景，此次机构改革只能进行局部精简，成果有限，但是已经发现了在计划经济时期形成的组织机构是政府职能进一步转变的障碍，这也成为下一次机构改革的重点对象。

1998年的第四轮政府机构改革仍然坚持了政府职能转变的目标定位。此次改革的侧重点是以优化政府组织结构为具体目标，增加宏观经济调控部门，调整和减少专业经济部门，适当调整社会服务部门，加强执法监管部门，发展社会中介组织。此次机构改革是涉及面最广、改革力度最大的一次改革，使政府职能转变有了重大进展，突出体现在撤销了几乎所有的行业经济部门，使政企不分的组织基础在很大程度上得以消解③。

此阶段政府机构改革的目标是以适应经济体制的需要来转变政府职能，具备市场化、分权化的特征，通过向市场放权和优化组织结构，来激活市场活力，也进一步推动了单位制和传统公共服务供给体制的瓦解。值得一

---

① 竺乾威.政府职能三次转变的启示[N].北京日报,2018-07-23(013).
② 周志忍,徐艳晴.基于变革管理视角对三十年来机构改革的审视[J].中国社会科学,2014(7):66-86,205-206.
③ 何颖.中国政府机构改革30年回顾与反思[J].中国行政管理,2008(12):21-27.

提的是,经过1982年、1988年、1993年,特别是1998年的政府机构改革后,政府职能完成了向经济职能为重心的转变,但此时我国公共服务体系尚未成型,尚且处在传统公共服务供给体制逐渐瓦解的状态。

(二)传统公共服务供给体制逐渐瓦解

改革开放之前的公共服务供给体制属于计划经济体制的一部分,主要表现为"高度集中、城乡分割和低水平平均"的特征。具体来说,在1949年《中国人民政治协商会议共同纲领》的指导下,逐步建立起了城乡分割的二元公共服务体系:城市建立起职工端国家"铁饭碗"和"企业办社会"相结合的公共服务,国家通过统收统支的财政体制,借助"企业办社会"的方式向企业下达公共服务供给计划,然后由企事业单位对城市居民提供公共服务;农村建立起通过集体经济力量提供基本生活保障的公共服务供给模式,公共服务供给主体主要是人民公社,其经费来源虽然是集体经济,但也是按照一定的计划和比例进行的。这种高度集中的公共服务供给体制,是同高度集中的计划经济体制相对应的。而随着经济体制从高度集权逐渐向适应市场经济体制转变,传统公共服务供给体制逐渐瓦解,并开始有计划地向适应市场经济过渡,具体表现为以下方面[1]。

一是通过财政体制改革,规范国家和地方及企业的分配关系,逐步瓦解了传统公共服务供给方式。1980年的"划分收支,分级包干",1985年的"划分税种、核定收支、分级包干",1988年的"改进包干办法",展现了中央和地方的财权分权历程;1982年发布的《中共中央、国务院关于国营工业企业进行全面整顿的决定》对劳动服务公司(将其定性为企业附属的集体所有制单位,并允许其"可以为本企业服务,也可以为社会服务,但必须独立经营、独立核算、自负盈亏")的规定,开始分离国有企业的生产经营活动和生活服务活动。于是,公共服务开始转向企业化和社会化的方向。与此同时,国家还在养老保险综合改革和城镇住房商品化方面进行了积极的

---

[1] 李杰刚,李志勇.新中国基本公共服务供给:演化阶段及未来走向[J].财政研究,2012(1):13-16.

探索。

二是以国有企业分离办社会职能作为切入点，逐步培育适合市场经济的公共服务供给体制。从1995年开始进行国有企业办社会职能分离试点工作，2000年由试点城市转向全面推进，2002年进一步扩大到中央企业的分离试点，展现了在传统计划体制向市场经济过渡的背景下，公共服务供给体系正在逐步适应社会主义市场经济发展的需要，并且城市公共服务逐渐由企业转向社会和政府，政府对劳动力市场建设、社会保障制度、医疗保险制度和住房制度等也提出了配套改革要求。

二、 政策目标转向：从强调经济发展转向注重公共服务 ▶▷

随着改革开放的推进，国家治理的中心任务从阶级斗争转向经济建设，市场经济逐步取代了计划经济，政府的核心职能变为推动经济和社会发展，满足人民不断增长的物质文化需求。但与此同时，由于地方政府自主权的扩大与政府自身利益最大化的驱使，加之竞争导向的市场机制与晋升激励机制的双重催化，发展经济成为各级政府的首要目标。因此，新一轮的政府改革迫在眉睫。

（一）重视民生，从强调经济发展转向注重公共服务

2003年的SARS事件暴露了我国政府在公共卫生服务领域的窘况，因此SARS事件也成为政府职能转变的催化剂，助推了下一轮政府职能的转型。

2003年的第五轮政府机构改革的目标是深化行政管理体制改革，进一步转变政府职能，并且明确提出了政府职能应集中于"经济调节、市场监管、社会管理和公共服务"，进一步建设"行为规范、运转协调、公正透明、廉洁高效"的行政管理体制。这一轮改革除了建立国资委、银监会、商务部、国家食品药品监督管理局等适应市场经济体制的相关部门之外，还特别强调要进一步加强食品药品安全生产的监管工作。

2008年的第六轮机构改革进一步完善了政府的公共服务职能。这次机

构改革的要点是：一是加强和改善宏观调控，促进科学发展；二是着眼于保障和改善民生，加强社会管理和公共服务[1]；三是积极探索职能有机统一的大部制改革，实行综合设置，理顺部门职责关系。其中，大部制改革是针对原有管理体制的不合理而进行的，原有的部门重叠、职能错位和交叉等不合理设置，导致了资源浪费或无效使用，也无法及时有效地提供公共服务和进行社会管理，因此大部制改革的实质在于以更有效的管理体制来提高公共服务质量，其核心在于"政府职能必须以提供公共产品和公共服务为己任，从而使得政府权力得以规范"。

此阶段的政府机构改革已经充分认识到公共服务的重要性，在重新界定了政府的四项基本职能后，突破了传统的政府主导经济发展的片面认识，是在科学发展观的指导下对政府职能的重新界定，也进一步推动了公共服务供给体系的完善，此时的公共服务建设既体现了现代市场经济的特征，也开始呈现出对公平、正义等社会价值的追求。

（二）公共服务供给体系逐步完善

以中共十六届三中全会通过《中共中央关于完善社会主义市场经济体制若干问题的决定》为标志，我国的市场经济发展开始迈向完善期。这一时期，在科学发展观的指导下，政府职能进一步向适应社会主义市场经济转变，加之对公共服务的重视，使得我国公共服务供给也实现了新的发展，具体表现在如下方面[2]。

第一，政府明确了公共服务的基本职能。2003年，中共十六届三中全会明确提出完善社会主义市场经济体制的重要目标之一就是"健全国家宏观调控，完善政府社会管理和公共服务职能"。这种表述打破了传统的政府主导经济发展的片面认识，是在科学发展观的指导下对政府职能的重新界定，也是政府职能逐步适应社会主义市场经济发展的重要标志。2008年的机构改革尤其强调职能转向，给当时的46个部门共增加了90余项职能，主要是

---

① 何颖.中国政府机构改革30年回顾与反思[J].中国行政管理,2008(12):21-27.
② 李杰刚,李志勇.新中国基本公共服务供给：演化阶段及未来走向[J].财政研究,2012(1):13-16.

加强了宏观调控、能源管理、环境保护以及教育、食品安全、住房、社会保障、文化、卫生、安全生产等涉及群众切身利益、关系国计民生的社会管理和公共服务职责①。

第二，重视城乡均衡、统筹全面发展。中共十六届三中全会提出了统筹城乡发展的重要思想，并明确提出"国家新增教育、卫生、文化等公共支出主要用于农村"。在这一政策的指引下，以2006年全面废除农业税为标志，我国农村公共服务供给成本由原来的农民自己承担转向城市和农村共担。与此同时，公共服务供给的受众范围进一步扩大。以医疗为例，2003年，国家开始以财政补助的方式实行新型农村合作医疗制度；2006年，国家明确提出"2008年全国基本推行新型农村合作医疗、2010年实现新型农村合作医疗制度基本覆盖农村居民"的目标。

第三，突出公共财政地位，为公共服务提供保障。2003年，中共十六届三中全会要求"健全公共财政体制"；2006年，中共十六届六中全会提出要"进一步明确中央与地方的事权，健全财力与事权相匹配的财税体制"；2007年，党的十七大把"围绕推进公共服务均等化和主体功能区建设，完善公共财政体系"确定为深化财政体制改革的一个基本方针；2008年，胡锦涛同志在政治局第四次集体学习时进一步明确了提高公共服务质量和效益的构想。上述改革方向和思路，突出了公共财政在公共服务供给中的地位，为各级政府有效提供公共服务奠定了坚实的基础。

三、供给方式转变：从单一政府供给向多元参与供给 ▶▶

以经济建设为中心的国家治理方略在经过40年的发展之后，随着市场机制在资源配置中决定性地位的确立，民间组织与公共空间的不断扩大，国家治理又面临着新的挑战。公平正义的维护、基本公共服务的供给、社会风险与公共危机的化解都成为国家治理中政府不可推卸的责任。在治理现代

---

① 马凯.以转变政府职能为核心，深化行政管理体制改革[J].国家行政学院学报，2008 (5)：4-9.

化的目标之下,政府职能的发挥不仅仅在于自身的治理能力与效率的提升,还在于如何调动社会力量共同参与,以整体性、协调性为目标处理好不同利益群体之间的关系。

(一)向社会让权,从单一政府供给向多元参与供给

尽管前一时期政府的职能重心从经济发展转向了公共服务,但改革以来形成的政府主导经济发展的模式并没有发生显著变化。虽然政府的主导推动了中国经济奇迹般地蓬勃发展,但也确实带来了一些负面影响:政府经济职能的强化,导致政府其他职能的弱化;对数量的追求导致了对质量的忽视;对经济的深度干预导致了寻租空间的扩大;权力的无节制使用导致政府公信力的下降[1]。因此,新一轮的机构改革迫切要求在资源配置中让市场发挥决定性作用,同时吸纳社会多元主体共同参与到公共服务供给体系中来。

2013年的第七轮政府机构改革紧密围绕转变职能和理顺职责关系展开,重点推行以"放管服"为标志的行政审批制度改革。此次改革的核心是简政放权和建立权力清单,这既是政府行使职能的方式的转变,也更多涉及了政府的职能定位,其实质是确立政府与市场、社会的权力边界,确定政府的权力范围,"法无授权不可为"。值得一提的是,经济体制改革作为全面深化改革的重点,在此次机构改革中被描述为"要使市场在资源配置中起决定性作用",而在此之前,市场在资源配置中的作用被定性为"基础性作用"。

2018年的第八轮政府机构改革以推进党和国家机构优化、协同高效为着力点,坚持民生本位的价值观,进一步推进大部制改革,更加注重系统性、整体性、协同性,激发群团组织和社会组织活力。此次机构改革并非以GDP增长为导向,而是将业务范围相近、职能交叉重叠的部门进行整合,旨在为全社会提供更好的公共服务和公共管理,彰显了"以人民为中心"的理念,聚焦民生领域的关键问题和环节,回应了社会长期关注的机构改革定位及

---

[1] 竺乾威.政府职能三次转变的启示[N].北京日报,2018-07-23(013).

难点问题,为新时代治理转型提供了组织与行动保障①。

此阶段的政府机构改革有两个特点:一是通过机构改革不断优化自身职能,理清政府对市场、社会的管理职权边界;二是以改善民生为导向,聚焦民生领域的关键问题。这显示出新时期党和政府的工作重点和职能侧重均落脚在公共服务的优化发展上,多项改革措施着眼于保障和改善民生,正面回应了关系到人民群众切身利益的卫生健康、人口老龄化、社会保障、"三农"问题、食品药品安全等重大社会问题。并且不断优化市场机制和社会力量的发展空间,改进政府提供公共服务的方式,构建公共服务领域政府和市场、社会合作的新模式。其中,政府向社会组织购买服务是典型的合作模式之一,反映出供给主体多元化的未来趋势,既能够推进政府职能转变、创新社会治理模式,也能够更好地回应民生诉求,实现公共服务供给模式的纵深发展。

(二)公共服务供给模式纵深发展

近年来,我国各级政府向社会组织购买公共服务的次数逐渐增多。在各地改革实践的基础上,中央政府于2013年专门出台了《关于政府向社会力量购买服务的指导意见》,力促政府与社会组织等社会主体形成改善公共服务的合力。同时,政府新一轮的机构改革为推动社会参与的多元主体发展提供了坚定的助力,公共服务供给建设得到了进一步发展,具体表现为:

第一,政府不断完善购买公共服务的体制机制。党的十八届三中全会明确提出,"凡属事务性管理服务,原则上都要引入竞争机制,通过合同、委托等方式向社会购买"。政府购买服务是政府提供公共服务方式的转变,买什么、向谁买、如何买,涉及购买服务的范围、承接主体的资格认定、购买方式的选择、购买流程以及服务的绩效评价等。政府通过行政管理体制改革、分税制财政体制改革、预算管理体制改革等方式,正在不断创新公共服务供给方式;通过健全购买主体体系、承接主体体系、购买服务目录体系、购买

---

① 胡雯,陆杰华.新一轮机构改革对改善民生顶层设计的要义解读[J].国家行政学院学报,2018(3): 68-73,154-155.

服务绩效评价体系等举措,正在不断完善公共服务供给体系;通过规范项目报批、组织采购、自制合同、监管绩效、经费兑付流程、绩效考评与监督管理等环节,正在不断健全公共服务供给机制[①]。

第二,社会参与规模不断扩大且参与形式日益多元。随着相关法律法规和政策措施的陆续出台,社会力量参与公共服务事业的领域在逐步拓宽,程度逐步加深,规模在不断扩大。以各级各类民办学校和教育机构为例,2008年至2016年,其数量由10.09万所增至17.2万所。同时,社会参与模式和实现形式也日益多元。根据产权主体和运营主体的不同,目前社会力量参与公共服务事业主要有三种模式:一是公建民营;二是民办公助;三是民建民营。当前三种模式均存在,但在政策实践中,三种模式又区分为很多具体的实现形式。围绕政府和社会力量的合作机制,把场所设施建设和运营管理两个环节进行分拆,同时将资产转让环节穿插其中,形成了灵活多样的参与形式,如BOT(建设—运营—转让)、TOT(转让—运营—转让)、BBO(收购—建造—运营)、合同外包、政府采购等[②]。

第三,民办公共服务事业的结构性特征突出。一是行业结构。教育、医疗卫生、养老服务、公共文化体育、人力资源服务等领域,社会力量的参与程度不一样。总体而言,养老服务、文化产业、人力资源服务等领域社会力量的参与比例高一些,而教育、医疗卫生等领域社会力量的参与比例低一些。二是行业内部结构。以教育领域为例,早期以高校和职业教育为主,民办高校和独立学院是社会办学的主要载体。近年来,学前教育发展迅速,义务教育也开始逐步深入,幼儿园基本上以民办为主。而养老服务领域的情况则是提供一般性生活照料的养老服务机构较多,社区养老服务发展比较滞后。三是区域结构。大多数经济发达地区都出台了相对完善的实施政策,尤其是东部发达地区,甚至部分县级市也出台了相应文件,而广大中西部地区大多停留在省级层面和中心城市。四是城乡结构。由于发展基础的差距,社会力量参与公共服务事业主要集中在城市,无论是参与规模,还是参与程度

① 刘志昌.国家治理与公共服务现代化[M].杭州:浙江人民出版社,2015:144.
② 杨宜勇,邢伟.公共服务体系的供给侧改革研究[J].人民论坛·学术前沿,2016(5):70-83.

和参与深度,城市都远远超过农村。

对于政府而言,政府通过向非政府组织购买公共服务,促使政府部门由"大包大揽"的全能型政府向"有所为,有所不为"的有限政府和服务型政府转变。而对非政府组织而言,它们贴近社会,与社会民众保持着比较密切的联系,而且组织机构富有弹性,反应迅速、灵活多变,能够为民众提供多样化和个性化的基本公共服务[①]。二者通过购买这一行为顺应市场机制的基本规律,在政府的主导和第三方机构的监督下,又能克服市场失灵和政府失灵的弊端,从而进一步推动公共服务供给模式的优化发展。

[①] 曾保根.基本公共服务供给机制的逻辑、误区与构想[J].中国行政管理,2013(9):70-73.

第三章

城市公共服务单位
供给制的式微与改革

改革开放以来,伴随着市场经济的发展,城市公共服务赖以生存的单位制面临着极大的挑战,这引发了政府、学界等社会各方的思考和探索。本章立足于改革开放初期,即1978—1992年这个时间段,从改革的社会背景、城市公共服务的政策设计、改革的特点和路径以及城市公共服务的评价几个方面对该时期的城市公共服务图景进行回顾。

第一节　城市公共服务改革的背景

中华人民共和国成立之后,基于特定的政治、经济和文化环境,单位体制在我国城市中逐渐建立起来,从而成为城市公共服务的重要供给机制。作为诞生于计划体制下的城市单位体制,其"国家—单位"的服务供给模式在特定的年代较好地满足了城市居民对于基本公共服务如教育、医疗、社会保障等方面的需求。然而,随着改革开放帷幕的拉开,经济和行政体制改革相继推进,单位外组织开始成长,并且越来越多的人口开始流入城市,传统的城市单位体制所固有的封闭性等缺陷已经无法适应新的时代要求,面临着改革的任务。

一、计划体制下单位体制的基础和特点 ▶▷

"单位"这个词汇在中国具有特殊含义。所谓"单位",通常指的是在城镇地区,基于中国社会主义政治制度和计划经济体制所形成的一种特殊组织,是国家进行社会控制、资源分配和社会整合的组织化形式,承担着包括政治控制、专业分工和生活保障等多种功能。其典型形态是城市社会中的党和政府机构(行政单位)、国有管理和服务机构(事业单位)以及国有企业单位①。而所谓的"单位制度"或"单位体制"更多的是指以单位组织为基础的某种社会体制、制度结构②。一切微观社会组织都是单位,控制和调节整个社会运转的中枢系统由与党的组织系统密切结合的行政组织构成③。在特定的年代里,单位体制构成了我国整个社会运转的基础。当然,我国单位体制的形成也是经济、政治、文化等多种因素综合作用的结果。

一是经济基础。中华人民共和国成立以后,我国面临着社会资源匮乏的窘境,在物资短缺的现实情况下,如何有效地利用有限的社会资源,推动实现工业化的目标,成为摆在政府眼前的重大现实挑战。为了集中力量率先实现关键领域的突破和发展,我国实行了计划经济体制。在计划经济体制下,国家和政府几乎掌握着社会上的全部资源,继而便掌握了社会资源的配置权力,并且能及时向公众供给必需的生活资源。在城市,以国营企业为代表的单位组织直接承担着汇聚资源和提供公共产品的功能。国家以单位为中介完成资源的再分配,大部分城市居民只有通过单位组织才能获得赖以生存和发展的必要资源,这就导致了他们对单位组织的高度依赖,由此强化了单位组织的社会控制和政治控制功能,达到对社会有效调控的目标。在社会总资源明显短缺的情况下,单位体制自然也就成为满足现代化要求这一战略设计的重要产物④。

二是政治根源。中国共产党在长期的革命斗争过程中逐渐形成了一套独特的根据地制度。在根据地制度的安排下,党的合法性建立在农民互惠的基础上⑤,即党的革命实践要给农民带来实际的利益以获取农民的支持。1949年以后,党的权力中心由农村转移到城市,由于城市经济发展的落后性,这种根据地制度便在新的国家体制中得以延续。进入20世纪50年代

---

① 李路路,苗大雷,王修晓.市场转型与"单位"变迁再论"单位"研究[J].社会,2009(4):1-25.

② 李路路.论单位研究[J].社会学研究,2002(5):23-32.

③ 路风.单位,一种特殊的社会组织形式[J].中国社会科学,1989(1):71-88.

④ 王伟.国内学术界关于"单位制"的研究综述[J].发展论坛,2001(3):61-64.

⑤ 路风.中国单位体制的起源和形成[J].中国社会科学季刊(香港),1993(4):91-134.

以后,出于政治整合的需要,党的组织系统开始向一切社会组织延伸。一方面,政府强迫企业承担起所属职工的就业和各种福利责任;另一方面,则通过在企业内部建立起有效的党政组织机构来实现政治控制,单位体制就在这样的过程中被逐渐确立起来。因此,单位制作为一项有效的制度安排,既是中国共产党长期革命战争和政治斗争的产物,也体现了国家政治整合的需要。

三是文化传统。任何体制的形成都与所在社会的历史文化传统息息相关,单位体制自然也不例外。中国的传统文化中蕴含着推动单位体制确立的最为突出的两点是家庭观念以及对待权威的态度。家庭观念从封建社会起就在我国社会的演进过程中扮演着重要的角色,革命时期中国共产党领导的具体实践也能找到家庭观念的影子。彼时,"公家"被用来指党、国家和集体的事物,属于该组织的人则为"公家"的人。中华人民共和国成立后,这一观念得以延续并在单位中得以体现,一方面表现为单位对其成员所提供的福利;另一方面体现在单位成员之间的复杂关系中[1]。在对待权威的态度方面,传统社会"三纲""五常"的观念在革命实践中转换为对共产主义事业的忠诚。中华人民共和国成立后,这种观念在单位中得到继承,集中体现为单位对其成员的全面控制,而成员处于被动依赖的地位。传统集体观念和权威观念与单位的管理、组织和权力运行需求具有内在的一致性,对中华人民共和国成立后单位制的顺利实施有重要帮助,而这些内容的变化也是单位制变化的重要标志[2]。

四是偶然因素。我国单位体制的形成是一个多种因素复杂交织的过程,一些偶发性因素对于单位体制的形成起到了巨大的推动作用,诸如"大跃进"运动和"文化大革命"。由于对形势的错判和对经济规律认识的不到位等,我国在20世纪50年代中后期发起了"大跃进"运动。其直接结果是生产的重要性得以放大,从而使生活设施的可用资金变得更少。这进一

---

① 柴彦威,张纯.地理学视角下的城市单位:解读中国城市转型的钥匙[J].国际城市规划,2009(5):2-6.

② 刘天宝,柴彦威.中国城市单位制形成的影响因素[J].城市发展研究,2012(7):53-60.

步导致了为单位成员提供社会保障的责任几乎全部落到了单位身上[①]。而长达十年的"文革"对单位有着更加深刻的影响。首先,许多临时工借"文革"转变为正式工,由此通过单位获取基本福利的人数大大增加,单位作为福利共同体得到了加强[②];其次,"文革"对官僚体制和法制的破坏使得统一管理的机构和制度得不到建立,公民意识的发展也被制约,结果是单位的作用更加强大,单位成员对单位的依赖性更强[③]。

我国特殊的政治经济文化背景决定了单位体制的产生。从中华人民共和国成立初期至改革开放之初的一段时间里,我国的单位体制经历了由起步到逐渐强化以至臻于成熟的过程。可以说,单位体制在第一个五年计划时期就初步形成了;从"大跃进"至"文革"前夕,单位体制的变化在于其政治功能的强化;1966年至1976年长达十年的"文化大革命"则直接推动了我国单位体制走向成熟。依托单位体制建立起的福利保障制度,在我国经济落后的年代里承担起了满足城市大多数居民日常基本生活需求的责任,而这些单位福利也构成了城市公共服务的重要组成部分。

改革开放以前,在理论研究和政策实践中并没有普遍使用"公共服务"这一词汇,但事实上政府却早已在具体实践中行使着公共服务的职能。在改革开放以前的单位体制时期,城市中的"单位"便是公共服务供给的主体,单位体制之下的福利供给就是公共服务的重要构成。城市单位体制作为一种国家直接控制的组织形式,在计划经济时期组织城市生产和生活以及提升国家实力等方面发挥了决定性的作用。

作为具有中国特色的一种组织形式,单位体制具有以下几个内在特性:① 从现象上看,单位的第一个基本特点都是功能合一性,即任何单位都同时有政治的、社会的以及专业的功能;② 生产要素主体之间的非契约关系;③ 资源的不可流动性[④]。而从城市公共服务的角度看,单位所具有

---

① DAVID BRAY. Social space and governance in urban China: the Danwei system from origins to reform[M]. Stanford University Press, 2005.

② 刘天宝,柴彦威.中国单位制形成的影响因素研究[J].城市发展研究,2012(7):53-60.

③ 路风.中国单位体制的起源和形成[J].中国社会科学季刊(香港),1993(4):91-134.

④ 路风.单位,一种特殊的社会组织形式[J].中国社会科学,1989(1):71-88.

的社会功能则在计划经济时期的城市公共服务的供给中扮演了重要的角色。由于单位中的职工不是从劳动力市场上以契约的形式雇佣而来的,而是由政府劳动部门按照计划分配来的。由国家安排就业的个人进入单位后,便获得一种几乎终生不变的身份,并且难以流动。就业者的权利要在单位中实现,而单位则代表国家对单位职工负起生老病死的无限义务,这种劳动组织方式使单位逐渐演化成家长制的福利共同体,使得个人离开单位会变得寸步难行。因此,对于单位成员来说,单位是他们的衣食父母,是其生活和福利的基本甚至唯一来源。单位成为一个相对封闭的系统,向单位成员提供了最基本的生活福利保障。一个人一旦进入单位,单位就有代表国家对其生老病死、吃喝拉撒负责的无限义务[①]。这种单位制下的公共服务供给有以下几个特征。

首先,计划经济体制鲜明的时代背景。计划经济体制下单位制公共服务的供给体系有两个特征。一方面强调"国家"的计划职能,由国家和政府掌控资源的配置权力。由于中华人民共和国成立后面临物资短缺的严峻现实,由国家和政府按照计划进行资源的分配,使得我国能够在经济条件比较艰难的条件下依然可以保障和维持城市单位职工的基本福利。另一方面平均主义成为单位体制的重要价值追求。单位作为一个小社会,一旦进入体制内便由国家接管个人生活的方方面面。尽管单位中存在论资排辈的现象,但是每一个单位体制内的人都可以享受单位所提供的福利。

其次,公共服务的封闭体系。单位体制下的福利供给是以本单位的职工为服务对象,包括劳动保险、生活服务、文化娱乐和福利补贴等方面[②]。福利提供者为国家机关和企事业单位,这种单位福利的供给安排呈现出一种自我封闭的状态。单位提供的福利作为公共服务的组成部分,使得单位职工获得了较为健全的福利保障。单位体制下的福利供给,不仅使个人在医疗、住房、交通等方面的需求得以满足,这种福利体系还延伸到职工所属的

---

① 纪乃旺.当代中国单位制的形成及其特征[J].经济研究导刊,2011(30):13-15.
② 成海军.计划经济时期中国社会福利制度的历史考察[J].当代中国史研究,2008(5):48-55.

家庭。职工家属也可以享受到单位提供的相应的福利待遇,如单位职工子女的教育以及就业安置问题都由职工所在的单位予以解决。不过,这种全面的福利体制是建立在职工和单位的依附关系基础之上的,只有本单位的职工才有权利享受到单位所提供的福利。如果一个人脱离了单位,那也就意味着他(她)从此与原来单位的福利的分离。

最后,国家—单位的运行模式。计划经济时期的单位福利是以国家为责任主体,以单位作为具体职能履行者的一种制度安排。国家以公权力作为后盾,按照计划对社会资源进行自上而下的分配,国家承担起福利供给的主体责任。在具体的操作中,中央政府作为福利供给的主要责任主体,以国家财政作为主要的经费来源,向有关的社会成员提供福利。在城市,政府则将福利保障工作交由企事业单位去执行。政府负责法律法规的制定,企业则以政府分拨的资金为基础,按照政府的要求落实单位职工的就业、住房、医疗、教育等各方面的福利保障。

二、 单位制改革的时代背景和条件 ▶▷

(一)经济体制改革释放了市场的活力

中华人民共和国成立初期,特殊的国内外环境决定了我国实行计划经济体制的必要性。计划经济体制下最重要的特征就是政府部门的主导作用,居民个人实际上也是政府部门的附属物,任何人想要摆脱计划的安排都是异常困难的。1982年,党的十二大明确提出了经济体制改革要按照"计划(主要是指导性而非指令性计划)调节为主、市场调节为辅的原则";1984年,党的十二届三中全会又提出了"中国的社会主义经济是在公有制基础上的有计划的商品经济"的新命题,它克服了党在十二大上认识的局限性,奠定了经济体制改革的理论基石,确立了市场导向型社会主义经济改革的战略目标和大方向[1]。市场机制在资源配置效率方

---

[1] 乔耀章.政府行政改革与现代政府制度——1978年以来我国政府行政改革的回顾与展望[J].管理世界,2003(2):48-57.

面的优越性和计划体制下的政府低效形成了鲜明的对比。由此,以放权让利为特征的多项改革使得市场的力量被进一步挖掘,从而分解了政府在资源配置方面的权力,市场调节逐渐成长为一种相对独立的资源配置机制。

(二) 政府机构改革推动政府职能的转变

经济基础决定上层建筑,经济体制的改革要求上层建筑也要适应生产力的发展。在20世纪70年代末80年代初,邓小平先后指出我国行政体制中存在的诸多弊端,诸如机构臃肿、人员冗杂、效率低下等问题。对此,我国政府先后于1982年和1988年进行了两轮机构改革,以使上层建筑能更加适应生产力的发展。1982年的政府机构改革的目的在于精简机构、提升效率,因此通过裁撤大量的政府机构来推动政府工作效率的提升。这次改革为经济体制深化改革提供了有利条件,但是这次改革没有触动高度集中的计划经济管理体制,政府职能没有得到转变。因此,1988年的政府机构改革首次提出"转变政府职能是机构改革的观念"的命题。按照经济体制改革和政企分开的要求,对政府机构进行裁撤或者整合,转变政府部门的工作方式,提高其宏观调控的能力。通过两次政府机构改革,政府的体制机制以及管理方式相比此前都有了较大的变化。对于处在转型时期的中国社会来说,需要循序渐进的行政体制改革来推动政府职能的逐步转变,从而使政府在公共服务领域内扮演起更加积极的角色。

(三) 各类社会组织的成长

在传统的计划经济体制下,只有单一的公共组织,即单位组织。伴随着政府对市场经济认识的逐步加深,公共组织之外的各种营利组织、非营利组织开始萌芽,从而形成政府、市场和社会三股力量并存。营利组织和非营利组织的范围涵盖了文化、教育、科技等各个社会领域,这些体制外组织的成长,打破了传统的单一格局,也不断地冲击着单位作为单一公共组织在城市公共服务供给中的地位。中国的城市社区服务是在20世纪80年代中期由中央政府推动发展起来的,其目的是顺应市场化改革的步伐,构建中国社会化

的福利体系 [①]。20世纪80年代后期，社区发展加速。1988年，社区服务试点逐步扩大；到1992年，我国的城镇社区服务设施已经达到11.2万个，比上年增加了1.9万个，增长了约20%。总之，改革开放以来，我国的营利性组织、非营利性组织、社区都得到了较快的发展，这些力量成为政府公共服务供给之外的可替代选择，从而推动着政府与市场、社会建立起多元的互动合作关系。

（四）城市人口增长对公共服务的需求

党的十一届三中全会以来，国家调整、制定了一些"农转非"政策。在政策的驱动和对城市户口的向往之下，大量的人口涌入城市。统计数据显示，1978年到1992年，我国的城市化率由17.9%增长到27.46%；城市人口的绝对数量增加了1.5亿，增长了近一倍。而从1949年初到1978年的近30年间，我国的城镇化率仅仅增长了6.7个百分点 [②]。经过十年的动乱，国民经济接近崩溃，城市公共事业也遭到了严重的破坏，物质资源短缺。在国家经济实力有限的情况下，大量的人口进入城市，在就业、医疗、社会保障以及城市基础设施方面都对城市公共服务的供给造成了空前的压力。此外，尽管单位体制内的成员可以享受到较为全面的福利保障，但随着经济和生活水平的提升，单位体制下的平均主义福利保障体系无法满足单位成员不同层次的公共服务需求。并且随着单位体制外社会组织的发展，单位内的成员开始向体制外流动，这样，城市政府面对的不仅仅是在数量上更为庞大的城市公共服务需求，在公共服务供给的层次上也面临着重大的现实挑战。

第二节 城市公共服务改革初期的政策变迁

自改革开放至20世纪90年代初，我国在经济体制方面实行的"双轨

---

① 王琼.单位制的消解与政府治理模式的变迁 [J].理论观察,2007(2): 40-41.
② 根据《中国统计年鉴1978》和《中国统计年鉴1992》的相关数据计算得出。

制"，既有计划经济的成分，也在逐步尝试发掘商品经济的力量。由于社会问题的复杂多样，在这一过渡的时期内，依然是计划经济占主导地位，诞生于计划经济时期的单位体制依然在发挥着重要的作用，传统的由单位提供的福利作为政府公共服务供给的一部分继续存在。不过，伴随着经济和行政体制改革的展开，传统体制下的公共服务供给模式开始出现松动和变化。城市方面，政府率先在教育、医疗卫生、社会保障和住房领域进行渐进式的探索与改革。与此同时，政府通过财政体制的改革和城市发展政策的供给来支持城市公共服务的供给。这一系列的尝试取得了一定的成效，但由于国家经济实力以及对改革认识的不到位等因素的影响，改革也引发了相应的问题。

一、 推动城市发展的政策设计 ▶▷

（一）户籍制度变迁推动"非农业人口"大量增加

1958年，中华人民共和国第一部户籍制度《中华人民共和国户口登记条例》确立了一套较完善的户口管理制度。这个条例以法律形式严格限制农民进入城市，限制城市间人口流动，从此形成了城乡分离的二元模式。因此，在改革开放之前，我国都沿袭城乡二元分离的模式，农村人口向城市的自由流动受到严格的限制，原因之一就在于城市所能提供的公共服务资源难以负担庞大的人口压力。1978年改革开放后，越来越多的农村居民进入城镇务工或者经商，传统的城乡二元分割的户籍制度无法适应新的时代需求，要求改革的呼声日益高涨。与此同时，中央政府开始注意到社会上发生的变化，于是开始小幅度地放开农民进城。

1980年9月，公安部等部门联合颁布《关于解决部分专业技术干部的农村家属迁往城镇由国家供应粮食问题的规定》，文件指出"目前有少数专业技术骨干的配偶在农村……可采取分批、分期的办法，逐步解决他们在农村的家属迁往城镇，由国家供应粮食的问题"。从规定可看出，这个政策只是针对干部家属，并非针对所有农民，普通农民依然难以迁入城市。不过，该政策将原来的"农转非"指标放宽,由不超过当地非农业人口的0.15%调整为0.2%,放松了对农村人口迁入城镇的控制。1984年,《关于农民进入集镇落户问题的通知》规定:农民只要能自力更生就可自带口粮落户城市。这项政策将允许迁入城市的农村人口范围扩大到普通农民。此时,农民进入城镇虽然需要经批准,但基本上还是不受经济性的限制;公民获得了原则上自由迁徙与自由定居的权利。自放宽"农转非"政策后,迁入城市的农民较多。据有关部门提供的资料显示,从1984年到1988年,"农转非"人口累计达4 679万人[①]。由于"农转非"人数增长过快,规模过大,超过了城市财政、粮食、就业以及基础设施等方面的承受能力,1989年10月,国务院发出了《关于严格控制"农转非"过快增长的通知》,提出"要加强对'农转非'的宏观管理,其增长的速度规模与国民经济的发展相适应"。至此,农村人口流向城市的通道又变窄。不过,进入20世纪90年代以后,这种严格的城乡二元分离模式越发难以适应城乡社会经济的发展,不得不面临进一步的改革。

(二)以城市建设提升城市发展水平

城市基础设施不仅是城市居民日常生活的基本保障,而且是城市顺利开展各种经济社会活动的基础。城市基础设施水平的完善程度直接关系到城市的发展质量。改革开放以来,我国的城市数量和城市人口都有了长足的发展。到1992年末,城镇人口增加到32 175万人,相比1978年增长了86.6%,平均每年增长5.4%。与此相适应,城市政府通过完善城市的基础设施建设来满足日益增长的城市发展需求。

1982年到1990年间颁布的"六五""七五""八五"规划中提出实行"控制大城市规模,合理发展中等城市,积极发展小城市"的方针,在城市市政公用设施方面提出了与时俱进的要求。比如,要发挥中央和地方政府以及企业等各方面的积极性,分清轻重缓急,分期、分批地进行城市各项市政公用工程的改造和建设。城市建设应以规划先行,要加强城市的交通和道路、

---

① 殷志静,郁奇虹.中国户籍改革[M].北京:中国政法大学出版社,1996.

桥梁建设；积极发展城市的供水、排水、燃气、供热、供电等公用事业；努力做好城市园林绿化和城市环境卫生事业等。

立足于五年规划的指导，从20世纪80年代中期到90年代初，我国先后颁布了《关于改革城市公共交通工作的报告》《关于加快发展城市煤气事业的报告》《关于处理城市垃圾改善环境卫生面貌》《国务院关于加强城市建设工作的通知》等政策文件，涉及城市的规划建设、公共交通、煤气、环境卫生等领域；从发展理念、经营管理体制、中央和地方的财政支持、技术改进、队伍建设等方面对以上城市公共设施的发展和完善加以指导。经过十余年的发展，城市建设取得了不俗的成绩。截至1992年末，我国城市的用水普及率和用气普及率分别达到92.5%和52.4%，相比1978年分别上涨了11.5和38.5个百分点；城市每万人公交车拥有量达到5.9辆；平均每万人绿地面积为34.5公顷，清运垃圾的数量达到8 262万吨①。这些数据相比改革开放之初都有了巨大的进步。

二、公共服务主要领域的政策改革 ▶▷

此阶段各个领域都开始探索，其中比较典型的是教育、医疗卫生和社会保障三个领域。

（一）教育领域的分权改革与投入增长

在义务教育领域中，1985年颁布的《中共中央关于教育体制改革的决定》（以下简称《决定》）是教育体制改革的总体性纲领。《决定》提高了地方政府和学校的办学积极性。这一阶段教育管理体制改革的总趋势是放权。一是中央向地方放权，《决定》规定义务教育"地方负责、分级管理"的原则；二是政府向学校放权，要增强学校的办学自主性。

在教育投入方面，一是要保证"两个增长"，即中央和地方政府教育拨款的增长要高于财政经常性收入的增长，在校生人均教育费用逐步增

---

① 根据相关年份的中国统计年鉴的数据计算得出。

长；二是鼓励多渠道筹措教育经费，地方可以征收教育费附加，用于改善基础教育的教学设施，并鼓励通过发展校办企业、勤工俭学和社会服务自主创收，同时还鼓励单位、集体和个人捐资助学。1986年，我国通过了《中华人民共和国义务教育法》，明确了在城市和农村分别以市和县为单位落实基础教育，将义务教育权利和责任下放的同时，力求筹资方案的多元化。

　　1985年，企业营业外用于教育的支出和农村教育费附加支出为24.13亿元，占教育总支出的比例为9.5%；1992年，这一比例提高到13.8%[1]。实际上，地方乡镇政府承担了学校的诸多费用和教职工的工资，这与当时乡镇政府和县政府责任划分不明确有关系，这样的划分在当时来看是有积极影响的，这是基于两个方面的原因：一是当时较低的基础教育普及率所带来的经费负担不是很重；二是当时的财政包干制使得地方财政的财力比较充裕，满足了当时教育事业发展的需求[2]。

（二）医疗卫生服务探索市场化运行机制

　　1979年，当时的卫生部等三部委联合发出了《关于加强医院经济管理试点工作的通知》，接着开展了"五定一奖"和对医院"定额补助、经济核算、考核奖惩"的办法。在计划体制依然占据主导的情况下，我国开始尝试用市场的力量推动医疗事业的发展。进入20世纪80年代，尽管围绕着计划经济和商品经济的争论尚未明晰，我国的医疗卫生事业还是坚持了市场化的改革定位，尝试通过减少国家财政的直接投入，发掘医疗卫生服务的商品属性。1980年，国务院批转卫生部的《关于允许个体医生开业行医问题的请示报告》，打破了国营公立医院在医疗卫生领域一家独大的局面，从而为形成多种所有制形式并存的医疗服务机构奠定了基础。1985年被称为我国的"医改元年"。这一时期医改的核心思想是放权让利，扩大医院自主权，提高医院的效率和效益；同年4月，国务院批转卫生部的《关于卫生

---

① 《中国财政年鉴》编委会.中国财政年鉴1993[M].北京：中国财政杂志社,1993.
② 李祥云,陈建伟.财政分权视角下中国县级义务教育财政支出不足的原因分析[J].教育与经济,2010(2)：51-56.

工作改革若干政策问题的报告》，提出："必须进行改革，放宽政策，简政放权，多方集资，开阔发展卫生事业的路子，把卫生工作搞好。"由此拉开了医疗机构转型的序幕。1988年，国务院发布卫生部"三定"方案（即定职能、定机构、定编制），确定了卫生部的基本职能，要求对卫生部直属企事业单位由直接管理转向间接管理。1989年，国务院颁布《关于扩大医疗卫生服务有关问题的意见》，进一步强调通过市场化来调动卫生事业单位和相关人员的积极性，要求企业和个人承担更多的责任。同年，卫生部正式颁发实行医院分级管理的通知和办法。医院按照任务和功能的不同被划分为三级十等，既有利于客观地反映医院的实际水平，也有利于医院在政府的主导下展开有序的合作和竞争。经过这一阶段的改革，医疗机构的收入越来越倚重业务收入，在医疗服务价格受到管制的条件下提高药品价格便成为医院最重要的创收来源。这一阶段也被称为"没有市场化的商业化"[①]。医疗卫生商业化改革政策的直接结果是个人卫生支出快速上升。1980年，个人卫生支出占当年卫生总费用的比例为21.2%；1990年，这一比例提高为35.7%[②]。

（三）社会保障责任开始突破"单位包办"

改革开放之后，中国社会保障制度逐渐由"传统体制"向"社会统筹"转变。在全国大部分地区，由点到面地逐步推行养老、医疗等险种的"社会统筹"。城市最低生活保障制度开始建立，企事业单位办福利的状况发生变化，由单位化向社会化转变[③]。

1979年，民政部的重新设置结束了全国社会救济、社会福利等事务无主管部门的局面。此后，我国又陆续颁布了《关于安置老弱病残干部的暂行办法》《关于工人退休、退职的暂行办法》《关于军队干部离职休养的暂行规定》等法规；同期，部分地区还开始了国有企业职工待业保险、集体企业职工养老保险及救灾保险等制度的改革试点。上述这一系列政策文件为20

---

① 顾昕.当代中国农村医疗体制的变革与发展趋向［J］.河北学刊,2009(3): 1-6.
② 刘军民.公共财政下政府卫生支出及管理机制研究［J］.经济研究参考,2005(94): 2-20.
③ 王春娟.20世纪50年代以来中国社会保障制度的变迁［D］.西安: 西北大学,2005.

世纪80年代社会保障制度的进一步改革做好了铺垫。

　　20世纪80年代中期，城市的经济体制改革拉开序幕。在此背景下，国有企业开始自负盈亏，追求经济效益，为了减小企业的负担，国家开始尝试建立个人、企业和国家共同负担的社会保障制度。1986年，国务院发布了《国营企业实行劳动合同制暂行规定》，决定国有企业新招的工人一律实行劳动合同制，开始打破国有企业"铁饭碗"的局面；同年颁布的《国营企业职工待业保险暂行条例》，则初步确立了我国失业保险的框架。1989年，劳动部发布《私营企业劳动管理暂行规定》，标志着我国的社会保障覆盖面扩大到了非公有制经济的职工，向适应市场经济体制的需要迈进了一步。在养老保险领域，1987年中共中央财经领导小组会议决定设立各级退休费用统筹管理委员会，对退休费用实行统筹管理。1991年，国务院在《关于企业职工养老保险制度改革的决定》中，要求国有企业职工包括固定职工与合同工都要以标准工资为起征点向统筹机关缴费，从而扩大了养老保险制度的缴费基础。在医疗保险领域，1988年，当时的卫生部组建了医疗改革研讨小组，继而该小组推出了《职工医疗保险制度改革设想草案》，提出由国家、企业、个人三方承担医疗费用的改革原则，并于1989年选择丹东、四平、黄石、株洲为医疗制度改革试点城市。同时，北京、江西、江苏、青岛、重庆等省市，也开展了医疗制度的改革。这一时期的社会保障制度改革在具体的运行中仍存在养老保险资金筹集不够、医疗保险费用过高、失业保险覆盖面小以及社会救助体系缺位等问题，而且制度安排和技术方案设计方面还不成熟。但值得肯定的是，这一阶段我国社会保障开始由原来的"单位保障"向"社会保障"转变，性质上的转变为下一步的社会保障制度改革奠定了基础。

（四）城市住房领域的商品化尝试

　　单位体制下的住房分配是单位福利的重要组成部分。职工住房是通过国家计划分配而非个人购买获得的。在这种只有投入没有产出的住房建设的原则下，国家和企业将住房供给"统包"下来，进行平均分配。这种制度安排扭曲了家庭的消费结构，使得城镇居民的住房完全依赖于政府和单位，既限制了劳动力的自由流动,也给政府的财政造成了巨大的负担。基于上述因素,20世纪80年代初开始了以"公房出售"为主要内容的住房制度改革。1980年6月,《全国基本建设工作会议回报提纲》正式通过了中国将实行住房商品化的政策,继而在部分城市开展试点,由企业、个人和政府各承担房价的1/3(即"三三制"),鼓励职工自主购房。1986年1月,国务院正式成立住房制度改革领导小组及其办公室,并于7月25日召开会议讨论房改方案,确定了我国房改的重点是逐步提高房租(先提高到成本租金再到商品租金)。1988年,在前期深圳等试点城市的基础上,第十四届全国人民代表大会通过了新的土地法,正式承认私人拥有土地使用权并且可以通过市场转让。同年,还通过了我国第一个关于房改的法规性文件——《关于全国城镇分期分批进行住房制度改革的实施方案》,提高租金、增加工资成为城市住房改革的重点。1991年,我国先后颁布了《关于继续积极稳妥地进行城镇住房制度改革的通知》和《关于全面推进城镇住房制度改革的意见》,文件提出要有计划、有步骤地提高公房租金,并开始推行国家、集体、个人三方面共同投资体制。此外,对于按照市场价格购买的公房,购房者拥有全部产权。尽管改革的取向是好的,但是由于通胀及其他因素的影响,住房商品化的探索在这一时期尚未取得明显的成果。但这一时期的初步尝试为住房改革大幕的真正拉开埋下了伏笔。

三、"分灶吃饭"的财政包干政策 ▷▷

1978年以前,我国的财政体制虽经多次变动,但都是以高度集中为主要特征。改革开放以后,为了调动地方政府的积极性和自主性,我国开始实行新的财政体制。从1980年开始,遵循"放权让利"的思路,以"划分收支、分级包干"为特征的新财政管理体制开始推行,其要旨是把收入分成固定收入、固定比例分成收入和调剂收入,实行分类分成;财政支出主要按照企业和事业单位的隶属关系进行划分,地方财政在划定的收支范围内多收可多支,少收则少支,自求平衡。1983年和1985年国家开始对国营企业分两步实行利改税。在1985年两步利改税完成后,财政体制也相应调整为"划分税种、核定收支、分级包干",即把财政收入划分为中央固定收入、地方固定收入以及中央与地方共享收入;而在支出的划分上则基本维持原有的体制格局。1986年后,我国财政收入占国民收入的比重大幅下降,中央财政收入占整个财政收入的比重也不断下降,使得中央财政连年出现较大赤字,由此,中央的宏观调控能力日益削弱。为此,1988年,开始全方位实行财政承包制,这一体制一直持续到1993年。1980—1993年间的财政管理体制,虽然名称各不相同,但就实质内容而言都是一种"财政承包制"。

财政包干体制使地方政府成为相对独立的利益主体,它与当时经济体制改革的方向是吻合的。由财政包干体制的具体内容可知,这一时期的转移支付包括调节地方政府收支的财力性转移支付和应对突发、特殊情况的专项转移支付两个部分。工商税作为调剂收入,在平衡地方政府收支方面具有较大的灵活性,也起到了转移支付的效果。总体来看,"核定收支、分级包干"这一财政包干模式降低了中央财政的集中度,给予地方政府较大的预算自主权,地方积极性得到充分发挥。但它也导致了国家财政收入占国内生产总值、中央财政收入占全国财政收入的比重的过快下滑,以致中央政府的调控能力明显下降。从支出结构来看,经济建设支出的比重下降,民生支出的比重提高。1978年,基本建设支出、科教文卫支出占总支出的比重分别为40.3%和10.0%;1990年,基本建设支出的比重下降为17.8%,而科技文卫支出的比重提高到20%[1]。由此存在的问题是中央和地方的财权和事权划分不清,制度不稳定导致了地方政府的机会主义行为。

这一时期政府与国有企业的关系也做了调整。1984年,开始实行"利改税",对工业征收产品税,对商业征收营业税。由于"利改税"没有达到政府增收、企业增效的目标,于是开始了新的制度创新。企业承包制度极大地调动了地方和企业的积极性,带来了中央财政收入的增长,但也有一些消极影响:一是承包制是在中央、地方和国企三者的博弈中实现的,带有明显的不稳定性,容易诱发机会主义行为;二是它过度强化了地方和企业的利益,

---

[1]　国家统计局.中国统计年鉴2008[M].北京:中国统计出版社:2009.

各地盲目投资,往往走的是粗放式的发展道路;三是由于信息不对称,地方政府在博弈中占有优势地位,加剧了中央的收支矛盾。随着市场力量的进一步发展,承包制的负面效应表现得更加明显。

四、 政策改革对公共服务供给的影响 ▶▷

(一) 政府包揽型的公共服务供给模式松动

20世纪80—90年代初,随着经济体制和行政管理体制改革的展开,我国政府也对传统的公共服务供给体制进行了改革,以适应新的社会发展需要。一方面是市场机制的引入;另一方面是单位外各种营利组织、非营利组织以及社区的发展,两者共同作用对政府单一的公共服务供给模式形成了冲击。

为缓解医疗资源不足的难题,政府通过放权来实现医疗资金的筹措。同时,政府开始尝试各种形式的承包责任制,对医疗卫生服务的收费标准进行调整,并允许有条件的单位和医疗卫生人员从事有偿业余服务,以扩大卫生服务供给。1992年末,全国医院共有病床274.4万张,相比1978年增长了48.3%;专业卫生技术人员达到407.4万人,相比1978年增长了65.6%[1]。在教育领域中引入社会力量办学。政府明确了社会力量办学是我国教育事业的组成部分,是国家办学的补充,从而开始突破公共教育领域中政府垄断的局面。在社会保障领域中,失业保险的实施以及伴随国有企业改革而实现由传统的国家—单位保障制开始向国家—社会保障制转变[2]。这一时期,作为改革传统公共服务体制的启动阶段,政府开始尝试打破城市公共服务供给的政府包揽模式,允许多种所有制并存,并支持社会资金参与公共产品的生产和供给。同时,公共服务的责任也实现了下移,尤其在教育领域内的管理责任地方化。事业单位经营自主权的扩张以及内部竞争机制的引入,也开始激活单位内部的运行机制,推动公共服务供给效率的提升。

---

① 国家统计局.中国统计年鉴2005[M].北京:中国统计出版社,2005.
② 姜晓萍,邓寒竹.中国公共服务30年的制度变迁与发展趋势[J].四川大学学报,2009(1):29-35.

（二）传统单位制供给难以为继、地区差异增大

随着市场活力被激发，"亲市场、重效率"的取向使部分政策制定和执行逐渐偏离公平的轨道。经济体制改革对我国基本公共服务体制产生了很大的影响，以城市单位为载体的传统公共服务供给体系难以为继。一方面，企业效益的差异导致其在保障能力和保障水平方面存在差异，部分困难国有企业无力承担职工福利等问题迅速显现。国有企业破产、倒闭，职工下岗等现象的出现，更使得依存于企业的城镇基本公共服务体制逐渐式微。另一方面，"农转非"政策导致的城市人口大量增加、非公有制经济的发展以及单位体制内的人员开始向体制外流失，从而使得单位外的从业人员数量迅速增长，但传统的社会保障体制的制度设计却只针对单位内的职工。1992年，城镇登记就业人员为17 861万人，参加城镇基本养老保险的有9 456万人，参保率为52.9%，城市低收入人口无保障的比例更高。另外，职工直系亲属也不再作为供养对象。按照1992年的城镇人口计算，具有社会保障的城镇人口比例仅为29.3%[1]。

这一阶段，基本公共服务的区域差距明显增大。这一不均等、不充足的格局的产生，除了和区域非均衡战略与资源禀赋优势共同作用下的地区经济发展差距有关，也与改革开放以来公共服务供给的财政政策有关。首先，财政上的"弱中央"状态，影响了中央政府的调控能力。在财政包干、"分灶吃饭"的体制下，地方政府是收入的组织者，中央财政收入的多少取决于地方政府的上缴意愿，地方政府能够凭借自身的信息优势，不断降低中央的收入基础，主要表现在预算外收入急剧膨胀，从而使中央财政收入的最终分成比例不断下降。1984年，中央财政收入占全部财政收入的比重为40.5%；1992年这一比重仅为28.1%[2]。这一财力上前所未有的"弱中央"状态，大大降低了中央政府的宏观调控能力，中央财政基本无力通过转移支付来均衡各地的基本公共服务支出。其次，地方政府基本公共服务供给的动力不

---

[1]　国家统计局.新中国六十年统计资料汇编[M].北京：中国统计出版社,2010.
[2]　《中国财政年鉴》编委会.中国财政年鉴1993[M].北京：中国财政杂志社,1993.

足。造成这一现象的原因主要有两个：一是"分灶吃饭"的财政体制极大地激发了地方政府创收的积极性。为了提高本级财政能力，地方政府成为事实上的经济实体和市场主体，表现出明显的经济人特征，围绕经济建设这一中心任务，地方政府将更多的财力投入到经济建设领域中。二是中央与地方分成办法的频繁变动，增加了地方对体制的不稳定预期，并由此进一步强化了地方机会主义倾向，使地方决策变得更加短期化[①]。这一时期基本公共服务的供给高度依赖地方财力，没有中央转移支付的支持，中西部地区提供基本公共服务的能力相对较弱。欠发达地区更偏向于经济发展，公共服务差距必然拉大，且地区基本公共服务差距远大于地区经济发展差距。

第三节　城市公共服务改革初期的特点及路径

　　从改革开放到20世纪90年代初，我国政府采取"摸着石头过河"的策略对城市公共服务体制机制进行新的探索和尝试。作为公共服务供给责任的主要承担者，政府在各项改革中发挥着引领性的作用，既对自身的职能进行重新定位，也开始尝试更多公共服务供给的实现方式。

一、公共服务改革初期的特点 ▶▶

（一）以渐进方式推动公共服务改革

　　1978年，十一届三中全会在反思以往发展道路的基础上吹响了改革开放的序曲，实事求是成为政府开展工作的指导原则。面对百废待兴的社会局面，党和政府采取"摸着石头过河"的策略，通过渐进的方式来推动城市公共服务领域内的变革。此外，还开展了国有企业职工待业保险、集体企业职工

---

① 李永友. 体制激励、支出结构与公共风险[J]. 经济理论与经济管理，2009（8）：31-37.

养老保险及救灾保险等制度的试点改革。在城市住房改革中，《关于烟台、唐山、蚌埠、常州、江门五城市住房制度改革试点工作会议纪要》则拉开了城市住房制度改革试点工作的序幕。在医疗卫生领域，《关于加强医院经济管理试点工作的通知》同样尝试用试点的方式来探索医疗卫生事业改革的经验。

改革开放之后，政府面临的经济社会环境复杂且多变。政府通过试点的方式，一方面可以发挥地方的积极性来探索更为多元的公共服务供给方式；另一方面也可以减少来自各方面的阻力，降低试错成本。如果地方试点成功且具有在全国推广的现实意义，那么试点还有利于最小化政策执行的成本。因此，政府选择了由易到难的改革顺序，以试点方式逐步推动公共服务领域内的各项改革。

（二）转轨时期政府作用的重新定位

从1978年到1992年，我国总体上实行的是有计划的商品经济，而不是完全由市场调节的市场经济。在这样的过渡阶段，旧体制的影响依然存在，因此，诞生于计划经济时期的以单位制为特征的政府主导的公共服务供给，在这个过渡阶段依旧是城市公共服务供给的主要制度安排。这种模式由国家财政承担城市公共产品和公共服务的供给，政府扮演起了服务生产者和服务安排者的角色，直接向城市居民提供公共服务。但是，政府包揽公共服务供给的方式给政府财政造成了沉重的负担，并且供给效率也不尽如人意。因此，在经济体制改革的背景下，政府职能也面临转变的挑战。

20世纪80年代末期至90年代初，伴随着单位组织外各种营利和非营利组织以及社区服务的发展，政府开始尝试将公共服务供给的职能分解出去，从而尝试摆脱服务生产者的角色，但是依然保留服务供给的主体责任，如在城市卫生、教育和住房领域的市场化改革，在城市社会保障和社会福利领域的社会化改革等。统计显示，1992年，全国各类社会福利院床位数达88.8万张，收养人数达70.1万人，并且城镇社会服务网络也有较快发展，已建立起各种社区服务设施10.2万个[①]。与此同时，政府也开始着手

---

① 国家统计局关于1992年国民经济和社会发展的统计公报［J］.中华人民共和国国务院公报，1993（5）：205-217.

推进放权改革,扩大公共部门管理的自主权,支持公私部门的合作,引入市场机制,按照市场需求有控制地扩大公共服务和产品的种类,同时允许公共部门采取灵活多样的方式开展与事业相关的多种经营,补充经费不足的问题。

(三)体制外力量的有限参与以缓解公共服务的资源短缺

"文革"给我国国民经济造成了巨大的创伤,单位体制尽管已经趋向成熟,然而在国家物资短缺的前提下,单位体制的福利保障也是一种低水平的服务供给,不但总量和社会的需求相比显得捉襟见肘,而且也没有考虑到不同层次的服务需求。随着改革开放进程的推进,单位体制外的各种组织开始逐渐成长。为了更好地满足着日益增长的公共服务需求,提高供给效率,政府开始尝试吸引体制外的力量参与城市公共服务的供给。

1985年颁布的《关于卫生工作若干政策问题的报告》和1989年通过的《关于扩大医疗卫生服务有关问题的意见》,允许在医疗卫生领域推行各种形式的承包责任制,以拓宽卫生事业发展的道路,从而扩大卫生服务供给。1987年7月发布的《关于社会力量办学的若干暂行规定》,开始突破政府垄断教育事业的局面,该文件肯定了社会力量办学在我国教育事业中的作用,它可以作为国家办学的补充,从而为社会力量参与教育事业的发展开辟了道路。这一时期,我国的社会保障制度也经历了由国家—单位保障制向国家—社会保障制的转变。国家在这一阶段提出了社会保障社会化的原则。比如,政府在1986年的政策中明确规定国营企业中合同制工人的退休养老实行社会统筹,并由企业与个人共担缴纳保险费的义务,从而改变了单位包办社会保障事务的做法。

(四)政府公共服务责任的下移,实现地方负责,分级管理

1978年12月,党的十一届三中全会指出我国经济管理体制的一个严重不足是权力过于集中,应该循序渐进地下放权力,让地方和工农业企业在国家统一计划的指导下有更多的经营管理自主权。因此,"放权"也成为这一时期政府公共服务改革的一个重要指导理念。

以基础教育为例,1978年到20世纪80年代中期,我国教育事业改革的目的主要在于纠正"文革"时期对中国教育管理体制造成的混乱。该阶段的教育管理体制是以党委统一领导下的、以县以上教育行政部门为主导的体制为主。这种体制将教育的决策权集中在中央,地方没有教育决策权,难以独立自主地发挥自身的创造性,而且国家包揽办学,未能充分发挥社会力量的办学潜力。1985年,中共中央发布的《关于教育体制改革的决定》强调,基础教育的管理权属于地方,因此,基础教育管理体制开始进行"地方负责、分级管理"的改革。这一改革增强了地方领导、管理教育的活力,在一定程度上调动了各方面办学的积极性,密切了教育和社会的关系,同时也扩大了中小学经费来源,改善了办学条件。

公共服务责任的下移意味着地方政府要承担更多的公共服务供给责任,而同期财政体制的改革则成为地方政府履行职能的重要保障。20世纪80年代,我国实行的是以"划分收支、分级包干"为特征的新财政管理体制。在新的财政管理体制下,地方财政在划定的收支范围内多收可多支,少收则少支,自求平衡。将财权下移,降低中央政府财政的集中程度,给予地方政府以较大的财政自主权,从而有利于调动地方政府的积极性,也使得地方公共服务的供给能够更好地适应地方的实际情况。统计显示,1992年,全国财政收入为3 483.37亿元,而地方财政收入为2 503.86亿元,地方财政收入占全国财政总收入的71.88%。

(五)聚焦于重点领域的公共服务供给

明确城市公共服务供给的范围是构建城市公共服务体系的基本前提。公共服务的范围是一个国家在特定的历史时期政治决策的产物。它首先是一个国家在特定的经济社会发展条件下对国家目标进行权衡取舍和优先排序,由此决定政府必须为整个社会和公民个人提供哪些服务[①]。1976年之后,我国社会积累的问题非常之多,应兴应革的事项纷繁复杂,这就要求党和政府分清轻重缓急,逐步解决各种问题。面对城市公共服务严重短缺,城

---

① 闫越.我国公共服务供给的体制机制问题研究[D].长春:吉林大学,2008.

市公共事业百废待兴的社会局面,国家需要集中资源来聚焦城市重点领域的公共服务供给。

在国民经济发展的"六五""七五""八五"规划以及党的十二大、十三大、十四大中,都对我国的教育、医疗卫生和社会保障事业给予了重点关注。在教育领域,通过加大财政对教育的投入力度,并对教育的管理权限、师资队伍建设、社会力量办学等问题进行改革。经过十余年的发展,在20世纪90年代初,我国已经基本建立起了包含基础教育、高等教育、职业教育、民办教育等在内的较为全面的教育体系。在医疗卫生领域,开始打破国营公立医院一家独大的格局,通过市场化改革和简政放权的措施来寻求医疗卫生事业更宽广的发展道路。在社会保障领域,则建立起包括失业保险、医疗保险、养老保险等在内的较为全面的社会保险制度,并且将社会保障覆盖面扩大到了非公有制经济的职工。教育、医疗和社会保障领域公共服务供给体系的恢复,对处在过渡时期的中国城市起到了重要的稳定作用。

二、公共服务供给改革路径的探索 ▶▷

自改革开放到20世纪90年代初,我国实行计划经济和商品经济并行的"双轨制",计划经济占主导,商品经济则有计划、有步骤地在部分领域试点发展。为了适应经济体制的转变,行政体制改革也在同步推进。政府机构不断精简,其职能不断优化,从而使得上层建筑更能适应生产力的发展。在经济和行政体制改革的推动下,公共服务领域的改革也在逐渐推进,其中教育、医疗卫生和住房领域的市场化改革,社会保障领域的社会化改革以及公共服务责任的地方化尝试,成为这一时期公共服务政策安排的重点之一。

(一)市场化改革的尝试

在教育领域,关于教育市场化的讨论较为热烈。初步达成的共识是:非义务教育阶段的高等教育可以引入市场机制,改变传统的国家治理模式,其特征包括增加非国家方面(市场、个人或家庭)对高等教育的投资,加强其竞争性,提高教育效益,更积极地回应经济体系和市场的需求等。因此,改革开放以来,我国教育事业市场化改革主要为高校实行自费制。从1949年初到20世纪80年代初,我国实行的是"免费上大学"加"人民助学金"的资助政策。大学学费由国家全包,且学校以奖学金、助学金的形式补贴大学生的学习和生活开支,并免费提供医疗和住宿。1983年,国务院改革"人民助学金"的资助办法,设立"人民奖学金",标志着教育变革的开始。1989年,国务院批准《关于高等学校毕业分配制度的报告》,报告中首次提出"学生上学除特殊规定外,一般要交纳学杂费"。这个文件的出台则意味着"人民助学金"制度的终结。

医疗卫生领域的改革尝试始于20世纪80年代。此时,传统国营公立医院一家独大的局面逐渐被打破,多种所有制形式并存的医疗服务机构开始出现。医疗卫生领域的市场化改革的核心是放权让利,扩大医院自主权,放开搞活,提高医院的效率。首先,改革管理方式,对直属企事业单位的管理方式由直接管理转向间接管理,让单位拥有更多经营和管理的自主权和积极性,主动去拓宽卫生事业发展的道路。其次,通过政策优惠来扶持企业的发展,如给予卫生企业三年免税政策,以推动卫生产业的发展,从而提高医疗服务的供给效率。再者是对医院实行分级管理,按照任务和功能的不同,将医院划分为三级十等,从而有利于医院在政府的管制下展开有序的合作和竞争。最后则要求医院"自负盈亏",提倡医院通过"以工助医、以副补主"等方式来创收,以弥补医疗收入的不足。

住房制度的改革同样可以追溯到20世纪80年代。这一时期城市房改的市场化尝试以局部试点为主要特征。在试点改革阶段,我国的住房改革主要集中在以下几方面:一是出售新、旧公房。20世纪80年代前期,房改的重点是补贴售房,但是由于这种政策安排给单位造成了极大的负担,并出现了部分官员以权谋私的现象,1986年该政策被废止。二是住房商品化。1988年,第一次全国住房制度改革工作会议明确房改的目标是实现住房商品化,并决定从当年开始,住房制度改革正式列入中央和地方的改革计划,分期、分批地推向全国。然而,这个阶段的房改恰遇席卷全国的通货膨胀,尚未收到任何成效的房改以夭折收场。三是租金改革。1991年,通胀得以遏制,房改再次得以启动。1991年10月,《关于全面推进城镇住房制度改革的意见》提出,要较大幅度调高公房租金,将住房的实物福利分配逐步转变为货币工资分配。同时,大多数城市开始测算、研究,拟定本地房改的整体方案。同期,国务院决定将房改从少数试点城市推进到全国。

(二) 社会化改革的尝试

从1978年到20世纪80年代中期,我国处于社会保障体制的恢复阶段,主要是对"文革"时期造成的混乱进行挽救性的修补。尽管个别地区在劳保医疗方面让职工自负部分费用、个别地区尝试退休费用行业统筹,但这些试验并未触动国家—单位保障制的根本。从20世纪80年代中期开始,随着城市经济体制改革步伐的加快和国有企业改革的推进,传统的国家—单位保障制也面临着改革的要求,故而政府开始了建立国家、企业、个人共同负担社会保障制度的探索。

国家在这一阶段践行社会保障改革的社会化原则,政府通过政策来推动国家责任的适度调整,以改变单位包办社会保障事务的做法。1986年是中国社会保障制度改革的标志性年份。这一年,国务院发布了《国营企业实行劳动合同制暂行规定》,决定国有企业新招的工人一律实行劳动合同制,开始打破国有企业的"铁饭碗"。1987年,国家开始对退休费用实行统筹管理。1988年,针对医疗保险改革,政府推出了《职工医疗保险制度改革设想草案》,提出由国家、企业、个人三方承担医疗费用的改革原则。1989年,劳动部发布《私营企业劳动管理暂行规定》,该文件标志着我国的社会保障覆盖面扩大到了非公有制经济的职工,由此向适应市场经济体制的需要又迈进了一步。这些措施推动了新型社会保障制度的建立和发展。

(三) 地方化改革的尝试

为了贯彻落实"调整、改革、整顿、提高"的方针,充分发挥中央和地方的积极性,适应逐步实现四个现代化的需要,自1979年到1992年,我国财政采取的是承包制和分级包干制等"放权让利"的制度安排。实践证明,这种安排不仅扩大了地方的财权,而且增加了地方的财力,使地方政府有了发展地区生产建设事业的活力和动力。在中央财力下降、中央政府控制资源的比例下降的同时,地方利益得以凸显,这赋予并加重了地方政府向居民供给良好公共服务的责任。在20世纪80年代,我国还在不断推进政府机构的改革。在这场以分权为主题的行政管理体制改革中,中央政府将公共服务供给的决策权和融资权下放,从而逐渐将公共服务的供给责任下沉至各级地方政府;再加上财政体制的改革,地方政府也获得了相比之前更多的财政自主权,这些举措大大激发了地方政府治理地方事务的积极性,促使不同地方依照当地实际提供更加符合自身需求的公共服务。

第四节　城市公共服务改革初期的成效与不足

从1978年到1992年的十余年时间里,伴随着经济和行政体制改革而进行的城市公共服务供给体制机制改革取得了长足的进步。传统的城市单位制公共服务供给模式开始式微,城市公共服务供给的数量和质量相较改革开放之前都有所提升。改革的成效固然令人欣慰,但由于对改革缺乏经验而导致的各种问题也相伴而生。政府公共服务职能的强化,市场和社会的活力释放以及与城市公共服务供给相匹配的财政体制都存在需要加以改进的地方。

一、本阶段改革的成效 ▷▷

(一)传统公共服务供给体制的式微

受改革开放的影响,我国高度集中的计划经济体制开始向有计划的商品经济过渡,传统单位制的公共服务供给体系开始松动。在城市公共服务供给领域,一方面,政府通过财政体制改革来调整国家与地方、企业的分配关系。从1978年到20世纪90年代初,我国实行的是财政包干体制,目的在于调整计划体制下中央和地方的财权划分。伴随着财权的调整,事权也开始下沉到地方。如在教育领域中,把发展义务教育的事权责任交给了地方政府。另一方面,在国企改革中,政府开始探索国有企业生活服务与生产经营的分离。如1982年颁布的《关于国营工业企业进行全面整顿的决定》,将劳动服务公司定性为企业附属的集体所有制单位,并允许其"可以为本企业服务,也可以为社会服务。但必须独立经营、独立核算、自负盈亏"。国有企业生产经营活动和生活服务逐渐分离,公共服务开始逐步转向企业化和社会化[①],这预示着传统单位制下政府包揽公共服务供给体系的式微。尽管市场化、社会化的改革尝试比较有限,但对于处在新旧体制过渡阶段的中国社会来说,这种探索为即将到来的更大范围内公共服务体系的变革开辟了道路。

(二) 公共服务水平得到恢复与改善

从改革开放之初到20世纪90年代初,党和政府的工作重心在于恢复和发展国民经济,以推动社会主义现代化建设。该时期公共服务工作的重点在于公共服务供给制度的恢复和改革。这一阶段政府在公共事业的投入上有了显著的增长。以科教文卫事业为例,1978年,该项支出为112.66亿元,占当年国家财政总支出的10%;到1994年,该项支出达到1 467.06亿元,绝对增长量为1 354.4亿元,占当年国家财政支出的比例也上升到22%。在城市公共事业领域,1992年,城市用水和燃气普及率分别达到92.5%和52.4%;公共交通的发展使得城市每万人的公交车拥有量相较于1978年增加了2.6辆;基础设施建设使得每万人的道路长度相较于1978年增加了近3千米;每万人拥有的绿地面积相较1978年约增加24公顷;清运垃圾的能力也有了显著提升(见表3-1)。此外,在教育领域,1992年,学龄儿童入学率达到97.95%,基础教育进一步完善;高等教育也得到快速发展,每万人在校大学生的数量增加到18.6人。在医疗卫生领域,每万人拥有的医生和病床数分别达到16人和23.4张,相比1978年分别增长了45%和21.2%。而城

---

① 李杰刚,李志勇.新中国基本公共服务供给:演化阶段及未来走向[J].财政研究,2012 (1):13-16.

镇登记失业率由1978年的5.3%下降至1992年的2.3%。

表3-1　1978—1992年城市公共事业发展概况

指　标 ＼ 年　份	1978	1980	1985	1990	1992
城市每万人拥有公共车辆（辆）	3.3	3.5	3.9	4.8	5.9
燃气普及率（%）	13.9	16.8	22.4	42.2	52.4
用水普及率（%）	81	81.4	81	89.2	92.5
每万人拥有绿地（公顷）	10.6	9.6	13.7	32.2	34.5
清运垃圾（万吨）	—	3 132	4 477	6 767	8 262
平均每万人拥有道路长度（千米）	3.4	3.3	3.3	6.4	6.3
城镇登记失业率（%）	5.3	4.9	1.8	2.5	2.3

注："—"表示缺乏统计数据或因统计口径差异未能列出。
资料来源：《中国统计年鉴1993》。

（三）公共服务供给主体开始由单一走向多元

在传统的单位体制下，国家垄断资源的分配权力，包括分配有形的经济、生活资源以及机会、社会身份等无形资源，国家通过单位向其成员分配所需的各种资源。对于单位成员来说，单位是他们的衣食父母，是其生活、福利的基本甚至唯一来源[①]。脱离单位意味着丧失单位供给的各种服务的机会，并且在体制外难以找到维持良好生活所必需的服务。在单位体制下，国家成为单一的公共服务供给主体。一方面，随着政府放权进程的推进，政府外的社会力量开始发育，各种营利组织、非营利组织逐渐成长起来；另一方面，国家包揽型的公共服务供给给政府财政造成了巨大的经济负担，且供给效率低下。在多种因素的综合作用下，政府开始推进公共服务的市场化和社会化改革，尝试打破公共品供给的政府包揽模式，允许多种所有制并存，支持各种营利组织、非营利组织参与城市公共服务和产品的生产和供给，推动了传统公共服务供给由单一主体向多元主体迈进。

---

① 纪乃旺.当代中国单位制的形成及其特征[J].经济研究导刊,2011(30):13-15.

二、 本阶段改革的不足 ▶▶

（一）政府的公共服务职能有待强化

从1978年到1992年间，中国政府先后于1982年、1988年进行了两次机构改革。1982年的政府机构改革以精兵简政为目标，主要是为了解决经济建设中的领导体制问题，提高政府的工作效率。1988年的改革任务是进一步转变政府职能，精简机构和人员，提高行政效率，逐步建立具有中国特色的功能齐全、结构合理、运转协调、灵活高效的行政管理体制。

从改革的具体内容来看，一方面，两次机构改革的最重要目的是为了适应社会的转型，促进由计划经济体制向市场经济体制的转变；另一方面，两次机构改革的具体措施都是精兵简政，集中于政府经济管理职能的转变和部门设置上的不断重组和优化，从而提高行政效率。但是，在两次机构改革中，政府应承担的社会管理和公共服务职能均被忽视或弱化，并且相应的部门在机构设置和权责分工上存在诸多不合理的环节。政府的社会管理和公共服务职能仍然比较薄弱，关系人民群众切身利益的基本民生问题依然比较突出[1]。

（二）城市公共服务供给的不公和有限性

首先，单位制福利保障是中国城市公共服务供给的重要组成部分。作为城市基本组成单元的"单位"在城市的公共服务供给中扮演了决定性的角色。由于在计划经济时期，个体经济和市场活动被抑制，城市的服务行业极不发达。因此，面向职工及其家庭的服务只有转向单位内部，单位不得不办成"大而全"或"小而全"的小社会。在改革开放之初的一段时间内，城市单位体制得以延续。但是，伴随经济和行政体制改革的深入，这种"国家—单位"式的服务供给体制的封闭性弊端越发明显。单位外的社会组织

---

① 陈鹏.改革开放四十年来我国机构改革道路的探索和完善[J].浙江社会科学,2018(4):4-10.

的发展使得体制外的从业人员数量大幅增加,而在单位服务供给模式外并没有形成一揽子政策来保证体制外从业人员的服务供给,大部分困难群体、灵活就业人员以及转移劳动力处于公共服务供给的边缘地位,造成了区域间、群体间比较显著的公共服务差距[①],从而大大降低了公共服务的可及性和公平性。并且,单位体制下的公共产品的生产和分配完全通过国家的意志来执行,国家对公共服务的资源进行自上而下的指令性配置。

其次,城市规模的扩张增加了对城市公共服务的需求。城市人口在1978年到1992年期间绝对数量增加了1.5亿,这也就意味着需要生产更多的公共产品和服务来满足城市发展的需求。但这一时期国家经济实力有限,财政能力不足。在财政资金不充足的情况之下,与城市公众对公共服务的需求,尤其是优质公共服务的需求相比,公共服务的生产与供给总是有限和短缺的。

(三)公共服务供给中社会和市场活力仍有待释放

随着改革开放的深入,计划经济体制的部分弊端暴露得越发明显。在城市公共服务领域内,传统的"国家—单位—个人"式的自上而下的公共服务制度安排也存在着诸多与新的时代背景不相适应的地方。因此,伴随着我国经济体制和行政体制改革的展开,社会主义市场经济的尝试和政府职能的转变为公共服务供给体系的变革提供了基础。

城市公共服务的市场化改革集中在卫生、教育和城市住房领域。教育领域由计划经济时代的免费教育转变为教育付费的制度,医疗领域内开始实行医疗机构的自主经营、自负盈亏制度,住房领域开始尝试实行住房商品化的改革,这些市场化的措施使得该领域内的公共服务供给效率与质量呈现出与传统体制不同的积极方面。在社会保障领域,企业职工养老保险、医疗保险等方面的变革推动了社会保障项目的增加和保障范围的扩大,使得社会保障覆盖面逐步扩大到了非公有制经济的职工。尽管这些积极的改革

---

① 郁建兴.中国的公共服务体系:发展历程、社会政策与体制机制[J].学术月刊,2011(3): 5-17.

措施推动了城市公共服务供给的多元化,然而由于经济体制和政府职能转变未能充分到位等原因,市场和社会只被允许在有限的领域、有限的层面参与公共服务的供给,两者的活力并没有完全得以释放。

(四)"分灶吃饭"的财政体制难以为继

从20世纪80年代到90年代初,我国中央和地方政府的财政关系是"承包"体制,通常被形象地称为"分灶吃饭",即对中央与地方的财政收支范围进行明确划分,地方财政在划分的支出范围内多收多支、少收少支,自求平衡。这种分级包干的财政体制,有利于激发地方的积极性,地方有了更多的自主权来结合地方实际提供公共服务,但其弊端在于地方预算的增长会导致中央财政实力的相对弱化。从1984年起,中央财政收入占全国财政收入和国内生产总值的比重持续下降至1992年的28.12%和3.6%;从绝对数量来看,1992年,全国财政收入和地方财政收入分别为3 483.37亿元和2 503.86亿元,而中央财政收入仅为979.51亿元。中央财政收入占全国财政收入的比重逐年下降,其导致的直接结果就是中央的宏观调控能力下降,中央财政能力的弱化直接影响了中央政府的权威性。"分灶吃饭"的财政包干体制已经无法适应社会经济的发展,这也为接下来的分税制改革埋下了重要的伏笔。

第四章

城市公共服务市场化模式的
确立与政策变迁

关于公共服务市场化，学术界有不同的表述和指称。国外有"民营化""私有化""国家的市场化""市场治理"等，我国也称之为"民营化""社会化"。所谓公共服务市场化，就是政府充分利用市场和社会的力量，包括个人、私人企业、中介组织等来提供公共服务，以降低公共服务的成本，提高公共服务的质量和效率。它的实质是利用市场机制重塑政府与社会的关系，本质上反映了政府职能的调整和市场价值的回归。

第一节　城市公共服务市场化的背景

伴随着新公共管理等西方理论在我国的传播，我国在各个领域都开展了市场化的改革，公共服务领域也不例外，城市公共服务的市场化改革就在这样的背景下开始了。

一、公共服务市场化的内涵和前提条件 ▷▷

（一）城市公共服务市场化供给的内涵

20世纪70年代，西方经济陷入滞胀，凯恩斯国家干预主义和传统官僚政府受到质疑和批判。以哈耶克、弗里德曼为代表的新古典自由主义认为市场的自我调节是最有效和最优越的资源分配方式，私有化是提高经济人积极性和保证市场机制有效运行的基础。20世纪80年代，英国率先掀起公用事业市场化改革浪潮，改革投资管理体制，转变公共服务提供方式。随后，这股浪潮席卷全世界，并逐步发展成为大多数国家改革政府管理模式的主流方式。美、法、德等国分别通过自由市场、公私合作等方式推动本国公用事业的市场化进程，通过市场化改革成功缓解了日益严峻的财政压力，改善了公共部门（政府和政府机构）的运行绩效，并为充分运用市场力量推动政府改革提供了新的机遇和动力。

公共服务的市场化是一种全新的施政理念和服务方式。它的基本内涵包括三个方面[①]。

第一，公共服务供给中"决策"与"执行"的相对分离。世界民营化大师萨瓦斯认为，"政府的职责是掌舵而不是划桨，直接提供服务就是划桨，可政府并不擅长划桨"。这个精彩的论述告诉我们，政府公共服务供给职能的"决策"和"执行"可以进行相对的分离，政府供给不一定必须采取政府直接生产的方式。因此，"政府自己提供服务只是可供选择的手段之一"。

第二，公共服务生产中竞争机制的存在。公共服务市场化的目的就是打破政府的垄断，以竞争来提高公共服务的绩效。公共服务的生产者应当多元化，他们可以公平地参与到公共服务的生产过程中来。不同的组织有各自的优势，举例来说，公营部门在政策管理、保障平等、防止歧视或剥削、保障服务的连续性和稳定性等方面更胜一筹；企业界则在完成经济任务，创新、推广成功的试验，适应迅速的变化，抛弃不成功和过时的活动，完成复杂的或技术性任务方面往往更胜一筹；第三类部门则在完成微利或者无利可图的任务、需要亲自动手和直接关心的任务（如日托、咨询及对残疾人和病人提供的服务）以及涉及贯彻道德标准和个人行为职责的任务方面更胜一筹。这样竞争就表现为公共部门内部的竞争、公共部门和非公共部门的竞争、非公共部门之间的竞争这三种形式。

第三，消费者对公共服务有选择的权利。只有社会公众拥有公共服务消费的自由选择权，才能激发供给者之间的竞争，进而促使其对公众负责并革新服务，从而满足消费者日益多样化的需求。同时，政府向公民提供行使自由选择权的手段和工具，使消费者拥有必要的选择资源去控制和影响供给者。从这个意义上讲，消费者对于公共服务的选择权利正是公共服务市场化过程中市场机制发挥作用的基础。此外，也有学者将公共服务市场化

---

① 宋世明.美国行政改革研究［M］.北京：国家行政学院出版社，1999：102.

的内涵归纳为决策与执行的分开、以市场竞争打破政府的垄断、市场检验和顾客导向、公共机制与市场机制的融合四个方面。

因此，市场化意味着由以政府高度介入为特征的某种制度安排向较少政府介入的另一种制度安排的转变。通过改变公共物品的投资及供给机制，建立公私部门之间的合作伙伴关系，更多地依靠社会资本，通过市场来满足公众需求，减少对政府的依赖。在公共服务市场化的过程中，公共服务的宏观主动权仍控制在政府手中，只不过在微观上更强调公平竞争和个人选择。这是由公共服务的特性和政府的公共责任所决定的。

（二）城市公共服务市场化的基本条件

作为一种新的公共服务供给模式，公共服务市场化的出现绝非偶然。它与西方国家逐步进入后工业社会，市场经济不断成熟，技术创新变革和民主程度增强的历史条件紧密相连，是涉及政府和市场、政府和社会关系的深层变革。公共服务市场化是推进公共服务的新形式、新机制。西方国家的实践证明，法治严明、政府负责、市场完善、社会成熟是推行公共服务市场化的必要条件[①]。结合各个国家的具体国情，一般而言，公共服务市场化的基本条件主要有如下方面。

一是成熟的市场机制。城市公共服务市场化的实施是以对私益物品和公益物品的分析为基础的。其目的是通过公私领域的不断渗透和有效竞争与合作，弥补公共服务供给能力的不足。通过引入私益物品供给"谁受益，谁负责"的原则，解决由复杂性公益服务的单一供给而带来的服务需求反映不准确、公益物品过度消费以及公平等问题，以市场机制来补充政府供给制度的不足。市场经济对于资源的有效配置有着天然的优越性，但是这种优越性的发挥确实建立在市场经济发育成熟的基础之上。只有成熟的市场经济，才能成为政府进行资源配置的有效补充。

二是法治化的政府行为。法治化的政府行为是城市公共服务市场化的重要保障。在城市公共服务市场化的过程中，政府部门和私营部门广泛接

---

① 沈荣华.公共服务市场化反思［J］.苏州大学学报（哲学社会科学版），2016（1）：1-6.

触。政府部门的强制性和私营部门的营利性导致在这个过程中容易发生权力与利益交易的行为。这不仅会损害公共利益，使社会的真实需求得不到及时反馈，而且会使市场经济的资源配置职能难以发挥。公私合作为腐败提供了可能，进而对政府的可信度构成了威胁。因此，只有建立健全法律法规，对政府行为进行制约和监督，才能保证城市公共服务市场化沿着预设的轨道发展。

三是科学技术的支持。城市公共服务市场化改革是以公益物品的复杂性理论为基础，针对共用程度不高的城市公共服务，实行与私益物品一致的"谁受益，谁付费"的市场交易原则。只有对每一项城市公共服务的共用性程度进行正确的测量，才能决定这项城市公共服务究竟在多大程度上能实行市场化，采取何种方式进行市场化。另外，市场化的最大特点是等价交换。在城市公共服务市场化的进程中，如何对城市公共服务进行收费也是一个十分重要的问题。城市公共服务涉及众多产业，如何对不同类型的城市公共服务进行细分等问题的解决都有赖于先进技术的支持。

公共服务市场化供给作为一项全方位的制度变迁，其成效涉及政府、民众、经济、社会等诸多领域，所以公共服务市场化历来众说纷纭，支持者有之，反对者亦有之。西方国家在市场化改革中坚持以竞争为导向，加强政府监管，从总体效果来看，确实节约了一定的政府成本，公共产品或服务的质量得到了相应的改善，但是也出现了一些问题，如非法竞争、欺诈顾客、逃避责任等。英国、新西兰、美国等民营化改革的前沿阵地纷纷出现"逆民营化"现象，就是政府将以前外包的公共服务项目收回，重新由政府自己提供。据海费茨（Hefetz）和华纳（Warner）的统计显示，美国在1992—1997年，撤包公共服务占所有服务的11%，新外包服务占所有服务的18%，撤包公共服务项目占新外包项目的60%；1997—2002年，撤包的公共服务的比例上升为18%，而新外包的公共服务的比例则下降为12%，撤包的公共服务项目是新外包的服务项目的150%①。

---

① HEFETZ A, WARNER M. Mildred Warner: Beyond the market versus planning dichotomy: Understanding privatisation and its reverse in US cities[J]. Local government studies, 2007(4): 555–572.

二、 城市公共服务市场化供给的现实基础 ▶▷

改革开放以来,随着城市公共服务领域不断扩大,如何有效地使用有限的财政资源提供更多的公共服务成为政府面临的难题。随着市场经济的发展,中国经济发展呈现出两个主要特征:一是政府职能范围不断缩小;二是市场调节手段不断完善。市场经济体制改革促使全能国家的一元化公共管理体制逐渐转向国家、社会、市场等多元互动、复合的公共治理结构。改革开放就是一个"权力多极化"的过程,伴随着政治领域权力的弱化,经济领域和社会领域的权力正在逐渐成长,原先那种政治领域垄断一切的"单极结构"正在向三个领域分享权力的"多极结构"转变。这是1978—1998年之间中国社会结构演变的基本脉络[①],这一转变为中国公共服务体制的改革创造了条件。

(一)市场经济的发展为市场化供给奠定坚实基础

市场经济体制改革促进了国家与社会、政治与经济之间的结构分化,一个基本靠市场来配置资源的经济体系已初见框架。党的十二届三中全会于1984年通过了《中共中央关于经济体制改革的决定》,我国的市场化进程进入了全面展开阶段。从20世纪80年代中期起,本着先易后难、调放结合和最终放开的原则,对价格形成机制和价格管理体制进行彻底的改革。截至1992年,我国消费品价格基本上已完全放开(只有少数省份没有放开粮食价格),生产资料价格也已大部分放开(国家管理的价格只保留了89种),农产品市场、工业消费品市场、金融市场、劳动力市场以及房地产市场都得到了很大的发展。1993年,党的十四届三中全会通过《中共中央关于建立社会主义市场经济若干问题的决定》,明确要在20世纪末初步确立社会主义市场经济的基本框架。2002年,党的十六大做出我国"社会主义市场经济体制初步建立"的重大结论。

随着政府对经济干预的减少,经济主体的自由度不断提高,主要表现在

---

① 康晓光.权力的转移[M].杭州:浙江人民出版社,1999:1-2.

两个方面：一是加快规范国有企业的市场退出机制。2002年，国家共下达企业兼并破产项目382项，终结248项，核销呆账269亿元[①]。二是非国有经济得到了更快的发展。进一步放宽国内民间资本的市场准入领域，在投融资、税收、土地使用和对外贸易等方面采取措施，实现公平竞争（见表4-1）。1992年以后，中央及地方相继出台一系列鼓励私营经济发展的政策、条例和法规；1993年，国家有关部门将私营企业不准经营的50多个品种改为35个品种；2000年初，政府又强调，除关系国家安全和必须由国家垄断的领域外，其余领域都应允许民间资本的进入；同年，还出台了《中小企业产业指导目录》，以更加开放、规范和透明的市场准入制度鼓励私营企业发展。私营经济的发展使得民间资本充足，为公共服务改革提供了资金支持和政策支持。

表4-1　我国非国有经济的发展概况

年　份　　指　标	非国有经济创造的增加值占国内生产总值（GDP）的比重（%）	非国有经济固定资产投资占全社会固定资产投资的比重（%）	城镇非国有单位从业人员占城镇从业人员的比重（%）	非国有经济创造的税收占全社会税收的比重（%）	非国有经济进出口总额占全部进出口总额的比重（%）	工业中非国有经济所有者权益占全部国有及规模以上非国有工业所有者权益的比重（%）
1992	53.60	31.95	39.03	33.00	27.45	34.10
2000	59.80	49.86	65.00	57.72	54.59	44.37
2001	62.32	52.69	68.09	64.42	55.04	45.13

资料来源：《中国统计年鉴1992》《中国统计年鉴2000》《中国统计年鉴2001》和国家税务总局税收统计月报。

（二）政府体制和管理方式的不断革新为市场化提供了保障

为适应从计划经济体制向市场经济体制转变的需要，1978年以来，我国

[①] 北京师范大学经济与资源管理研究所.2003中国市场经济发展报告[M].北京：中国对外经济贸易出版社，2003.

在缩小政府规模、转变政府经济职能和改变政府经济管理方式等方面都相应地进行了一系列的改革。1992年之后，围绕着建立市场经济体制的改革目标，大力推进了财税、政府机构等方面的改革，初步建立了适应市场经济需要的宏观调控体制框架。

在财税体制改革方面，1994年，国家开始实行"分税制"财政管理体制，推行以增值税为主体的流转税制度，统一规范内资企业和个人所得税制度。在分税制财政管理体制下，中央和地方政府不再按企业的行政隶属关系划分收入，而是按照税种组织各自的收入。这样的财政体制正式突破了"条块分割"和"行政隶属关系"的限制，实现了财政分权向经济性分权的跨越，增强了地方财政的独立性。

在政府机构改革方面，为了适应建立市场经济体制的需要，加强政府的宏观调控，我国先后在1993年和1998年进行了两次政府机构改革，逐步转变政府职能，实行政事分开、政企分开。以事业单位机构改革为契机，国家结合调整和优化政府职能的改革，加快了公共服务管理体制的实质性改革步伐。尤其是1998年第四次机构改革，由于电力部、煤炭部、邮电部、广电部等多个部委不再保留，这些部委原来行使的职能部分下沉到企业，部分移交给经贸委和计委；建设部仍然负责水、天然气、交通等城市公用事业的管理和运营；卫生部和药监局负责管理医药行业的进入、产品定价及企业行为等。同时，国家对于基础产品的定价权也有所松动和下沉，赋予了企业通过增加收费获取一定盈利的权力，市场化改革程度明显加强。政府主要负责市场竞争规则的制定和执行，把一些本来不该由政府承担的职能交给市场，交给社会中介组织。公共服务供给的市场化成为政府职能调整的重要组成部分。

（三）非政府组织的发展成为市场化的积极参与力量

在西方国家公共服务市场化改革过程中，非政府组织在教育、医疗、社会服务、环境保护、基础设施建设等多个领域协助政府提供公共服务。随着政府职能的转变，"小政府""大社会"成为一种理想的社会管理模式，社会自主性不断提高，逐渐承接起政府"卸下"的公共职能，并通过大量的非营利组织(即社会中介组织)得以实施。截至2002年上半年,我国登记的各级各类民间组织共有23万多个,其中社会团体有13.4万个,民办非企业单位有10万多个。这些非政府部门积极参与了公共服务市场化的改革,1997年,从事各种社会服务的民办非企业单位已发展到70万家,这些非营利单位从社会上筹集资金用于公共福利及社会服务事业。由民间团体资助的教育机构有5万所,在校生达1 000万人,非政府机构在环保和医疗卫生等公共服务方面做出了很大的贡献。非政府组织成为公共服务市场化的积极参与力量。

在我国非政府组织规模日益扩大的同时,一批科学技术和研究领域的专门人才聚集在非政府组织,通过科学研究、教书育人、文化传播等方式发挥了在提供服务、反映诉求和规范行为等方面的特殊作用,非政府组织为推动中国社会进步发挥了巨大的作用。由此我们可以看出,我国非政府组织的数量在21世纪大幅度增长,而且种类齐全,并且凝聚了很多优秀的人才,其良好的发展势头,必将使其在中国公共服务市场化的舞台上发挥作用,从而推进我国公共服务市场化改革的进一步发展。

(四) 科技进步为公共服务市场化提供了有力的技术支撑

改革开放以来,我国的科学技术水平迅猛发展。加入世界贸易组织后,外国的先进管理经验和技术不断流入中国,科学技术的进步,为我国公共服务市场化提供了强有力的技术支持。

首先,科学技术的进步可以降低企业的生产成本,特别是固定资本的投入大幅度降低。以电信行业为例,随着远程通信技术的发展,特别是光纤、计算机等大容量传送途径的开发,大大降低了电信网络建设的投资规模,减少了电力行业投资的成本。其次,科学技术的进步弱化了某些公共服务生产的规模经济效应。公共基础设施的规模受到技术进步的影响,如在电力行业,使用天然气的复合循环式汽轮发电机能在较低的产出水平上高效运行,从而削弱了电力行业的规模经济效应,大幅度地降低了电力生产的最适度规模,使发电成为竞争性业务。最后,替代技术的发展,逐步打破了公共服务领域的自然垄断现象。科学技术的进步使公共服务的种类趋于多样化,这样具有

"同质性"的公共服务就会相应地出现一定的替代品,从而对自然垄断生产产生较大的影响。例如,在电、煤气和石油等不同的能源之间存在的替代性就会削弱各自原有的垄断地位。又如在电信领域,卫星和微波等无线技术正在替代以电缆为基础的长话网,蜂窝通信系统成为城市化网络的竞争者,这些变化改变了通信网络的自然垄断性质,使竞争成为可能。正是由于某些公共服务领域的自然垄断性逐渐被打破,才为市场化提供了有利条件。

(五)城市之间竞争的加剧重塑了公共服务供给的激励机制

在1980年以前,城市主要的资产都是国有的,城市之间没有竞争关系,一个城市发展如何与其他城市没有任何关系。但是随后的两个重要改革,彻底改变了城市政府的发展理念和地方政府的角色。

一是城市房地产制度改革。1990年以后进行的城市房地产制度改革,使城市的固定资产成为市场上可以定价和交易的产品。《中华人民共和国土地管理法》和《中华人民共和国城市规划法》把大部分土地收益权和支配权授予了地方政府特别是城市政府,使得城市政府第一次拥有了自己可以"经营"的产品,资本和人口是其顾客,并且这些"顾客"具有极大的流动性。城市政府必须为这些"顾客"创造各式各样的"优惠",创造好的城市公共服务环境,来同其他的城市竞争"顾客"。随着中国城市化进程的加速发展,公众要求的公共服务数量和质量不断提高,从传统的行政管理角度来说,除非得到中央财政的扶持,否则地方政府只能用本级财政扣除经常性开支后的节余财力进行城市建设,同时《中华人民共和国预算法》明确规定地方财政不得出现赤字,其结果是导致有限的地方财力与城市基础设施的庞大投资需求之间出现了不同程度的矛盾。这就要求充分利用民间资本,在公共部门和私人部门之间(包括公共部门机构之间)展开公平、公正、公开的竞争,形成优胜劣汰的市场机制,以提高公共物品及服务的供给效率。

二是1994年的财政分税制度改革。通过这个改革,地方政府第一次取得了财政剩余权,中央政府和地方政府之间,地方政府和地方政府之间具有了明确的财务权力边界。地方政府可以自由地在这个边界之内经营,不用担心中央或其他地方政府"平调"它们的资源。分税制改革实际上深化了

"地方（城市）的自我觉醒"，并固化了整个政府体系的"增长动机"。

随着城市之间竞争的加剧，由政府主导的城市公共资源市场化运作，在实践中的确产生了大量的货币收益，并极大地支持了城市基础设施建设与发展。这样的模式无疑是很有吸引力的。正因如此，经营城市的观点刚一提出，就引起城市政府的关注，并迅速地在各个城市传播开来，成为各城市政府建设和管理城市的法宝[①]。

第二节　城市公共服务市场化的政策变迁

随着经济改革的推进，仍然保留计划经济惯性的公共服务体制已不适应市场经济的发展，迫切需要改革计划经济模式下的公共服务体制和运行机制。我国的公共服务供给模式需要从"集权融合—公平至上"型模式（1949—1978年）向"解制分立—效率优先"型模式（1978—2003年）转型。"中央的改革方针一改通过总体性支配来实现现代化或通过国家动员构建社会秩序的传统思路，而是通过各种形式的承包机制激发基层民众的活力来塑造新型的社会主义政治经济体制。"[②]"放权让利""搞活"成为当时整个改革的方向和目标。

在本阶段，我国一直实行的是双轨制的发展战略。虽然双轨制运行并没有妨碍资本积累和经济总量的增长，但模糊的产权制度却加剧了社会经济在各个层面上的危机，导致各种权力寻租盛行和委托—代理制恶性发展[③]。1992年，社会主义市场经济体制改革方向确立，以效率为导向的全方

---

① 周诚君,洪银兴.城市经营中的市场、政府与现代城市治理:经验回顾和理论反思[J].改革,2003(4):15-22.

② 渠敬东,周飞舟,应星.从总体支配到技术治理——基于中国30年改革经验的社会学分析[J].中国社会科学,2009(6):104-127.

③ 渠敬东,周飞舟,应星.从总体支配到技术治理——基于中国30年改革经验的社会学分析[J].中国社会科学,2009(6):104-127.

位的市场化改革启动。这一阶段的改革既推动了经济的快速发展,也加快了城市公共服务市场化的进程。

一、市场和政府双重推动下的城市发展政策 ▶▷

国家的五年计划对我国的城市化进程产生了重要影响(见表4-2)。在政府和市场的推动下,我国的城市化水平有了明显提高。我国城市化发展政策从建设和发展小城镇逐渐转向大中小城市的协调发展。中共十四届三中全会取消了农民"未经允许,不得迁往城市"的限制,允许农村剩余劳动力逐步向小城镇转移,鼓励和引导农民在地区间有序流动。1997年,国务院批转了公安部关于《城镇户籍管理制度改革试点方案》的通知。随着户籍政策的放宽,城市吸纳人口的能力增强,也对城市基础设施建设提出了更高的要求。2002年,党的十六大把推进城市化提升为国家战略,并正式提出多样化的城市发展方针,明确大中小城市和小城镇协调发展的城市化道路。

表4-2　我国城市化政策的演变历程

时　期	年　限	城 市 化 政 策	政 策 效 果
"八五"时期	1991—1995	开发区建设拉动大城市发展	大城市主导的多元城市化进程
"九五"时期	1996—2000	严格控制大城市规模,突出发展小城镇	大中小并举的健康城市化进程
"十五"时期	2001—2005	大中小城市和小城镇协调发展	大中小并进的协调城市化进程

二、公共服务主要领域的供给政策改革 ▶▷

(一)医疗卫生政策的市场化取向

1992年9月,国务院明确提出"我国卫生事业是公益性福利事业"。依据"建设靠国家,吃饭靠自己"的精神,"支持有条件的单位办成经济实体或实行企业化管理,做到自主经营、自负盈亏"。这一政策的发布,激发了医院的积极性,医院开始谋求拓宽自身收益的举措。1997年,国务院发布《关于卫生改革与发展的决定》,对医疗保险制度改革、卫生管理体制改革、城市卫生服务体系改革、卫生机构运行机制改革、药品流通体制改革等做了部署①。这些政策的有效实施使各级各类卫生机构的技术和质量、医护人员和病床数、医疗设备都得到了明显改善。2000年,国务院颁布了《关于城镇医疗卫生体制改革指导意见》,其政策要点是将医疗卫生服务机构分为两类:一类为营利性机构,医疗服务价格放开,按照企业模式进行组织和管理;另一类为非营利机构,追求公益目标。同时提出"扩大公立医疗机构的运营自主权,实行公立医疗机构的自主管理,建立健全内部激励机制与约束机制"。在国家明确将医疗机构分为营利性与非营利性之后,一些"热钱"进入医疗行业。同时,国家对医疗卫生事业单位的经费补助,除大修理、大型设备购置及离退休人员经费外,实行定额包干。各地医疗机构陆续进行类似国有企业的"产权改革"。在市场化医改过程中,点名手术、特殊护理、特需病房等新事物,像雨后春笋般在医疗系统涌现。

随着医疗卫生领域市场化改革的逐步深入,对公共卫生工作有所忽视,对筹资和卫生服务公平性的不重视,直接影响了我国国民健康绩效的提高,"看病贵""看病难"问题逐步显现。尤其是2003年的SARS危机,充分暴露出了我国医药卫生领域过度市场化导致的问题。这一时期的医疗卫生政策目标模糊,只把卫生工作作为居民消费的一个方面,甚至在"十五"规划中被当作拉动内需的重要举措,"为了人民的健康"这一卫生政策的根本目标被忽略。

(二)义务教育深化改革政策

1993年,党中央、国务院制定的《中国教育改革和发展纲要》明确了"基本普及义务教育,基本扫除青壮年文盲"的"两基"目标,同时形成了"人民教育人民办"的教育经费多样化的模式。1994年,在分税制改革背

---

① 何水.中国公共服务改革:实践透视与路径探寻[J].郑州大学学报,2013(6):5-9.

景下形成的财权上移、事权下放导致县、乡两级政府财政困难,致使义务教育所需的资金出现短缺。于是,在2001年开始实行"地方政府负责、分级管理、以县为主"的义务教育体制改革,这是义务教育重心上移的一项举措。

探索促进义务教育均衡发展的政策。改革开放以后逐步恢复的重点学校制度,引发了基础教育不公问题。在对择校、名校转制和乱收费等一系列问题进行治理的过程中,开始形成义务教育均衡发展的政策和制度[①]。2000年,"两基"目标基本实现。为了巩固改革成果,需要更加均衡的义务教育为其做铺垫。2001年,国务院首次明确了"均衡发展"的战略方针,指出要"促进地区、城乡、学校之间的均衡发展,最终实现基础教育全面健康发展",这意味着义务教育又重回以公平为主的价值基础。

(三) 以社会化为导向的社会福利制度改革

为了转变政府职能和企业经营机制,1993年8月,民政部等十四部委发布了《关于加快发展社区服务业的意见》的通知,对社区服务的目标任务、统筹规划、政府扶持、资金筹措、管理体系等都做了原则性的规定,将社区福利服务作为社会保障体系和社会化服务体系的一部分,社区福利正式开始逐步替代传统职工福利的功能,由传统计划经济时期的"单位人"向新的市场经济环境下的"社区人"转变。1996年颁布的《中华人民共和国老年人权益保障法》提出,"国家鼓励、扶持社会组织或者个人兴办老年福利院、敬老院、老年公寓、老年医疗康复中心和老年文化体育活动场所等"。1999年12月,民政部颁布《社会福利机构管理暂行办法》,将社会福利机构和公益组织纳入统一、规范的管理中。2000年12月,民政部等十一部委发布了《关于加快实现社会福利社会化的意见》的通知,提出关于加快实现社会福利社会化的意见;提出了社会福利社会化的指导思想、目标和总体要求,即要求各级政府和有关部门对社会力量投资创办的社会福利机构给

---

① 张秀兰.中国教育发展与政策30年(1978—2008)[M].北京:社会科学文献出版社,2008:102.

予政策上的扶持和优惠,建立健全机制,引导社会力量积极参与和发展社会福利事业。

《关于建立社会主义市场经济体制若干问题的决定》指出,要建立统一的、多层次的、法制化的社会保障体系,同时依据类型的不同来确定社会保障的资金来源和保障方式[①]。1995年,我国基本养老保险实行个人账户和社会统筹相结合的模式。在中国的城市,1990年之前的医疗保障体制以公费医疗和劳保医疗为主,两者的共同特征就是单位制。医疗保障体制改革后,劳保医疗首先受到冲击。很显然,在市场经济的正常运转中,企业随时可能出现重组甚至破产,因此单位制无法立足。在这样的情况下,以社会医疗保险取代原有单位制的劳保医疗制度,成为城市医疗体制改革的主轴之一。1996年底,"统账结合"的改革之风刮向了医疗保险领域,在当时全国57个地级市展开。1999年,《失业保险条例》实施,确立了职工、单位和国家三方负担的筹资机制。《城市居民最低生活保障条例》的颁布,意味着居民最低生活保障制度在我国逐步建立。至此,城市基本社会保障体系建立。

(四) 城市文化和体育事业的市场化、社会化改革

1994年,经国务院批准,财政部和国家税务总局颁发了《关于继续对宣传文化单位实行财税优惠政策的规定》。1996年,国务院发布了《关于进一步完善文化经济政策的若干规定》,决定进一步完善文化经济政策,在加大各级财政对文化事业投入力度的同时,拓宽文化事业资金投入渠道,逐步形成适应社会主义市场经济要求的筹资机制和多渠道投入体制。2000年,国务院下发了《国务院关于支持文化事业发展若干经济政策的通知》,并出台了一系列财税优惠政策,着力对宣传文化事业进行支持。中共十六大明确提出"积极发展文化事业和文化产业","深化文化体制改革"。

1995年,国务院正式颁布了《全民健身计划纲要》,明确规定了群众

[①] 劳动和社会保障部.新时期劳动和社会保障重要文献选编[M].北京:中央文献出版社,2002:132-133.

体育的目标和任务、对象和重点、对策和措施以及实施步骤。2000年,《国民体质测定标准》实施,推动了城市社区体育服务向规范化和法制化方向推进。

三、 分税制为主要特征的配套财政政策 ▶▷

20世纪80年代,我国财政体制经历三次以分权为目标的重大结构调整,改革极大地调动了地方的积极性。自我意识的驱动加上独立的财源使地方政府有可能变成潜在的"离心力量",改革严重削弱了中央政府的宏观调控能力,中央财政经常面临入不敷出的局面,在大多数时候不得不向地方政府"伸手借钱"[①]。

分税制是一种适合于市场经济的财政体制。1994年,我国取消财政包干制,实行分税制改革,用以扭转过去中央权力下放太多的问题。这次改革的目的在于增加中央的财政收入,缩小省际的财力差异,实现横向公平[②]。通过增值税和消费税的集中,中央财政收入占总财政收入的比重由1993年的22%迅速上升到1994年的55.7%[③];同时,自1996年起,财政收入占GDP的比重也开始逐步上升。但是这一时期的财政转移支付结构不合理,分税制改革初期为了保护地方的既得利益,税收返还和原体制补助这两项占转移支付的比重过高,具有逆均等化效应。更为严重的是,税收返还和原体制补助继续沿用"基数法",原有不合理的分配格局未能得以改善,形成一种"受益地区长期受益,吃亏地区长期吃亏"的财政运作模式。

1998年,我国首次明确深化财政改革的主导目标是逐步建立完善的公共财政体系,政府财政支出结构向公共财政方向调整,财政资金逐步退出一般性、竞争性领域,而着重保障政府履行经济调节、市场监管、社会管理和公共服务等职能,财政支出转向提供公共产品以满足人民的需求,并逐步使之均等化,财政体制更加公平、公开、透明,实现从"建设型财政"向"民生型

① 王绍光.分权的底线[M].北京:中国计划出版社,1997.
② 陈硕.分税制改革、地方财政自主权与公共品供给[J].经济学,2010(4):1427-1446.
③ 国家统计局.中国统计年鉴1995[M].北京,中国统计出版社,1995.

财政"转变。自政府建立公共财政体系以来,明显增加了对教育、医疗、科技、社会保障以及环境保护等领域的公共支出。

四、政策改革对公共服务供给的政策影响 ▶▷

(一)中央政府宏观调控能力增强

分税制建立了我国稳定的财政收入分配机制,在增强中央财政主导地位的同时,也调动起地方发展经济的积极性,是中华人民共和国成立以来力度最大、影响最深的体制创新,尤其是对"三大关系"(即中央和地方的关系、政府与企业的关系以及区域间的关系)产生了显著影响。分税制是中央财政集权的制度设计,提高了"两个比重",预算内中央财政收入的比重迅速提高,财政收入占GDP的比重也逐渐止住了下降的趋势,并从1996年开始逐步上升(见表4-3)。预算外财政收入相对于预算内财政收入的比重从1997年之后逐步下降,2002年降为23.7亿元。分税制改革之后,中央财政收入大幅度增加,"收大于支",而各省级财政则正好相反,中央财政收入需要通过转移支付由地方政府进行支出。转移支付遵循均等化的原则平衡地区间的财政收入差距,而且地方政府还可以通过转移支付的相关规定贯彻中央的意图,实现区域的协调发展。

表4-3　1993—2002年中央和地方预算外和预算内财政收入及分配

年份	预算内财政收入			预算外财政收入			财政收入占GDP的比重(%)
	合计(亿元)	中央占比(%)	地方占比(%)	相对于预算内收入(亿元)	中央占比(%)	地方占比(%)	
1993	4 348	22	78	32.7	17.1	82.9	12.6
1994	5 218	55.7	44.3	35.7	15.2	84.8	11.2
1995	6 242	52.2	47.8	38.6	13.2	86.8	10.7
1996	7 407	49.4	50.6	32.5	24.3	75.7	10.9
1997	8 651	48.9	51.1	45	5.1	94.9	11.6

（续表）

年份	预算内财政收入			预算外财政收入			财政收入占GDP的比重(%)
	合计(亿元)	中央占比(%)	地方占比(%)	相对于预算内收入(亿元)	中央占比(%)	地方占比(%)	
1998	9 875	49.5	50.5	31.2	5.3	94.7	12.6
1999	11 444	51.1	48.9	29.6	6.8	93.2	13.9
2000	13 395	53.2	47.8	28.6	6.5	93.5	15
2001	16 386	52.4	47.6	26.2	8.1	91.9	16.8
2002	18 903	55	45	23.7	9.8	90.2	18

资料来源：《中国统计年鉴2004》。

（二）基本公共服务地区差距进一步增大

通过引入市场机制，基本公共服务在这一时期突破了政府供给的单一模式，一方面，减轻了政府的财政负担；另一方面，使得基本公共服务供给的质量和水平得到了提高。但市场化改革也不可避免地暴露出了一些缺点。例如，政策的倾向性导致城乡差距增大，改革措施的不配套以及过分注重市场化导致的公平问题。分税制改革并没有降低地方政府财政支出占国家预算总财政支出的份额，反而从改革前的50%以下跃升为70%左右[①]。尽管分税制改革前后分权形式和程度处于变动之中，但我国财政体制的高度分权特征并未改变，只是由分税制之前的事实分权变为分税制之后的法定分权[②]。政府在基本公共服务供给保障中占主导地位，所以各地区财政能力的差异是导致基本公共服务供给水平差异最直接也是最重要的原因。例如，义务教育尤其是农村义务教育供给不足与财政分权进程有明显的相关性[③]。

---

① 国家统计局国民经济综合统计司.新中国五十五年统计资料[M].北京：中国统计出版社，2005.

② 官永彬.财政分权、地方政府竞争与区域基本公共服务差距[J].重庆师范大学学报（哲学社会科学版），2014（2）：73-84.

③ 卢洪友，李凌.财政分权视角下中国农村义务教育落后的原因分析[J].财贸经济，2006（12）：57-60.

具体而言，1994年的分税制改革导致地方财政自给能力小于1，加之中央对地方非均等甚至与经济发展水平正相关的转移支付制度，导致贫困地区压缩诸如教育之类的非经济性财政支出，扩张经济性财政支出。2002年，人均财政支出最多的上海市为5 306.98元，最少的河南省仅为654.51元，上海约是河南的8.1倍[②]。在义务教育阶段，2002年生均教育经费最高的上海市为5 833元，最低的贵州省为758元，上海约是贵州的7.69倍。

第三节　城市公共服务市场化改革的路径及成效

一、公共服务市场化改革的路径探索 ▶▷

城市公共服务体制的改革可以分为两个方面：一是既有社会基本公共服务供给机构的改革，如公立医院和公立学校的改革，这必然涉及如何处理计划经济时代以来逐渐形成的既得利益问题；二是政府转变社会基本公共服务的提供方式，引入市场机制，如合同外包、内部市场等[③]。在体制转轨阶段，非国有部门在城市基本公共服务供给的参与方面相当有限。基本公共服务的提供者主要是事业单位。因此，城市公共服务供给体制的改革首先就是事业单位改革。这两方面的改革同时进行，但其进程相互制约。这种制约使基本公共服务领域的改革不同于我国经济体制"增量改革为存量改革创造条件"的改革路径，主要是因为公共服务具有投资周期长、回报率低、风险高的特点，市场主体不具有参与公共服务供给的主观动力，因此，不能指望短时期内在旧的公共服务供给体制内健康生长出足够的增量，来进行存量的改革。相反，为维持其垄断地位，旧体制可能利用其对政府强大的"游说"能力，使改革设想难以实现或者变形走样。所以，对既有公共服务

---

②《中国财政年鉴》编委会.中国财政年鉴2003［M］.北京：中国财政杂志社，2003.
③ 句华.公共服务中的市场机制：理论、方式与技术［M］.北京：北京大学出版社，2006：5.

提供机构（事业单位）的改革，因为既得利益共同体的存在，是改革最困难，但也是最紧迫的环节。

我国城市公共服务市场化改革路径呈现出以下特点：一是放在大的行政机构改革背景下进行，通过权力下沉到地方政府，放松管制范围，部分领域可以有选择地向社会开放，改革行政审批制度；二是开始对传统的事业单位供给体制进行反思，引入市场化机制对现有事业单位进行转制改组，增强财政资金的使用效率，提高公共服务部门的管理效能；三是在公共服务领域引入市场招投标的竞争机制，扩大基础建设的资金融通渠道和方式，加快道路、通信、医疗、教育等基础公共服务管理的市场化进程。

（一）积极转变政府职能

在公共服务改革初期，对公共服务市场化改革进程有着关键性作用的是政府部门及其行政人员的政治价值取向和偏好，而公众、企业和社会组织等其他利益群体的影响则较小。从政府角度看，政府的权力主要包括"管"和"给"，即审批监管和公共资源的分配。城市公共服务市场化改革首先要求政府要迅速转变职能和角色，新公共管理理论要求政府实现由"划桨人"到"掌舵人"的转变。公共服务市场化要求政府应该从最初的生产者转变为进行严格监督的检查者和评估者，成为谨慎而精明的购买者[①]。政府机构是政府职能的载体，因此，政府机构设置合理与否在很大程度上决定了政府职能履行是否到位。解决社会矛盾和满足人民群众在经济、政治、文化、社会、生态文明方面不断变化的公共需求是我国政府机构改革的根本出发点和落脚点[②]。政府职能转变进入实质性阶段是从1998年政府机构改革明确建立适应社会主义市场经济体制的行政管理体制开始的，这次改革撤销了所有行业经济部门，最终实现政企分开。

---

① 童伟.公共服务市场化：政府管理改革的切入点[J].宏观经济管理，2007(9)：35-37.
② 宋世明，王君凯.我国政府机构改革历程与取向观察[J].改革，2018(4)：39-46.

（二）市场取向的事业单位改革

事业单位作为既有的公共服务提供机构是公共服务供给体制改革的重要部分。作为我国事业单位改革的核心问题，公共服务市场化引起了很多争议。例如，很多关于医疗卫生改革和教育产业化的激烈论争，基本上都是围绕事业单位的市场化改革展开的。事业单位改革的初心是为了打破行政的垄断，在行政体制中加入市场机制；而事业单位改革的目标是逐步提高公共服务的质量。

国家对事业单位实行"放权让利"是从20世纪80年代中期开始的，目的就是为了促使事业单位进行经营机制的转换，能够面向市场提供服务。国家进一步鼓励部分事业单位进行自收自支，能够实行企业化管理并完全通过市场获取所需资源。真正把事业单位改革纳入党政机构改革之中，是从党中央在十四大精神的引领下印发《关于党政机构改革的方案》开始的。

建立起适应市场经济体制需要的事业单位新体制，要求我国事业单位改革要转换机制，实行"政事分开"。实践证明，这一改革方向是正确的。我国事业单位市场化改革的成果主要表现在三个方面：首先，各事业单位的新体制已初显成效，其作用主要体现在科技、体育、文化事业单位和公用事业单位，这几类单位已实现了部分企业化；其次，事业单位的资金筹集渠道扩大了；最后是公共事业单位引入了民间力量，新体制改革后民办性质的学校、医院等相继出现。

然而，事业单位改革同政府机构改革一样存在不同程度的"一放就活，一活就乱"的现象，如何把握市场化的方式和范围就成为核心问题。改革中主要出现了两个问题：一方面，把不该市场化的单位市场化了，如卫生防疫和基础教育等需要政府承担法定责任的机构也在进行创收，并且对于创收的标准和范围缺乏必要的限制；另一方面，新体制的市场化方式也存在错误，以至于某些事业单位出现过度"市场化"的现象，这种现象多表现为过度依赖事业单位本身的生存能力，大部分资金都从市场筹集，甚至完全从市场筹集，因此会削弱事业单位的公共服务职能。

（三）城市公共服务供给各种市场化工具的引入

公共物品供给的市场化主要有两种模式：

一是将城市公共服务全过程市场化，淡化公共物品的公共属性，模糊公共物品和私人物品的区别。供给机制设计的目标模式是以较高的市场化程度来建立以市场为决策中心和资源配置方式的公共物品供给机制，而供给主体的运行也尽量以营利性组织的运行模式为基准，政府则成为该物品供给市场的管制者。在确保财政基本支出的前提下，放开服务收费权限，允许部分教育、卫生等公共部门扩大收费范围和权限，并提高服务质量。一些公共物品和服务，如教育、医疗等开始实行收费制，同时放开进入标准，形成民营、国有之间的良性竞争。然而在国民收入差距越来越大的背景下，凭借向使用者收费为公共服务融资的方式反而会阻碍低收入人群获得相应的公共服务，由此产生了看病难、上学难等一系列民生的问题。

二是政府与营利组织联合供给公共物品。这种联合供给的方式是通过政府制定有关公共物品供给的公共决策，其中包括物品的类型、数量、资金投入等具体规制，然后交由其他类型的非政府组织，包括营利和非营利性组织来进行物品的生产。其中，供应的职能履行往往不包括资金的提供，此处的供应往往带有政府监管的色彩，是一种更为宽泛的供应与生产相分离的制度安排。政府与营利组织联合供给公共物品的模式包括建造—运营—移交（BOT）、转让—经营—转让（TOT）、公私伙伴关系模式（PPP）等。

二、 公共服务市场化改革的主要成效 ▷▷

20世纪90年代中期以来，我国公共服务供给市场化改革不断推进，城市公共服务无论是种类还是数量都有了质的飞跃。公共物品市场由单一制向多种所有制形式转变，城市公共服务供给主体出现了多元化的趋势。

（一）地方政府逐渐与生产者角色相分离

在垄断经营下，国有企业、事业单位与政府之间是一种行政管理关系。

在这种关系模式下,政府既可以对国有企业、事业单位进行组织机构设置、人事任命和职工福利安排等非经营活动,也可对其进行亏损补贴、确定服务对象和投资审批等经营活动。在建立公共服务的多元供给机制后,政府通过合同的形式与公共物品的其他供给者建立起自愿、互利和平等的民事关系。合同关系的建立,可以同时约束政府和公共服务的供给者,如果质量不达标,政府可以选择新的供给者;如果出现纠纷,双方可以通过法律途径解决。如此,公共物品的供给才真正具备了市场性的要素。在这种供给模式下,政府有些职能依然保留,政府依然是公共服务供给的决策者和规划者,只是不再从事公共服务的供给,供给者从单一的国有企业转换到民营企业和外资企业等。在公共服务多元供给的情况下,政府只需要根据公众的需求和财政预算来决定提供何种服务,至于谁来生产、如何生产则由市场来决定。政府不再决定公共服务的经营管理,真正从公共物品服务生产中解脱出来。

(二)城市公共服务供给逐渐走向分权化

在世界各国都在推进地方政府分权化的大背景下,分权化也在我国政府干预的公共服务领域中得到了充分的应用。我国政府分别从纵向和横向两个方面对公共服务进行了分权化:纵向上,根据服务具有的地方性特征,将公共服务供给责任下放到地方上;横向上,主要是政府把公共服务项目分配给非政府组织、社会中介组织、公民的志愿性社团、协会和社区组织等"第三部门",给这些"第三部门"提供较多的公共服务供给机会。分权化的基本原则体现在:可以通过市场机制解决的问题,政府就应该避免任何形式的干预;不能通过市场机制解决的,应优先通过中介组织或行业协会寻求解决方案。公共资源能够直接转移给个人是公共服务分权化的结果之一,政府只起到了约束和监督的作用。

(三)公共物品供给市场化改革初见成效

1.政企分开,打破垄断

要想打破垄断,首先要对国企或者国有控股企业进行大力的改革,在电力、电信、铁路、公路和航空行业引入民营竞争主体,对其进行公司化改造。只有市场主体的竞争日益激烈,电信业的产品类型才能多样化,服务价格才能持续下降,服务质量才能不断提高;同样,民航的供求状况和服务水平才能有效改善。铁路方面将具有自然垄断性质的国家铁路网基础设施管理与具有竞争性的铁路客货运输经营分开,也有利于提高行业服务水平。

2. 基础设施市场化投融资体制形成

20世纪80年代以来,基础设施一直处于我国产业结构调整的突出位置。但是我们也要清楚地了解到,当前我国基础设施的水平依然跟不上国民经济发展的步伐。1986年,《关于调整国家预算内基本建设投资拨款改贷款范围等问题的若干规定》的颁布,确定了基建投资由财政拨款改为贷款。此后,相关文件的相继下发为民营经济进入基建投资营造了一种有利的宏观环境。

从资金供给源头上看,基建资金由主要依靠政府向多元化融资方式转变,政府不再扮演主角,自筹、利用外资和银行贷款等方式均已出现。例如,广州市1991年至1996年,共发行43.58亿元债券投资建设珠江电厂、员村热电厂、番禺大桥和从化106国道改造等项目;广州电力集团上市后,即筹得约8亿元资金,大大缓解了财政压力[1]。尤其在交通基础设施建设领域,由政府独家投资的项目少之又少,中央与地方、企业与政府以及企业之间的联合投资项目都已普遍存在,项目融资和特许权等投资方式也正在积极推广。经过这一时期的大规模建设,我国的基础设施建设在不断改善,一定程度上满足了国民经济发展和人民生活对基础设施的需求。例如,在珠三角一些地区,通过"以路桥养路桥",建起了发达的高速公路网络,大大满足了人们的需求,也促进了经济的发展。

3. 在教育、卫生、环境保护等领域部分地引进市场机制

自20世纪90年代以来,我国教育支出资金的来源渠道也逐渐多元化,并且在教育经费筹集中,各融资渠道所起的作用也发生了变化。国家财政性教育经费支出虽然一直是教育经费来源的重头,但自20世纪90年代后

---

[1] 李青.城市基础设施建设与投资多元化市场化[J].前线,2001(6):43-45.

一直在下降,从1991年的84.46%下降到2002年的63.71%。社会团体和公民个人的办学经费、学费和杂费等,所占比重虽较小,但增速很快。如2002年,社会团体和公民个人的办学经费为1 725 548.7万元,相比1993年的这一费用增长了50.78倍①,这充分体现出国家对民办教育的支持。1994年,国务院《关于〈中国教育改革和发展纲要〉的实施意见》出台。至此,政府与民间相结合的办学体制出现在正式文件中。从1996年开始,国家允许少数义务教育阶段的公办学校(含高中、初中部,下同)招收"择校生",但是接收"择校生"的收入归国家所有。如此,就明确了"择校生"及其接收学校主体和收入的归口问题。

　　1992年,政府开始对城市医疗卫生领域实施最低限度的财政支持,正式开始了全面的市场化改革。根据《新中国统计50年资料汇编》的数据,1961—1989年期间,我国每年卫生预算支出占财政总预算支出的平均比例为3.61%,最高为6.62%,最低为2.11%;1990—1999年期间的平均值为1.40%,最高为2.66%,最低为0.41%。从中可以看出,全面甩包袱后的医疗卫生预算支出与背包袱时的预算支出相比,大大减少了。通过激烈的竞争及各方经济力量的介入,医疗服务领域的设施、技术装备全面改善,医护人员的素质也迅速提高。除此之外,市场的竞争、所有制结构的变动以及管理体制方面的变革,也在一定程度上提高了医疗服务机构的内部运转效率和相关人员的积极性②。

　　在环境保护领域,1992年出台的《城市市容和环境卫生管理条例》提出了加强城市市容和环境卫生管理的目标;1995年出台的《中华人民共和国固体废物环境污染防治法》和1996年出台的《国务院关于环境保护若干问题的决定》都强调了废物污染的监督整治工作。这一系列政策文件的出台,对城市环境治理提出了更高的要求,但是制约我国环保事业的最大问题是政府公共资金不足。

---

① 教育部发展规划司.中国教育统计年鉴2003[M].北京:中国统计出版社,2004.
② 国务院发展研究中心课题组.对中国医疗卫生体制改革的评价与建议(概要与重点)[J].中国发展评论中文版(增刊),2005(1):1-14.

（四）探索多样化的公共服务市场化工具

我国各地已经把私有化、用者付费、合同外包、内部市场、特许经营和凭单制作为政府治理的工具。从20世纪90年代开始，我国部分地区率先使用这些新兴的政府治理工具。如1994年泉州采用BOT融资方式建设的泉州刺洞大桥开创了民间资本直接投资基建的先河。1995年，上海浦东新区建设的罗山市民休闲中心第一次将政府购买服务变为现实。2000年，广州推行的邮政代理制首次让邮政经营服务向民营机构和个体投资者开放。2001年，浙江和湖北相继对教育领域进行了一系列市场化改革试验。这一系列的改革，将传统计划经济体制下高度集中的公共服务管理模式彻底打破，市场的优势逐步凸显，我国初步形成了投资主体多元化、资金来源多渠道、投资方式多样化、项目建设市场化的新格局。

第四节　城市公共服务市场化改革的评价与反思

目前，我国的公共服务改革已经进入了新的阶段，公共服务改革确立了新的改革理念，公共服务质量得到了明显的改善，改革中引入了多元化供给主体，在一定程度上满足了民众对于公共服务的需求。但是现阶段的市场化改革明显偏离了一个重要的目标——公平，而过分地强调了"减负"，直接导致了中国目前普遍存在的基本公共服务不足的问题。究其原因，其中政府体制和供给制度的设计需承担主要责任。

一、公共服务市场化改革中存在的问题 ▶▷

（一）改革缺乏明确的目标和整体战略

自改革开放以来，我国政府逐渐意识到我国城市基本公共服务水平明显滞后于经济发展,受制于政府财力,吸纳各种社会资源参与公共服务供给就成为必然选择。但改革没有成熟的方案可以借鉴,所以我国自20世纪80年代中期至今的公共服务改革都是在没有总体战略的指导下进行的。职能部门、行业部门以及事业单位改革过程中,大都没有整体的战略可以遵循,通常采取了一种单向推进、局部试点的"零打碎敲"的方式,于是出现了各地区、各部门、各领域公共服务改革效果参差不齐,公共服务效益达不到预想的效果。

(二)各级政府间财权事权不匹配,基本公共服务供给不足

中央和地方政府之间存在着严重的职权混淆,各级政府和其他部门难以明确处理公共事务的权力,当横向部门共同管理一项事务时,难以将各自的职权分清楚,出现了"职责同构"现象[①]。在权责分工上,各级政府在管理事务的界限上不够清晰,没有明确自己承担的具体事务和管理的具体区域,直接导致了地方政府公共服务供给不足,再加上上级政府给予的财政支持具有不确定性,财政支出责任下移,基层政府财务账目混乱,公共财政大都难以维持。以公共卫生服务为例,根据相关研究结果显示,在1991年到2000年间,基层地方政府成为公共卫生服务供给的主体,其中县乡两级政府在医疗卫生方面的支出达到了55%~60%,而中央政府公共卫生服务支出仅占医疗卫生总支出的2%[②]。

近些年来,中国的GDP保持着高速发展的态势,在经济发展上取得了不小的成就,但是这也造成了许多地方政府出现了唯GDP论,GDP俨然已经成为评价地方政府官员政绩的主要依据。由于教育、医疗等基本公共服务短期内难以"兑现"为经济增长,所以地方政府在基本公共服务方面的财政支持不足,基本公共服务供给严重短缺。目前,中央采取了激励制度,鼓励地方政府加大在公共服务上的供给,而这种激励制度只能暂时影响一些偏远地区。因此,想要更好地发展公共服务还需要制定整体的发展战略,为

---

① 刘尚希.基本公共服务均等化与政府财政责任[J].中国党政干部论坛,2008(11): 28-31.
② 黄佩华,等.中国:国家发展与地方财政[M].北京:中信出版社,2003.

各级政府制定完善的财政支出标准[③]。

（三）公共资源配置不合理，资源浪费现象严重

目前我国公共服务发展缓慢的一个重要因素就是公共资源配置不合理，大量优质的教育、医疗卫生资源集中在城市，特别是大城市集中了更多的公共服务资源，而农村却缺乏教育与医疗服务的基础条件。于是，在城市出现了公共资源浪费的情况，而在农村和偏远地区公共服务还停留在比较落后的水平。例如，当前普遍的情况就是城市拥有着最好的教育资源，而乡村的教育和城市教育相比，无论是教师还是基础设施都存在着巨大的差距。就医疗卫生服务而言，近些年的医保改革在一定程度上保证了乡村基本的医疗资源，乡村医疗设施增多，许多普通病患能得到较好的治疗。但大城市医院拥有先进的医疗设备和较多高学历、高水平的医护人员，对较为严重的病患有较好的治疗方法，乡村和城市的医疗卫生水平差距依然比较大。

（四）企业和民众承担了更多的支出压力

由于国家财力不足，通过收费取得资金以弥补公共品供给的不足已成为各级政府通用的做法。由于预算外资金和自筹资金缺乏制度的约束和监督，造成了公共品生产成本向企业和居民转嫁的结果。政府承担的基本公共服务供给的范围越来越小，居民承受的负担越来越重。以医疗卫生为例，1996—2003年间，我国卫生总费用共计增长3 726.9亿元。其中，政府公共卫生仅增长656亿元，对总增长的贡献率仅为17.6%；社会卫生支出增长了944.1亿元，贡献率为25.3%；个人卫生支出增长了2 126.9亿元，贡献率为57.1%。可见我国卫生总费用的增长，是通过政府支出的降低，社会支出的同时减少，个人被迫提高卫生支出来实现的[②]。

---

③ 董立人.推进城乡基本公共服务均等化的路径选择[J].苏州大学学报（哲学社会科学版），2009（3）：1—4.

② 上海财经大学公共政策研究中心.2006中国财政发展报告[M].上海：上海财经大学出版社，2006.

二、 公共服务市场化改革引发的争论 ▶▷

公共服务市场化被学者和实践者视为提高公共服务效率的良方。一方面，市场化改革无论在地理上还是服务领域上都在不断扩展；另一方面，随着基础教育、医疗卫生、城市水务业等领域市场化改革中种种矛盾和问题的出现，市场化改革正遭受着空前的质疑和否定，甚至一度出现"逆市场化"[①]。"医疗卫生市场化是改革的良方还是问题本身"，这一问题在学术界引起了一场大讨论。这场讨论主要分为两派，一派是支持国务院发展研究中心课题组关于医改应由政府主导的观点，学界称为"政府主导派"；而另一派则反对回到改革开放前的老路，认为现代社会应该沿着市场化的道路发展下去，学界称为"市场主导派"。深思两个学派的观点，其差异源自对市场机制是否适用于医疗卫生领域的不同见解，"政府主导派"认为政府应该在医疗卫生改革中起到主导作用，而"市场主导派"认为医疗卫生的改革应该适应社会和市场的需求，主张沿着市场化道路继续走下去。针对公共服务市场化改革中的"伪市场化"现象，公共行政学者认为改革应是公共服务提供机制市场化而非政府责任的市场化，并主张"政府责任的充分履行是市场化成功运行的重要保障和必要前提，中国市场化实践中出现的矛盾和问题的根源在于转型时期政府责任的严重缺失"[②]。

这场学术争论对今后的市场化改革在以下三个方面具有重要的价值：一是明确中国改革的问题在于市场发育的不完善或者"伪市场化"，真正意义上的市场化应该是多元主体参与公共服务供给，并形成有效竞争的市场化；二是政府要在制定和实施市场规则中扮演重要的角色，要更加关注自身的主导责任问题；三是在发展与强化公共服务市场机制的基础上，学术界和实践者反对将政府责任市场化已经成为共识，明确了改革要坚持公共价值取向。

---

① 王欢明，诸大建.国有民营模式：公共服务"逆市场化"的选择[J].东北大学学报（社会科学版），2013（1）：68-73.
② 翁博.公共服务市场化改革中的政府责任[J].学习与探索，2010（1）：63-67.

　　过去，财政压力迫使政府采取了"甩包袱"式的改革，人们对基本公共服务特征和市场经济规律的认识局限使得改革缺乏总体规划。2009年9月底，财政部联合其他部委发布了《关于鼓励政府和企业发包促进我国服务外包产业发展的指导意见》；2013年9月底，国务院办公厅发布《国务院办公厅关于政府向社会力量购买服务的指导意见》，公共服务市场化成为我国公共服务供给体系改革的核心备选方案。但市场并不是抽象的存在。作为一种制度安排，市场是需要建构的。在我国市场经济尚未完善、社会结构急剧转型的条件下，公共服务市场化改革一定要慎思明辨，在理性反思的基础上最大限度地发挥市场化的优势，克服市场化带来的负面效应。

三、公共服务市场化改革探索的启示 ▶▷

（一）改革价值选择上以公平为导向

　　一方面，基本公共服务供给的目的决定了必须以公平正义为导向，基本公共服务是为社会公众参与社会经济、政治、文化等活动提供保障，公平正义理应是其底线；另一方面，当前政府合法性的获得也需要更加关注公平正义，过分强调效率、效能，会损害公平与正义，最终抵消政府的合法性。在公共服务市场化改革后，政府更应该做好监管工作，坚守基本公共服务职能，不能游离于责任之外，更不能让市场承受不必要的负担。

　　社会主义核心价值观强调以人为本，市场经济的正常运转必须以社会的公平正义为基础。在这一理念的引导下，未来公共服务供给应以解决地区差异、城乡矛盾、资源配置不均衡等问题为导向，同时要为社会不同领域和行业提供良好的发展环境，这样才会有利于和谐社会的构建。与此相适应，我们的公共财政建设及相应的转移支付制度等各项制度设计，必须以实现基本公共服务横向均等化作为基本依据。

（二）改革路径上以增量改革推动存量改革

　　改革开放之前，政府在科教文卫等领域采取了事业单位制度，政府用公共财政供养着众多事业单位员工。这种缺乏竞争的垄断性供给机制在取得一定成效的同时,也产生了严重的负面影响。事业单位长期依赖财政拨款,导致内部竞争压力小、机构臃肿、工作积极性差等问题,难以为公众提供良好的公共服务和公共产品。

事业单位长期形成的积弊给改革带来了不小的阻力,尤其是对固化的利益结构进行存量改革,容易引起剧烈的社会动荡,从而加大了改革的风险和难度。因此,在改革的路径上要以增量改革来推动存量改革,就是在既有公共服务供给机制之外,增设政府向社会力量购买公共服务的新机制,并且以新机制来承担公共服务的供给。以政府为引导,以社会力量为辅助,合理解决既有公共服务机构冗杂、人浮于事等问题。

(三) 改革重点聚焦于市场化的制度设计

公共服务市场化供给的效率来源于竞争而非单纯的市场化改革。为保证市场化的效率,促进"有效竞争"是关键。而"有效竞争"的实现,需要我们在公共服务市场化过程中构建有效市场,这就需要明确市场化的有效边界,选择市场化的有效模式,构建市场化的有效机制,这些都是促进有效竞争、保证市场化效率的重要举措,同时也是公共服务市场化改革的重点和难点所在。

有效的市场结构必然受到权力结构、产权体系、结构性社会资本以及认知性社会资本的影响[1],因此,后续的改革要聚焦于市场化制度安排绩效的影响因素,通过构建更有竞争性的市场结构,培育更多样化的制度空间,降低交易成本,提高市场制度安排的绩效。这一分析结果表明,对于市场机制的应用,需要围绕合约构建治理机制,围绕市场安排构建相应的市场结构;更重要的是,需要对在特定制度环境下能否发挥市场潜力进行可行性评估[2]。

---

[1]　蔡长昆.制度环境、制度绩效与公共服务市场化:一个分析框架[J].管理世界,2016(4): 52-69.

[2]　蔡长昆.制度环境、制度绩效与公共服务市场化:一个分析框架[J].管理世界,2016(4): 52-69.

第五章

城市公共服务均等化阶段的政策设计与推进

2002年，党的十六大报告明确将政府职能归为经济调节、市场监管、社会管理和公共服务四类，并要求加强公共服务设施建设，不断改善人民生活。2005年，时任总理温家宝将"建设服务型政府"写进了政府工作报告。这是中央政府从国家层面首次提出建设服务型政府的目标。2006年3月，《中华人民共和国国民经济和社会发展第十一个五年规划纲要》首次提出"逐步推进基本公共服务均等化"的政策目标，为基本公共服务指明了方向。至此，我国城市公共服务的建设步入了一个新的时代。

第一节　城市公共服务均等化的背景

一、社会发展对公共服务供给的新挑战 ▶▷

（一）经济发展步入新常态的挑战

自建立社会主义市场经济体制的总目标确定以来，始终坚持市场在资源配置中的重要作用，我国经济持续稳定健康发展，国内生产总值从2002年的12万亿元增长到2017年的80万亿元，从世界第五跃升至世界第二，对世界经济增长贡献率超过30%。党的十六大报告提出"使市场在国家宏观调控下对资源配置起基础性作用"。党的十九大报告指出"必须坚持和完善我国社会主义基本经济制度和分配制度，毫不动摇巩固和发展公有制经济，毫不动摇鼓励、支持、引导非公有制经济发展，使市场在资源配置中起决定性作用"。

目前，我国经济已由高速增长阶段转向高质量发展阶段，经济结构深度调整，发展动力加快转换，保民生、兜底线的任务更加艰巨。同时，民生持续改善也会为经济发展创造更多有效需求，为推进供给侧结构性改革提供强大的内生动力。

（二）城镇化迅速发展的挑战

自建立社会主义市场经济体制的总目标确定以来,我国城镇化和工业化进程日益加快,城镇体系日益完善。2002年11月,党的十六大明确提出,"要逐步提高城镇化水平,坚持大中小城市和小城镇协调发展,走中国特色的城镇化道路",揭开了我国城镇建设发展的新篇章,城镇化与城市发展空前活跃。我国城市建成区面积逐步扩大,伴随户籍制度的改革和农村富余劳力向非农产业和城镇转移,我国城镇人口容量不断增加。2002年末,我国城镇常住人口为5.02亿人,城镇人口占总人口的比重(城镇化率)为39.09%;2017年末,我国城镇常住人口为8.13亿人,相比2002年增加了3.11亿人,城镇化率为58.52%,相比2002年提高了19.43个百分点。

随着城镇化进程的加快,城市水、电、路、气、信息网络等基础设施显著改善,教育、医疗、文化体育、社会保障等公共服务水平明显提高,人均住宅、公园绿地面积大幅增加。城镇化的快速推进,吸纳了大量农村劳动力转移就业,提高了城乡生产要素配置效率,带来了社会结构的深刻变革,促进了城乡居民生活水平的全面提升,推动了国民经济持续快速发展。但是在城镇化快速发展的过程中,也存在城镇空间分布和规模结构不合理,区域发展不均衡;城市管理服务水平不高,"城市病"日益突出;公共服务供给能力不足,农民工及其随迁家属未能享受城镇居民的基本公共服务等一系列突出矛盾和问题。

（三）新一轮科技革命的机遇

第四次工业革命和产业变革正在兴起,移动互联网、物联网、大数据、云计算、人工智能等技术快速发展,推动公共服务新业态不断发展、供给方式不断创新、服务模式更加丰富。数字时代实现了经济社会的高度联通之后,带来了很多重要变化,其中一个变化是服务或产品信息可以非常便捷、低成本地传递给消费者,消费者也可以便捷、低成本地搜索到所需要的服务或产品。网络空间服务改变了服务最基本的性质,规模经济效应极为显著。一部网络剧的观众是一个还是一亿个，其制作成本相同；范围经济效应也极为显著，一个服务平台形成后，可以销售多个产品，许多公共服务的性质也随之发生了变化。人工智能辅助医疗、网络空间文化服务等都带来了公共服务效率的极大提升。大数据的广泛应用为公共服务更好地服务民生提供了可能。大数据连接着老百姓的衣食住行。在民生领域，每一秒都有海量的数据产生，收集、分析、应用和管理好这些数据，成为政府面临的重要课题。政府要逐渐培养数据思维，对数据资源进行有效的管理，从被动管理变为主动服务，为市民提供更优质的服务。这一时期，政府充分利用新的信息技术，找准民生服务的难点、痛点，真正让公共服务有温度，真正让新科技成为转变政府治理方式的催化剂。

二、 政策变革对公共服务供给的新要求 ▷▷

　　城乡二元体制、中央财权与事权的分开等政策导致了公共服务城乡、区域、群体的不均衡，因此，政府于2006年在《中华人民共和国国民经济和社会发展第十一个五年规划纲要》中首次提出"逐步推进公共服务均等化"；2017年专门印发了《"十三五"推进基本公共服务均等化规划》，指出享有基本公共服务是公民的基本权利，保障人人享有基本公共服务是政府的重要职责。

（一）新的公共服务政策设计的要求

　　多年来，政府在教育、医疗卫生等领域分别出台了多个政策文件。2012年，第一次出台了基本公共服务领域的总体性规划《国家基本公共服务体系"十二五"规划》，成为"十二五"乃至今后一段时间构建国家基本公共服务体系的综合性、基础性、指导性文件，是政府履行公共服务职责的重要依据。它明确了基本公共服务的概念和范围，明确了基本公共服务体系建设的指导思想、基本要求和主要目标，突出强调了"把基本公共服务制度作为公共产品向全民提供"的核心理念，明确了基本公共服务的国家基本标准，提出了一批保障工程。总体性规划的提出，有利于实现基本公共服务的均衡式发展。

（二）政府绩效评价标准转变的要求

党的十八大报告明确提出了要以建设人民满意的服务型政府为改革的目标，而公共服务满意度则成为服务型政府绩效评价的重要指标。随着政府体制改革的深入开展，公共服务的质量和效率成为社会关注的重大问题。借鉴西方政府的改革实践，公民满意度测评被逐步应用到我国政府公共服务绩效测评领域。服务型政府的建设是以公众的满意度为前提和归宿，因而衡量服务型政府建设的好坏，最终的评价标准是看人民群众是否满意[①]。

基于中国的实际国情，建立科学和客观的公共服务公众满意度测量指标体系对服务型政府进行绩效评价。比如，新加坡南洋理工大学公共管理研究院与上海交通大学国际与公共事务学院共同开展的"连氏中国城市服务型政府指数项目"，从公众对公共服务提供的满意度、公众对政府效能的满意度、公众对政府信息公开的满意度、公众对政府允许公众参与的满意度、公众对政府信任的满意度这五个方面对中国城市进行测评排名。也有学者提出"公民满意度调查并不是针对公共服务推进技术性、专业化的绩效测量，在更大意义上，公民满意度调查更多的是一种公民参与、促进公民治理的有意义的尝试。公民满意度调查更多的是一种展示工具，它可以使那些没有真正体验过相关公共服务的公民知晓政府这一服务举措，从而在心理层面增强对政府工作的认可"[②]。国内外研究仍然没有客观数据证明公民满意度与公共服务绩效存在绝对的相关性。因此，即使在同一行政区域内的不同行业间，也要慎重将公共服务的公民满意度数据作为评判公共服务绩效的标准，不同区域间的公民满意度数据可比价值更加值得怀疑[③]。公

---

① 赵大海,胡伟.中国大城市公共服务公众满意度的测评与政策建议[J].上海行政学院学报,2014(1): 23-29.

② WATSON D J, JUSTER R J, JOHNSON G W. Institutionalized use of citizen surveys in the budgetary and policy-making processes: A small city case study[J]. Public Administration Review, 1991(3): 232-239.

③ 王佃利,刘保军.公民满意度与公共服务绩效相关性问题的再审视[J].山东大学学学报(哲学社会科学版),2012(1): 109-114.

共服务满意度作为政府绩效评价和测量的主观指标,要同时结合政府绩效客观指标建立完整的评估指标体系,这样更有利于对公共服务进行全面的评价。

(三) 公共服务供给体系现代化的要求

基本公共服务的标准化,不仅是推进国家治理能力和治理体系现代化建设的一个重要实践手段,同时也是建构我国国家治理体系的基本理论议题。服务型政府和规范化建设的进程加速了公共服务标准化的到来[①]。基本公共服务标准化是一个立体体系。它涉及提供的具体环境、提供的主体以及多元的参与者等;涵盖基本公共服务提供机制、评估机制、服务提供标准的量纲设置以及公共服务的具体内容。它可通过基础性、广泛性、迫切性和可行性等标准的界定,把握现阶段基本公共服务的主要内容[②]。我国基本公共服务体系"十二五"规划中,就列出了我国基本公共服务体系的几大主要领域,包括基本公共教育、劳动就业服务、社会保险、基本社会服务、基本医疗卫生、人口与计划生育、基本住房保障、公共文化教育和残疾人基本公共服务等。国家基本公共服务清单基本建立,标准体系更加明确并实现动态调整,各领域建设类、管理类、服务类标准基本完善并有效实施。

公共服务均等化是标准化建设的目标和核心原则,是标准化建设的核心伦理价值所在;而标准化是贯彻均等化理念和原则,实现各阶段具体均等化目标的直接有效手段[③]。为推进公共服务标准化,国家出台了相关标准文件对公共服务标准化进行规范。我国已颁布了《中华人民共和国标准化法》,规范性文件有《社会管理和公共服务标准化工作"十二五"行动

---

① 尹昌美,卓越.公共服务标准化的发展路径、影响因素与评估体系:以杭州市上城区为个案[J].公共行政评论,2012,5(4):93-120,180-181.
② 钱子文.基本公共服务均等化的成因及现实途径[EB/OL].(2011-04-23)[2018-07-06]. http://www.chinareform.org.cn/society/ensure/Practice/201104/t20110424_107388.htm.
③ 张启春,山雪艳.基本公共服务标准化、均等化的内在逻辑及其实现——以基本公共文化服务为例[J].求索,2018(1):115-124.

纲要》《关于开展农村综合改革标准化试点工作的通知》《社会管理和公共服务综合标准化试点细则（试行）》等，对基本公共服务的具体内容进行了规定。

此外，各地在基本公共服务的不同领域开展了标准化探索。例如，江苏省坚持"政府主导、社会参与、突出公益、专业导向"的原则，构建与江苏基本公共服务均等化相适应的标准体系，以标准化促进基本公共服务向规范化、高水平发展，倒逼政府职能转变和管理服务流程再造[①]；陕西省逐步建立起养老保险标准体系；北京东城区国家级城市公共服务标准化示范区的城市公共服务总标准体系建设等。在具体做法上，成都市以构建城乡一体公共服务体系为目标，组建了市统筹城乡工作委员会来整合各方资源与社会主体共同推进农村基本公共服务均等化和标准化建设，等等。但是，总体而言，我国目前的基本公共服务标准化建设还处于初级阶段和试点阶段，面临着诸如供给的不均衡、执行体制不健全、保障机制不足等问题[②]。

第二节　城市公共服务均等化的政策发展历程

2003年，党的十六届二中全会通过的《关于深化行政管理体制和机构改革的意见》，把行政管理体制改革上升为"推进政治体制改革的重要内容"，"推动我国上层建筑更好地适应经济基础的一项重要的制度建设和创新"。据此形成并且由十届全国人大一次会议通过的《国务院机构改革方案》，在强调政府对经济进行宏观调控的基础上，赋予政府社会管理和公共服务的职责，明确将政府职能归为经济调节、市场监管、社会管理和公共服务四类。2006年3月，《中华人民共和国国民经济和社会发展第十一个五年

① 张春龙.推进江苏基本公共服务标准化[N].新华日报,2017-07-26(13).
② 郁建兴,秦上人.论基本公共服务的标准化[J].中国行政管理,2015(4): 47-52.

规划纲要》首次提出"逐步推进基本公共服务均等化"的政策目标,为基本公共服务发展指明了方向。

21世纪以来,我国城市公共服务政策尽管取得了不错的政策效果,满足了城市居民对公共服务的基本需求,但与此同时也暴露出一些新的问题。首先是政策的倾向性较强,造成了顾此失彼的局面。优先发展重点领域,导致了城市其他领域公共服务的缺失,诸如城市环境、公共事业等领域的公共服务亟待改善。其次是"亲市场、重效率"的价值取向使部分政策制定和执行逐渐偏离公平轨道。比如,医疗卫生领域市场化改革取得了前所未有的成效,但是市场力量过于强大,渗透到医疗改革的各个环节,使公立医疗机构创收冲动趋强,追求公益的动力不足。与此同时,由于政府对公共服务供给市场化的认识不足,导致部分地区出现了政府将公共服务供给责任完全推向市场和社会的情况。

一、公共服务均等化的提出 ▶▷

(一)政府职能变革和重新定位

从2002年开始,我国政府对公共服务的认识迈向了新台阶,并且适应当时时代的发展,创新性地提出了"服务型政府"的概念。2002年11月,中共十六大首次把政府职能归结为经济调节、市场监管、社会管理和公共服务,逐渐明确了以构建"服务型政府"为目标的政府改革思路,减少和规范行政审批。且十六大明确指出:要随着经济发展不断增加城乡居民收入,拓宽消费领域,优化消费结构,满足人们多样化的物质文化需求。加强公共服务设施建设,改善生活环境,发展社区服务,方便群众生活;建立适应新形势要求的卫生服务体系和医疗保健体系,着力改善农村医疗卫生状况,提高城乡居民的医疗保健水平;发展残疾人事业;继续大力推进扶贫开发,巩固扶贫成果,尽快使尚未脱贫的农村人口解决温饱问题,并逐步过上小康生活。2003年,中央提出了"五个统筹"的科学发展观,这是21世纪政府改革发展的新要求。

2003年10月，十六届三中全会中明确指出：公共服务作为政府的一项重要职能，应该予以充分重视，并且在此次会议上通过了《关于进一步深化经济体制改革若干问题的决定》，提出了"科学发展观"及完善社会主义市场经济体制的目标和任务，并且把加强政府社会管理和公共服务职能、推进就业和分配体制改革、完善社会保障体系、深化教育体制改革、构建现代国民教育体系和终身教育体系等作为完善社会主义市场经济体制的有力保障。2004年，时任总理温家宝在"树立和落实科学发展观"专题研究班结业式上的讲话中，界定了公共服务的定义并规范了"服务型政府"的概念。他认为，"职能转变是我们政府改革的一项重大任务，过去政府管了许多管不了也管不好的事情，这也是人员膨胀、机构庞大、文山会海的根源，更为重要的是它束缚生产力，因此我们要转变政府职能，把应该交给企业、中介机构、市场的事情交出去，政府集中精力抓大事。政府职能有四条：经济调节、市场监管、公共管理、社会服务"[1]。2004年9月，党中央召开的十六届四中全会提出，坚持以人为本，推动经济社会的统筹发展；强调就业和再就业，健全社会保障体系；重视发展教育、卫生、科技、文化等各项社会事业。这次会议虽然没有直接提出公共服务均等化的概念，但是已经初步涉及基本公共服务均等化的内容。

2005年3月，十届全国人大三次会议政府工作报告要求各级政府在继续抓好经济调节、市场监管的同时，更加注重社会管理和公共服务，把财力、物力等公共资源更多地向社会管理和公共服务领域倾斜。2007年10月，党的十七大报告提出了加快行政管理体制改革、建设服务型政府的要求，把服务型政府建设作为社会主义民主政治建设的重要举措，标志着建设服务型政府已成为21世纪中国行政管理体制改革的目标。顺应时代要求的政府职能的变革是城市公共服务发展的实现手段。现代政府既有公共管理的职能，也有公共服务的职能。增加政府的服务职能，减少其管制职能，不断地从管制型政府走向服务型政府，成为政府治理的发展趋势。

---

[1] 中国新闻网.温家宝总理眼中的政府职能与服务型政府建设[EB/OL].(2004-06-29)[2018-07-06].http://www.chinanews.com/news/2004year/2004-06-29/26/454013.shtml.

（二）"基本公共服务均等化"的首次提出和积极探索

从2006年开始，我国正式提出"基本公共服务均等化"的理念，并对其内涵特征与外延实践展开了一系列探索。2006年，《中华人民共和国国民经济和社会发展第十一个五年规划纲要》（以下简称"十一五"规划）首次提出"逐步推进基本公共服务均等化"[①]。且"十一五"规划中明确指出："根据公共财政服从和服务于公共政策的原则，按照公共财政配置的重点要转到为全体人民提供均等化基本公共服务的方向，合理划分政府间事权，合理界定财政支出范围。"2006年，中共十六届六中全会通过《关于构建社会主义和谐社会的决定》，把逐步实现基本公共服务均等化等作为构建社会主义和谐社会的重要目标和基本任务，并逐步建设惠及全民的基本公共服务体系。

2007年10月，党中央在十七大报告中明确指出，"缩小区域发展差距，必须注重实现基本公共服务均等化，引导生产要素跨区域合理流动"，并且把推进基本公共服务均等化和主体功能区建设，完善公共财政体系，作为公共服务发展的目标。党的十七大报告对加快推进以改善民生为重点的社会建设做了具体的战略规划，优化公共资源配置，注重向基层、农村、欠发达地区倾斜，逐步形成惠及全民的基本公共服务体系以及创新公共服务体制，改进公共服务方式，加强公共设施建设等主要任务。

胡锦涛同志在2008年2月政治局的集体学习时，对基本公共服务体系建设进行了阐述：首先应依据经济发展水平，逐步建设公共服务体系；其次，公共服务均等化是公共服务体系建设的长远目标，需要逐步实现，在实现公共服务均等化的过程中需要发挥好政府的财政能力，要发挥和体现财政资金的公益性价值，需要促进社会组织、政府财政与家庭三者的有机结合，提高公共服务均等化的水平和质量。

2008年10月，《中共中央关于推进农村改革发展若干重大问题的决定》指出，"逐步建立城乡统一的公共服务制度"。综合来看，在该阶段，我国政

---

① 国务院.中华人民共和国国民经济和社会发展第十一个五年规划纲要[EB/OL].
（2006-03-14）[2018-07-16].http://www.npc.gov.cn/wxzl/gongbao/2006-03/18/content_5347869.
htm.

府对"公共服务均等化"做了较好的安排,缓解了我国长期以来公共服务发展不均衡的困境,逐步提升了公共服务的水平和质量。

(三) 基于民生焦点的公共服务供给

市场经济的自发性和分税制改革等原因导致的公共服务发展不均衡体现在社会生活的各个方面。我国政府对公共服务的优化配置开始了探索性改革,基于民生的焦点需求,首先把教育、医疗卫生、社会保障、公共交通等作为实现公共服务均等化的重点改革领域。

从2003年开始,国家开始把农村基础教育发展作为教育体制改革的重点,先后发布了《关于进一步加强农村教育工作的决定》《关于进一步推进义务教育均衡发展的若干意见》,要求优先解决好县域内义务教育均衡发展的问题。2005年5月,教育部公布《关于进一步推进义务教育均衡发展的若干意见》,要求各级教育行政部门采取有力措施,有效遏制城乡之间、地区之间和学校之间的教育差距,以区域化推进为重点,优先解决好县域内义务教育均衡发展的问题。2006年,新修订的《中华人民共和国义务教育法》明确提出"实施义务教育,不收学费、杂费",并要求"国家建立义务教育经费保障机制,保证义务教育制度实施"。

2003年爆发的"非典"危机使得我国现有医疗卫生服务体系的弱点暴露无遗。因此,建立健全基本医疗保障与公共卫生服务体系,促进卫生公平,解决"看病难、看病贵"问题被纳入政策议程。我国政府开始大力投入城市公共卫生基础设施建设,公共卫生服务的均等化程度逐步提高。2005年,民政部、卫生部等部门联合发布《关于建立城市医疗救助制度试点工作的意见》,通过选择试点地区,开始探索城市医疗救助的管理体制、运行机制和资金筹措机制。2006年,国务院出台《关于发展城市社区卫生服务的指导意见》,开始将城市社区公共卫生服务体系建设作为改革的重点。

进一步扩大覆盖面以及加强对弱势群体的关注成为这一时期社会保障政策的主要特征。从2003年起,劳动和社会保障部相继出台了《关于城镇职工灵活就业人员参加医疗保险的指导意见》《关于推进混合所有制企业和非公有制经济组织从业人员参加医疗保险的意见》,将城镇灵活就业人员、混合所有制企业和非公有制经济组织的从业人员都纳入了医疗保险的范围。2005年,国务院发布的《关于完善企业职工基本养老保险制度的决定》则关注老年群体的养老保险政策。

城市公共事业是维持城市居民日常生活的基本保证。进入21世纪后,面对快速推进的城市化,我国的城市公共事业同样发展迅速。2003年,国务院办公厅发布的《关于加强城市快速轨道交通建设管理的通知》明确了量力而行、有序发展的方针,确保城市轨道交通建设与城市经济发展水平相适应。2005年颁布的《关于优先发展城市公共交通意见的通知》提出,要进一步放开搞活公共交通行业,完善支持政策,提高运营质量和效率,为群众提供安全可靠、方便周到、经济舒适的公共交通服务。

2003年颁布的《公共文化体育设施条例》要求坚持为人民服务、为社会主义服务的方向,加强对公共文化体育设施的管理和保护,充分发挥公共文化体育设施的功能,繁荣文化体育事业,满足人民群众开展文化体育活动的基本需求。2004—2005年先后颁布的《全国城市体育先进社区标准》《城市社区体育设施建设用地指标》等文件,对城市社区体育的组织领导、场地设施等方面做出了相关的规定。

二、 公共服务均等化的推进 ▶▷

(一) 基本公共服务的制度框架初步形成

"十一五"规划之后,各地区、各有关部门认真贯彻落实党中央、国务院的决策部署,我国基本公共服务体系建设取得了显著成效。城乡义务教育免费政策全面实施,公共教育体系日趋完备。积极就业政策的实施,初步建立起面向全体劳动者的公共就业服务体系。社会保险制度逐步由城镇向农村、由职工向居民扩展,保障水平逐步提高,城乡社会救助体系和社会福利体系基本形成。医药卫生体制改革深入推进,基本公共卫生服务项目全面实施,城乡基层医疗卫生服务体系逐步健全,国家基本药物制度初步建立。保障性安居工程加快建设,以廉租住房、公共租赁住房和农村危房改造等为主要内容的基本住房保障制度初步形成。基本实现县县有文化馆和图书馆、乡乡有综合文化站,广播电视全面覆盖20户以上已通电自然村,公共博物馆、纪念馆、美术馆、公共图书馆、文化馆、科技馆等公共文化设施逐步向社会免费开放。全民健身稳步推进。公共服务财政投入显著增加。

从总体上看,我国基本公共服务的制度框架已初步形成,人民群众上学、就业、就医、社会保障、文化生活等难点问题在一定程度上得到有效解决。但是,我国基本公共服务供给不足、发展不平衡的矛盾仍然十分突出,建立健全基本公共服务体系仍然面临许多困难和挑战。基本公共服务的规模和质量难以满足人民群众日益增长的需求;农村、贫困地区和针对社会弱势群体的基本公共服务尚未得到充分保障;体制机制有待于进一步完善,城乡区域间制度设计不协调,管理条块分割,资源配置不合理,服务提供主体和提供方式比较单一,基层政府财力与事权不匹配,以及监督问责缺位等问题较为突出。基本公共服务体系不健全,不仅难以保障发展成果惠及全民,而且还会制约经济社会健康、协调、可持续发展。

2010年,中共十七届五中全会审议通过《中共中央关于制定国民经济和社会发展第十二个五年规划的建议》,文件指出:"十二五"规划时期要加快服务型政府建设,着力保障和改善民生,逐步完善符合国情、比较完整、覆盖城乡、可持续的基本公共服务体系,提高政府保障能力,促进基本公共服务均等化。"十二五"规划时期,我国仍处于可以大有作为的重要战略机遇期,也是加快构建基本公共服务体系的关键时期。从需求看,工业化、信息化、城镇化、市场化、国际化深入发展,城乡居民收入水平不断提高,消费结构加快转型升级,各类公共服务需求日趋旺盛。从供给看,经济继续保持平稳较快发展,财政收入不断增加,基本公共服务财政保障能力进一步加强。从体制环境看,有利于科学发展的体制机制加快建立,教育、卫生、文化等社会事业改革深入推进,建立健全基本公共服务体系的体制条件不断完善。要牢牢抓住难得的历史机遇,顺应各族人民过上更好生活的新期待,努力提升基本公共服务水平和均等化程度,推动经济社会协调发展。

为全面建成小康社会,"十二五"以来,我国已初步构建起覆盖全民的国家基本公共服务制度体系,各级各类基本公共服务设施不断改善,国家基本公共服务项目和标准得到全面落实,保障能力和群众满意度进一步提升。同时,我国基本公共服务还存在规模不足、质量不高、发展不平衡等短板,突出表现在:城乡区域间资源配置不均衡,硬件、软件不协调,服务水平差异较大;基础设施不足和利用不够并存,人才短缺严重;一些服务项目存在覆盖盲区,尚未有效惠及全部流动人口和困难群体;体制机制创新滞后,社会力量参与不足。

(二)首个基本公共服务领域的总体性规划出台

2012年7月,国务院出台了首个基本公共服务领域的总体性规划——《国家基本公共服务体系"十二五"规划》,明确了基本公共服务均等化的概念,"基本公共服务均等化是指全体公民都能公平可及地获得大致均等的基本公共服务,其核心是机会均等,而不是简单的平均化和无差异化"。此外,该规划还提出把基本公共服务作为公共产品向全民提供,着力保障城乡居民生存发展的基本需求,着力增强服务供给能力,着力创新体制机制,不断深化收入分配制度改革,加快建立健全符合国情、比较完整、覆盖城乡、可持续的基本公共服务体系,逐步推进基本公共服务均等化。

在总体性规划的指导下,分领域的基本公共服务规划文件纷纷出台,逐步形成了基本公共服务领域的政策体系。2012年6月,国务院依据上述规划编制了《国家教育事业发展第十二个五年规划》,提出"基本建立覆盖城乡的基本公共教育服务体系"的发展目标。2012年9月,国务院颁布实施《国务院关于深入推进义务教育均衡发展的意见》。2012年10月,国务院正式印发的《卫生事业发展"十二五"规划》提出,到2015年,要初步建立覆盖城乡居民的基本医疗卫生制度,使全体居民人人拥有基本医疗保障,人人享有基本公共卫生服务,医疗服务可及性、服务质量、服务效率和群众满意度显著提高,要建立健全我国公共卫生与医疗服务体系,促进城乡居民享有均等化的基本公共卫生与医疗服务。

2014年,国家发布了《国家新型城镇化规划(2014—2020年)》,以稳步推进城镇基本公共服务常住人口全覆盖,不断提高人口素质,促进人的全面发展和社会的公平正义,以全体居民共享现代化建设成果为基本原则,推进农业转移人口享有城镇基本公共服务,积极推进城镇基本公共服务由主要对本地户籍人口提供向对常住人口提供转变,逐步解决在城镇就业居住但未落户的农业转移人口享有城镇基本公共服务问题。通过创新公共服务供给方式,引入市场机制,扩大政府购买服务的规模,实现供给主体和供给方式的多元化,根据经济社会发展状况和财力水平,逐步提高城镇居民基本公共服务水平,在学有所教、劳有所得、病有所医、老有所养、住有所居上持续取得新进展。

综合来看,这一阶段形成了国家基本公共服务建设的战略规划,明确了新时代基本公共服务的发展目标,政府为推进基本公共服务均等化工作进行了统筹规划,制定了统一的标准,规定了相应的配套措施和机制,把基本公共服务的发展目标与国家发展战略统一起来,为实现基本公共服务的发展目标提供了顶层设计和制度支持。

(三) 基本公共服务供给"效率与公平统一"的价值追求

市场化改革时期,更多的市场安排代替了政府的大包大揽,但是实践中市场化的快速推进也导致了"只顾效率,难顾公平"的发展导向,带来了诸多发展问题。新时期,我国基本公共服务供给政策出现了明显的变化:政策的价值追求趋向"效率与公平的统一";政策的重点是为了保障和改善民生,促进社会公平正义;政策的目标旨在坚持以人为本,促进人的全面发展;政策制定尽管以"自上而下"为主,但是在政府的主导下,强调公众参与,并根据民众的真实需求制定相应的公共政策;为了更好地满足社会公众的多元化需求,逐步建立惠及全民的基本公共服务体系,在政策执行过程中,突出强调政府的主体责任,十分重视引入市场机制,吸引社会力量共同参与公共服务的供给。

农村地区落后的教育现状亟须改变,促进城乡教育公共服务均等化成为政府基本公共服务均等化改革的头等大事。2010年,中共中央政治局召开会议,强调要把促进公平作为国家基本教育政策,建成覆盖城乡的基本公共教育服务体系,合理配置公共教育资源,向农村地区、边远贫困地区、民族地区倾斜,努力办好每一所学校,教好每一个学生,保障公民依法享有

受教育的权利。2010年7月颁布的《国家中长期教育改革和发展规划纲要
（2010—2020年）》，明确把"促进公平"作为国家的基本教育政策，强调"促
进公平"的主要责任在于政府，并提出"均衡发展是义务教育的战略性任
务"，以加快缩小教育差距。2010年颁布的《关于当前发展学前教育的若干
意见》指出，必须在坚持公益性和普惠性的原则下，努力发展政府主导、社
会参与、公办民办并举的学前教育体制。

　　医疗卫生事业是城市公共服务均等化的重点领域之一。2009年，《中
共中央国务院关于深化医药卫生体制改革的意见》正式公布，明确了新医
疗改革的路线图，强化了政府在基本医疗卫生制度中的责任。从2009年到
2011年，我国将重点抓好"加快推进基本医疗保障制度建设、初步建立国家
基本药物制度、健全基层医疗卫生服务体系、促进基本公共卫生服务逐步均
等化、推进公立医院改革试点"等项改革，以逐步实现"建立覆盖城乡居民
的基本医疗卫生制度、人人享有基本医疗卫生服务"的目标。2011年颁布
的《关于建立全科医生制度的指导意见》，则尝试通过建立全科医生制度来
提高基本医疗卫生服务的公平性、可及性。

　　社会保障制度的均等化从城镇居民扩大到城镇非从业居民，重点关注
老人、困难户等弱势群体。2007年，国务院发布的《关于开展城镇居民基本
医疗保险试点的指导意见》，明确要求到2010年在全国全面推进城镇居民
基本医疗保险，从而又将城镇非从业居民纳入医疗保险范围。2011年，《关
于开展城镇居民社会养老保险试点的指导意见》指出，城镇居民养老保险
试点的基本原则是"保基本、广覆盖、有弹性、可持续"，要建立个人缴费、政
府补贴相结合的城镇居民养老保险制度，实行社会统筹和个人账户相结合，
与家庭养老、社会救助、社会福利等其他社会保障政策相配套，保障城镇居
民老年的基本生活。2012年，《关于进一步加强和改进最低生活保障工作的
意见》要求在统筹兼顾的前提下，切实维护困难群众的基本生活权益，有效
保障城乡困难群众的基本生活。2012年，修订后的《女职工劳动保护特别
规定》对女职工在劳动中享受的权益进行了明确的规定。2013年，《关于加
快发展养老服务业的若干意见》则强调要充分发挥社会力量的主体作用，
健全养老服务体系，满足多样化的养老服务需求。到2020年，全面建成以

居家为基础、社区为依托、机构为支撑的，功能完善、规模适度、覆盖城乡的养老服务体系。

在公共事业领域，政府积极引进社会资金，采取灵活的供给方式促进城市居民公平享有公共交通、燃气等服务。2010年，《城镇燃气管理条例》要求政府加大对燃气设施建设的投入，并鼓励社会资金投资建设燃气设施。2012年，《关于城市优先发展公共交通的指导意见》要求转变城市交通发展方式，突出城市公共交通的公益属性，增强供给能力，提高服务品质，着力提升城市公共交通的保障水平。2013年，《城镇排水与污水处理条例》提出国家鼓励采取特许经营、政府购买服务等多种形式，吸引社会资金参与投资、建设和运营城镇排水与污水处理设施。

基本公共文化服务是国家基本公共服务体系的重要组成部分，虽然是相对较晚纳入基本公共服务体系之中的，但自2006年首次提出，至今已取得了跨越式发展①。2006年，《中华人民共和国国民经济和社会发展第十一个五年规划纲要》提出加大政府对文化事业的投入，逐步形成覆盖全社会的比较完备的公共文化服务体系。2007年，中共中央办公厅、国务院办公厅联合发布的《关于加强公共文化服务体系建设的若干意见》提出，要坚持社会主义先进文化的前进方向，坚持以政府为主导、鼓励社会力量积极参与，坚持城乡、区域文化协调发展，逐步实现公共文化服务均等化。2009年，国务院颁布的《全民健身条例》中规定：公民有依法参加全民健身活动的权利，地方各级人民政府应当依法保障公民参加全民健身活动的权利。政府应加大对农村地区和城市社区等基层公共体育设施建设的投入，促进全民健身事业的均衡、协调发展。2009年颁布的《关于进一步繁荣发展少数民族文化事业的若干意见》指出，文化事业要坚持社会效益和经济效益相统一，把社会效益放在首位，充分发挥政府和市场的作用，促进少数民族文化事业和文化产业协调发展。坚持基本公共服务均等化，优先发展少数民族和民族地区的文化事业，保障少数民族和民族地区各族群众的基本文化权益。

---

① 张启春，山雪艳.基本公共服务标准化、均等化的内在逻辑及其实现——以基本公共文化服务为例[J].求索，2018(1)：115-124.

三、 公共服务均等化的深化 ▶▶

经过"十一五"和"十二五"时期的积累,我国已初步构建起覆盖全民的国家基本公共服务制度体系,各级各类基本公共服务设施不断完善,国家基本公共服务项目和标准得到全面落实,保障能力和群众满意度进一步提升,为公共服务均等化的深化发展提供了坚实基础和有利条件。2015年3月,十二届全国人大四次会议审查通过了《中华人民共和国国民经济和社会发展第十三个五年规划纲要》(以下简称"十三五"规划)。该规划提出"十三五"时期,我国经济社会发展的主要目标之一是人民生活水平和质量的普遍提高。就业、教育、文化体育、社保、医疗、住房等公共服务体系更加健全,基本公共服务均等化水平稳步提高。教育现代化取得重要进展,劳动人口受教育年限明显增加。就业比较充分,收入差距缩小,中等收入人口比重上升。我国现行标准下农村贫困人口实现脱贫,贫困县全部摘帽,解决区域性整体贫困。2017年1月,《"十三五"推进基本公共服务均等化规划》中明确提出,到2020年,基本公共服务体系更加完善,体制机制更加健全,在学有所教、劳有所得、病有所医、老有所养、住有所居等方面持续取得新进展,总体实现基本公共服务均等化这一目标。

随着教育领域基本公共服务均等化的推进,截至2014年,九年义务教育人口覆盖率已达100%[1]。这一时期的重点为保障教育经费和提高教育质量,关注少数民族和残疾人等弱势群体的公共服务均等化。2012年,《关于深入推进义务教育均衡发展的意见》进一步明确了地方各级政府的责任,并提出推进义务教育均衡发展的基本目标,即每一所学校符合国家办学标准,办学经费得到保障;教育资源满足学校教育教学需要,开齐国家规定课程;教师配置更加合理,提高教师整体素质。2012年,《关于加强教师队伍建设的意见》围绕促进教育公平、提高教育质量的要求,要求全面加强教师

---

[1] 国家统计局.中国儿童发展纲要(2011—2020年)实施情况统计报告[EB/OL].(2015-11-27)[2018-07-06].http://www.stats.gov.cn/tjsj/zxfb/201511/t20151127_1282230.html.

队伍建设,为教育事业改革发展提供有力支撑。2014年,《国务院关于加快发展现代职业教育的决定》指出要发挥好政府保基本、促公平的作用;充分发挥市场机制的作用,引导社会力量参与办学,增加优质教育资源,激发学校的发展活力,促进职业教育与社会需求紧密对接。2015年,《国务院关于加快发展民族教育的决定》提出,通过普惠性政策向民族教育倾斜,缩小发展差距,促进教育公平,决不让一个少数民族、一个地区掉队,推进民族教育全面发展。2017年,修订后的《残疾人教育条例》进一步明确了残疾人享有平等接受教育的权利,从而推动我国的残疾人教育权利保障再上新台阶。

2015年,《关于城市公立医院综合改革试点的指导意见》在进一步明确公立医院公益性的基础上,强调要充分发挥市场机制的作用。同年,《关于促进社会办医加快发展若干政策措施的通知》明确了加快推进社会办医疗机构成规模、上水平发展的目标,以更好地满足人民群众多样化、多层次的医疗卫生服务需求。

2014年,《关于建立统一的城乡居民基本养老保险制度的意见》提出,到2020年前,全面建成公平、统一、规范的城乡居民养老保险制度,与其他社会保障政策相配套,更好地保障参保的城乡居民的老年基本生活。2015年,《关于全面实施城乡居民大病保险的意见》提出,要在2015年底前,大病保险覆盖所有城镇居民基本医疗保险、新型农村合作医疗(以下统称城乡居民基本医保)参保人群,大病患者看病就医负担有效减轻。到2017年,建立起比较完善的大病保险制度,城乡居民医疗保障的公平性得到显著提升。

2014年,国务院颁布的《关于加强城市地下管线建设管理的指导意见》提出要把加强城市地下管线建设管理作为履行政府职能的重要内容,力争用10年左右时间,建成较为完善的城市地下管线体系,使地下管线建设管理水平能够适应经济社会发展需要,应急防灾能力大幅提升。2015年,国务院办公厅发布的《关于加快电动汽车充电基础设施建设的指导意见》提出,充电基础设施作为一种新型的城市基础设施,要加强统筹规划,完善扶持政策。同时,要增加公共产品的有效投资,提高公共服务水平,方便群众生活,更好惠及民生。2016年,《关于进一步加强城市规划建设管理工作的若干意见》强调,要"着力转变城市发展方式,提升城市环境质量,创新城市管理服务,实现城市有序建设、适度开发,努力打造和谐宜居的现代化城市,让人民生活更美好"。

2015年,国务院办公厅颁布的《关于做好政府向社会力量购买公共文化服务工作的意见》指出,要推动公共文化服务社会化发展,逐步建立起适应社会主义市场经济的公共文化服务供给机制,为人民群众提供更加方便、快捷、优质、高效的公共文化服务。

2017年10月,党的十九大报告为下一阶段的基本公共服务均等化指明了方向和奋斗目标:从2020年到2035年,城乡区域发展差距和居民生活水平差距显著缩小,基本公共服务均等化基本实现,全体人民共同富裕迈出坚实步伐。政府要履行好再分配的调节职能,加快推进基本公共服务均等化,缩小收入分配差距。坚持人人尽责、人人享有,坚守底线、突出重点、完善制度、引导预期,完善公共服务体系,保障群众基本生活,不断满足人民日益增长的美好生活需要,不断促进社会公平正义,形成有效的社会治理、良好的社会秩序,使人民获得感、幸福感、安全感更加充实、更有保障、更可持续。

第三节　公共服务均等化的政策内容和手段

《"十三五"推进基本公共服务均等化规划》中指出"享有基本公共服务是公民的基本权利,保障人人享有基本公共服务是政府的重要职责"。推进基本公共服务均等化,是全面建成小康社会的应有之义,对于促进社会公平正义、增进人民福祉、增强全体人民在共建共享发展中的获得感、实现中华民族伟大复兴的中国梦,都具有十分重要的意义。而推进公共服务均等化的具体政策设计体现在群体、区域和城乡的均等化三个方面。

一、公共服务群体均等化的政策设计 ▶▶

国家《"十三五"推进基本公共服务均等化规划》提出,"以贫困地区和贫困人口为重点,着力扩大覆盖范围、补齐短板、缩小差距,不断提高城乡、区域、人群之间基本公共服务均等化程度"。要保障不同群体享有均等的基本公共服务,就要关注弱势群体,使弱势群体与其他群体享有均等的基本公共服务。

推进公共服务群体均等化的首要任务是推动精准扶贫,开展贫困地区脱贫攻坚。消除贫困,改善民生,实现共同富裕,是社会主义的本质要求。党的十九大报告指出,坚决打赢脱贫攻坚战,让贫困人口和贫困地区同全国人民一道进入全面小康社会是我们党的庄严承诺[1]。政府通过采取多种措施加大革命老区、民族地区、边疆地区、集中连片特困地区脱贫攻坚力度,保障贫困人口享有义务教育、医疗卫生、文化体育、住房安全等基本公共服务,推动贫困地区基本公共服务领域主要指标接近全国平均水平。基本公共服务减贫路径在个体或群体方面要着眼于解决贫困人口的基本需求,如安全饮水、安全住房、义务教育、医疗与养老保障、能源供给等;在区域方面要着眼于提高贫困人口发展的基础能力,如灌溉、电力、硬化道路、广播通信等发展所必需的基础设施,以及技能培训、就业信息、优惠贷款等旨在提高贫困个体人力资本、经济资本的社会服务。

农民工群体的公共服务保障也是推进公共服务群体均等化的一个重要部分。农民工是指户籍身份是农民,有承包土地,但主要从事非农产业、以工资为主要收入来源的人员[2]。目前,农民工群体所享受的社会保障服务不够健全,基本医疗和公共卫生服务欠缺,公共就业服务不完备,子女接受城市义务教育难。国家通过多项政策,使农民工与城镇居民逐渐享有均等的基本公共服务。

2003年,国务院颁布了《工伤保险条例》,国家首次将农民工群体纳入保险范围。2009年,人力资源和社会保障部公布了《农民工参加基本养老保险办法》和《城镇企业职工基本养老保险关系转移接续暂行办法》,尝试打破城乡户籍的界限,使农民工的养老保险实现跨地区无障碍转移。2012

① 左停,徐加玉,李卓.摆脱贫困之"困":深度贫困地区基本公共服务减贫路径[J].南京农业大学学报(社会科学版),2018(2):35-44.
② 国务院研究室课题组.中国农民工调研报告[M].北京:中国言实出版社,2006.

年,基本公共服务"十二五"规划指出,要以输入地政府管理为主,加快建立农民工等流动人口基本公共服务制度,逐步实现基本公共服务由户籍人口向常住人口扩展。结合户籍管理制度改革和完善农村土地管理制度,逐步将基本公共服务领域的各项法律法规和政策与户口性质相脱离,保障符合条件的外来人口与本地居民平等享有基本公共服务。积极探索多种有效方式,对符合条件的农民工及其子女,分阶段、有重点地纳入居住地基本公共服务保障范围。

在积极探索各种有效方式之外,政府也通过提供户籍和财政等政策保障以促进城市内部不同群体之间的教育权利平等共享。例如,2015年12月,国务院颁布《居住证暂行条例》规定,公民离开常住户口所在地到其他城市居住半年以上,符合有合法稳定就业、合法稳定住所、连续就读条件之一的,即可以申领居住证,并享有包括义务教育在内的六大基本公共服务和七项便利。2016年8月,《国务院关于实施支持农业转移人口市民化若干财政政策的通知》进一步加强了中央和省级财政部门的转移支付力度,确保了"两免一补"资金和生均公用经费基准定额资金随学生流动。这些利好政策为农民工携带子女进城提供了财政上的保障,促进了城市内部不同群体之间平等共享义务教育。

二、公共服务区域均等化的政策设计 ▶▶

这一阶段的公共服务区域政策从改革开放初期的效率优先,转向效率优先、兼顾公平,区域均衡发展理念在政策制定中得到体现。同时,由于粗放型的经济增长方式导致能源危机和环境污染严重,经济增长的质量也越来越受到关注。因此,实现经济发展的可持续性和区域间的协调性是区域政策的目标。"十一五"规划首次提出了将国土空间划分为四类主体功能区(优化开发区、重点开发区、限制开发区和禁止开发区),其主体思想是形成人口、经济和资源环境相协调的空间发展格局。这一格局的形成,需要中央政府制定区域政策和财政政策引导、支持地方政府的发展行为。

这个阶段的区域政策主要体现在以下几方面:第一,鼓励东部地区率先发展。国务院对加快天津滨海新区开发开放、京津冀都市圈区域规划、长江三角洲区域规划、广东横琴岛开发做出重要批示。第二,促进中部地区崛起。2006年,《中共中央国务院关于促进中部地区崛起的若干意见》正式出台,提出发展城市群,重点增强中心城市的辐射功能,为中部地区的崛起提供了方向。第三,推进西部大开发。增加西部地区农村公共服务的投入,加强基础设施建设,强化生态环境保护,中央财政于2008年率先开展国家重点生态功能区财政转移支付。第四,振兴东北老工业基地。《东北地区振兴规划》提出,将东北地区建设成为综合经济发展水平较高的重要经济增长区域的新目标,调整产业结构,形成区域合作、互动、多赢的协调机制。通过以上政策的贯彻实施,我国区域发展的协调性不断增强,"一带一路"建设、京津冀协同发展、长江经济带发展成效显著,主体功能区制度逐步健全。

2002年的所得税分享制度改革大大提高了中央政府的可用财力。从表5-1可以看出,中央加强了对地方的转移支付,中央对地方的转移支付额到2014年已近4.65万亿元,是2003年的9.62倍,年均增长率为22.85%。从转移支付结构来看,一般性转移支付的比例从2003年的27.1%提高到2014年的53.4%;2003年之后,专项转移支付的比重有所提高,2010年专项转移支付的比重最高,达到43.6%,2013年后这一比重有所下降;税收返还所占比重大幅度降低,从2003年的41.5%下降为2014年的9.9%。政府从加大对地方财政分权力度、改革财政体制、取消专项转移支付制度的配套政策等方面提出了对策[1]。

从我国实际情况来看,一般性转移支付制度是中央财政为了均衡地区间财力差距和促进基本公共服务均等化而建立的有效调节政策,对于缩小地区间基本公共服务供给差异具有一定作用。实证结果也显示,中央财政转移支付对地区间基本公共服务供给均等化有显著影响。税收返还对缩小地区间基本公共服务供给差异没有显著性影响,反而还拉大了各地区基

---

① 楼继伟.公共财政建设与政府收支分类改革[J].中国改革,2006(7):8-9;胡鞍钢,鄢一龙,王亚华.中国"十二五"发展主要目标与指标[J].清华大学学报(哲学社会科学版),2010,25(1):105-112,161;辛方坤.财政分权、财政能力与地方政府公共服务供给[J].宏观经济研究,2014(4):67-77.

本公共服务供给的差异化水平；一般性转移支付对促进我国东中西部地区基本公共服务均等化、缩小基本公共服务的供给差异具有显著影响；专项转移支付因为资金配套的要求，会拉大东部与中西部落后地区的供给能力差距[①]。

表5-1　2003—2014年中央对地方税收返还和转移支付情况　　单位：亿元

年　份	一般性转移支付	占比（%）	专项转移支付	占比（%）	税收返还	占比（%）
2003	2 238	27.1	2 598	31.4	3 425	41.5
2004	3 114	29.9	3 423	32.9	3 871	37.2
2005	4 198	36.6	3 529	30.8	3 757	32.8
2006	5 159	38.2	4 412	32.7	3 930	29.1
2007	7 125	39.2	6 891	37.9	4 154	22.9
2008	8 746	38.0	9 962	43.4	4 282	18.6
2009	11 375	39.3	12 580	43.5	4 934	15.2
2010	13 236	40.9	14 112	43.6	4 993	15.5
2011	18 311	45.9	16 570	41.5	5 040	12.6
2012	21 430	47.2	18 804	41.5	5 128	11.3
2013	24 363	50.7	18 610	38.8	5 047	10.5
2014	27 568	53.4	18 941	36.7	5 081	9.9

资料来源：李萍.财政体制简明图解［M］.北京：中国财政经济出版社，2010：88，100；财政部网站（http://www.mof.gov.cn/zhengwuxinxi/caizhengshuju/）数据整理所得。

　　虽然我国区域基本公共服务均等化取得了较大进展，但依然存在一些问题。由于生产力的发展水平还不高，社会建设相对滞后，存在优质公共服务供给不均衡[②]、基本公共服务供给碎片化以及基本公共服务供给内部结构差异逐步显现等问题。这些问题的出现有传统的体制原因，如政府与市场关系没有理顺、中央与地方政府事权划分不清、转移支付没有到位

---

① 赵建国，廖藏宜.我国地区间基本公共服务供给均等化问题分析——基于中央财政转移支付的视角［J］.宏观经济研究，2015（8）：8-14，159.
② 这一点突出表现在教育服务中的择校问题和优质医疗资源过度向大城市集中。

等。然而,影响区域基本公共服务均等化的传统因素在新时期有了新的表现形式,需要用新的思路来解决。均等化发展到一个新的层级,相应的深层次问题就会浮出水面,如基本公共服务人才分布不均、公共服务可达性不够、统筹性不强、政策"碎片化"等成为区域非均等的新原因,需要重点关注。

通过对区域基本公共服务均等化政策变迁的分析可以得出一个基本的结论:国家偏好对社会政策具有重要影响。我们常常有一种错觉,民主国家的决策往往都是在充分考虑人民的诉求和公民期望的前提下做出的,而且受到社会民众的约束,但是现实的情况却不尽然如此,国家的价值偏好和自主性往往成为影响政策制定的关键变量[①]。

当前,我国的民主化进程正在逐步推进,社会处于缓慢的发展转型期,这一时期政府的主导性较强。例如,新医改时在各方博弈和意见的交流中,决策层对于民众的诉求和意见进行筛选、提炼和处理,然后将其纳入新医改的方案之中,这样的流程显示出了国家偏好所起到的关键作用。随着公民社会的发展,公众意见日益成为政府决策的基本影响因素,政府制定决策时需要更多地吸收公民的意见。因此,在扩大公众参与的过程中,要通过完善决策程序,构建民主协商机制,实现国家偏好与公众偏好最大限度的协调与一致,实现政策质量和政策可接受性的平衡[②]。

三、公共服务城乡均等化的政策设计 ▷▷

城乡公共服务均等化是指以政府为主体,以农村为重点,在城乡间合理配置公共服务资源,向城乡居民提供与其需求相适应的,不同阶段具有不同标准的、最终大致均等的公共服务,使城乡居民在享受公共服务的数量、质

[①] 马长山.公共政策合法性供给机制与走向——以医改进程为中心的考察[J].法学研究,2012(2):20-36.

[②] 关于公民参与的有效决策模型可参考:约翰·克莱顿·托马斯.公共决策中的公民参与:公共管理者的新技能与新策略[M].孙柏瑛,等译.北京:中国人民大学出版社,2010.

量和可及性方面都大体相当[①]。城乡公共服务均等化是和谐社会建设和统筹城乡发展的重要组成部分,体现了政府基于当前社会经济发展阶段对自身执政理念的革新。实现城乡公共服务均等化的重点在于增加农村公共服务的供给,提高农村公共服务水平,对农村居民倾斜配置公共服务资源,为其提供发展机会和利益补偿。

城乡基本公共服务均等化的实现必须要结合当前我国城乡经济运行情况与基本国情,根据现行公共财政政策和投资政策,从城乡一体化发展和全面建设小康社会出发,深化财政体制改革,在充分发展地方经济的基础上,统筹城乡基本公共服务发展规划,深化财政体制改革,创新城乡基本公共服务供给模式[②]。《国家基本公共服务体系"十二五"规划》提出,要加强城乡基本公共服务规划一体化建设,涉及公共服务的各类规划,要贯彻区域覆盖、制度统筹的原则要求,以服务半径、服务人口为基本依据,打破城乡界限,统筹空间布局,制定实施城乡统一的基本公共服务设施配置和建设标准。

在制度方面,我国长期实行的城乡二元公共服务制度不合理,要统筹城乡基本公共服务供给就要实现制度安排的公平、统一,推进城乡基本公共服务制度的衔接。以制度统一为切入点,制定和实施统筹城乡基本公共服务制度的工作目标和阶段任务,可以先行先试地把农村居民纳入城镇基本公共服务保障范围。有学者建议改革城乡二元户籍制度。户籍制度是城乡二元结构的基础性制度,城乡之间的社会保障制度、劳动就业制度、行政管理制度、公共财政制度等都是在户籍制度的基础上建立的,并成为限制人口在城乡之间转移的刚性结束条件。在新型城镇化建设进程中,很多农业人口进城务工,人口的流动性大大增强,特别是城乡之间的人口流动。然而,城乡二元分割的户籍制度就成为农业人口城镇化,农业人口享有同城市人口均等的基本公共服务最显著的制度性障碍。为改变城乡基本公共服务非均等的现状,应"彻底打破城乡分割的二元体制,加快户籍制度改革,消除农

---

① 王谦.城乡公共服务均等化问题研究[D].济南:山东大学,2008.
② 熊兴,余兴厚,敬佳琪.城乡基本公共服务均等化问题研究综述[J].重庆理工大学学报(社会科学版),2018(4):43-50.

民工市民化的身份歧视"[①]。建立以人为本、便于社会管理和提供公共服务的新型户籍制度。对于进城的农村居民,应放宽其在城市的落户条件[②]。

　　不断加强对农村基本公共服务的支持力度。进一步加大公共资源向农村的倾斜力度,新增预算内固定资产投资要优先投向农村基本公共服务项目。制定并推行各类机构服务项目及其规范标准,提高农村基层公共服务人员的专业化水平。鼓励和引导城市优质公共服务资源向农村延伸,包括充分利用信息技术和流动服务等手段,促进农村共享城市优质公共服务资源。强化省级人民政府的统筹职能,加大对省域内基本公共服务薄弱地区的扶持力度,通过完善事权划分、规范转移支付等措施,逐步缩小县域间、地市间的服务差距;通过跨区域统筹合作,促进不同服务项目和标准的衔接。

　　在财政方面,提高县级财政保障基本公共服务的能力是推进公共服务城乡均等化的重要保障。各级财政要按照"事权"确定"财权",中央财政制定县级基本公共服务财力保障范围和保障标准,并根据相关政策和因素的变化情况动态调整;省、市级财政按照本行政区划内基本公共服务均等化的要求,逐步提高县级财政在省以下财力分配中的比重,帮助困难县(市、区)弥补基本财力缺口;县级政府要强化自我约束能力,科学统筹财力,规范预算管理。

第四节　公共服务均等化时期的政策特点

　　2002年至今是促进基本公共服务均等化、明确政府间责任划分、健全财力保障机制和建立多元供给机制的时期。该阶段出台了专门的基本公共服务战略规划,加强了国家政策的顶层设计;聚焦解决基本公共服务的公

---

① 李楠.以人为本的中国新型城镇化建设研究[J].改革与战略,2013(8):7-10.
② 刘佳萍.城乡基本公共服务均等化问题及对策研究[J].探求,2018(1):116-121.

平可及问题,加强了基本公共服务资源的保障力度;突出基本公共服务供给的创新导向,注重提高基本公共服务的质量和效益。经过十几年的探索实践,我国已全面建立公共服务质量标准,巩固、健全了体制机制,完善了各类制度规范。该阶段遵循"以人民为中心"的思想,强调发挥基本公共服务对更好地保障和改善民生、共享发展成果、提高民众获得感的功能价值。同时,在实现路径上,在原有基础上更加突出了法治化、标准化、协同化、智慧化的工具理性。这一阶段的城市公共服务改革取得了如下成效。

一、 本阶段改革的成效 ▶▷

(一)政府公共服务能力得到提升

贯穿于我国历次政府机构改革的一条主线是政府职能的转变。进入21世纪以后,政府职能转变的重点主要是从经济职能转向社会管理和公共服务职能,更加突出政府的服务属性。2005年,十届人大三次会议正式提出"服务型政府",将这一概念上升到国家意志层面。以此为起点,在2008年、2013年和2018年的政府机构改革中,均强调了政府职能要更加注重社会管理和公共服务,更加重视民生,让广大人民群众共享改革发展成果。2013年的改革深化简政放权,要求以改善民生为重点,加快建设职能科学、结构优化、廉洁高效、人民满意的服务型政府;2018年的政府机构改革则要求进行政府公共服务职能的优化,从而为民族复兴提供制度保障。

从历次的政府机构改革可以看出,一方面,是将政府中职能相似或者相近的机构进行整合,改变过去职能交叉和重叠的混乱状况;另一方面,则是将公共服务职能进行分解。横向来看,政府将职能向市场和社会进行分解,在依然承担公共服务供给主体责任的前提下,将公共服务供给的职能履行分解出去。通过建立公共服务职能供给的分担机制,不仅可以减轻政府的负担,而且能提高公共服务供给的效率和针对性。纵向来看,中央将职能向地方进行分解。政府机构改革中简政放权的措施给予了地方政府更多的自主性,结合我国财政制度的调整,地方的事权和财权逐渐得以匹配,从而提升了地方在公共服务供给中的地位。经过多次机构改革，我国政府大致实现了由全能型政府向有限型政府的转变，由管制型政府向服务型政府的转变 [①]，服务型政府的建立则直接推动了政府公共服务能力的提升。

（二）确立公共服务的国家标准

《孟子·离娄上》中有言："不以规矩，不能成方圆。"就公共服务领域来说，优良的政策法规既可为政府公共服务的供给提供可以参考的标准，也可为公众监督政府公共服务职能的履行提供标准。进入21世纪以后，随着政府职能逐渐转向社会管理和公共服务，政府也在不断健全基本公共服务的政策法规，从而初步构建起了覆盖全民的基本公共服务制度体系。在单行法律方面，针对义务教育、劳动就业、社会保障、文化服务等领域均已出台了专门法律。在战略规划方面，国家出台了《国家基本公共服务体系"十二五"规划》《"十三五"推进基本公共服务均等化规划》《促进就业规划（2011—2015年）》《社会保障"十二五"规划纲要》等多部总体和专项规划。在体制机制改革方面，针对义务教育、养老保险、医疗救助等出台了专门的改革政策文件。此外，在基本公共服务的资金保障、供给方式创新、基础设施建设等方面，国家也制定了一系列的制度文件 [②]。

基本公共服务的标准设定也逐渐提上了日程。2018年2月，国务院办公厅印发了《基本公共服务领域中央与地方共同财政事权和支出责任划分改革方案》，提出制定基本公共服务保障国家基础标准，要求参照现行财政保障或中央补助标准，制定义务教育公用经费保障、城乡居民基本养老保险补助等9项基本公共服务保障的国家基础标准；同时，国家标准委会同26部委共同印发《社会管理和公共服务标准化发展规划（2017—2020年）》，文件中明确了社会管理和公共服务标准化的重点领域为基本社会服务、劳动就业、社会保险、公共教育、公共医疗和基本医疗等12大领域，并要求进一步健全社会管理和公共服务标准体系，扩展标准覆盖范围，提升标准的整

① 何颖.中国政府机构改革30年回顾与反思［J］.中国行政管理,2018(12)：21-27.
② 姜晓萍,陈朝兵.中国基本公共服务改革40年［N］.中国社会科学报,2018-04-17.

体质量和国际化水平,增强试点示范项目的辐射带动作用,并总结推广经验。公共服务标准的探索使得我国公共服务的供给范围更加明确,也有助于我国公共服务均等化的实现。

(三)公共服务供给机制持续创新

尽管政府、市场和社会三种力量在城市公共服务供给的过程中都拥有自身不可替代的优势,然而政府效率不足、市场公益性不够、社会资金缺乏等问题的存在,导致了不同程度的政府失灵、市场失灵和社会失灵。在这种情况下,发挥不同力量之间的互补优势就成了一种可能的选择。基于政府、市场和社会三种供给模式自身存在的缺陷,有学者认为三者均难以实现城市公共服务的有效供给,也无法很好地满足多元化需求的趋势,因此主张城市公共服务的供给模式要综合考虑各种因素,发挥多元主体的优势合作供给①。

进入21世纪后,随着"服务型政府""公共服务均等化"等概念的提出,政府的公共服务职能被摆在了更加突出的位置上。2011年,我国的城镇化率首次突破50%,越来越多的人涌入城市,这对城市公共服务的供给提出了巨大的挑战。作为城市公共服务供给责任的主要承担者,政府不得不面临城市公共服务在数量和质量两个方面的压力,即如何提供更多、更好的公共服务。2012年,《国家基本公共服务体系"十二五"规划》提出,要在坚持政府负责的前提下,充分发挥市场机制的作用,推动基本公共服务提供主体和提供方式的多元化,加快建立政府主导、社会参与、公办民办并举的基本公共服务供给模式。2016年,供给侧改革概念也延伸到了城市公共服务领域。2017年,《"十三五"推进基本公共服务均等化规划》再次指出,要深化简政放权、放管结合、优化服务改革,要充分发挥市场机制的作用,培育多元供给主体,支持各类主体平等参与并提供服务,推动供给方式多元化,形成供给合力。在这样的政策倡导下,城市公共事业如供水、供气、供热等项目开始更多地引入社会资本;社会福利、社会救助、社区服务、社会工作等领域也

---

① 王佃利.跨域治理:城市群协调发展研究[M].济南:山东大学出版社,2018.

开始更多地向社会组织购买公共服务。基本公共服务改革以回应和满足公众需求为原则，主动把握在经济社会发展进程中不断变化和升级的公众需求，最终以其作为提供基本公共服务、实施基本公共服务供给侧改革以及建立健全基本公共服务体系的依据[1]。

政府、市场和社会多元协同的公共服务供给模式的主要特征在于：首先是公共服务供给主体的多元化。政府不再是唯一的公共服务主体，私人组织和第三部门在公共服务供给中发挥着日益重要的作用。其次是公共服务供给过程的合作化，多元主体合作供给公共服务，主体间的紧密合作是保障城市公共服务有效性的关键，各主体通过合作也实现了"多赢"[2]。

（四）完善公共服务财政配套体制

公共服务的供给需要以国家公共财政为基础，因此，公共预算投入的多寡可以从侧面反映出公共服务发展水平的高低。自党的十六大以来，我国的经济发展取得了骄人的成绩。2003—2011年，我国国内生产总值年均实际增长10.7%；党的十八大以来，即便我国的经济增速有所放缓，但依然保持着中高速的发展态势。2017年，我国的国内生产总值达到了82.7万亿元。强劲的经济实力也为公共预算支出奠定了坚实的基础（见表5-2）。2002—2016年，我国的一般公共预算开支从2.2万亿元上涨到18.7万亿元，增幅高达7.5倍。而随着我国财政体制的不断完善，中央和地方的财政支出比例也有了进一步的变化，中央公共预算支出占全国财政预算支出的比例下降到14.6%，地方公共预算支出的比例则上升至85.4%。这样的财政支出安排，也使得地方有了更大的积极性和主动性来结合地方实际提供更有针对性的公共服务。

在公共服务的相关学术研究中，有关公共服务领域的划分并未达成一致意见。本书选取了2008—2016年中央一般公共预算支出的部分项目，包含了一般公共服务、公共安全、教育、社会保障和就业、医疗卫生、环境保护

---

[1] 姜晓萍，陈朝兵.中国基本公共服务改革40年[N].中国社会科学报，2018-04-17(006).

[2] 夏志强，付亚南.公共服务多元主体合作供给模式的缺陷与治理[J].上海行政学院学报，2013(4)：39-45.

以及城乡社区事务等10个领域（见表5-3）。表5-3中的数据可以直观地反映出，各个公共服务领域的财政投入的绝对数量都呈现出明显的增长态势。其中，以医疗卫生与计划生育支出和城乡社区支出的增幅最为明显，其他领域的增幅则基本在2倍左右，一般公共服务支出的增幅最小，为50%。伴随着财政对不同公共服务领域支持力度的加大，其直接结果就是带动公共服务供给数量的增加，从而推动具有中国特色的基本公共服务体系初步形成。截至2016年，我国九年义务教育巩固率达93.4%，高中阶段毛入学率为87.5%，高等教育毛入学率达到42.7%；城市用水普及率为98.4%，燃气普及率为95.8%；广播节目综合人口覆盖率为98.37%，电视节目覆盖率为98.88%。2016年末，全国就业人员达77 603万人，参加城镇职工基本养老保险和城镇基本医疗保险的人数分别达到37 930万人和74 392万人[①]。

表5-2　2002—2016年一般公共预算支出及其占比

指标 年份	一般公共预算支出（亿元）	中央公共预算支出（亿元）	占比（%）	地方公共预算支出（亿元）	占比（%）
2002	22 053.15	6 771.70	30.71	15 281.45	69.29
2004	28 486.89	7 894.08	27.71	20 592.81	72.29
2006	40 422.73	9 991.40	24.72	30 431.33	75.28
2008	62 592.66	13 344.17	21.32	49 248.49	78.68
2010	89 874.16	15 989.73	17.79	73 884.43	82.21
2012	125 952.97	18 764.63	14.90	107 188.34	85.10
2014	151 785.56	22 570.07	14.87	129 215.49	85.13
2016	187 755.21	27 403.85	14.60	160 351.36	85.40

资料来源：2003—2017年各年份的中国统计年鉴。

---

① 数据来源：2016年全国教育事业发展统计公报，中国政府网，http://www.gov.cn/xinwen/2017-07/11/content_5209370.htm；环境保护事业全面推进生态文明建设成效初显—改革开放40年经济社会发展成就系列报告之十八，国家统计局网.http://www.stats.gov.cn/ztjc/ztfx/ggkf40n/201809/t20180917_1623287.html；国家广播电视总局2016年统计公报（广播影视部分）.http://www.nrta.gov.cn/art/2017/3/22/art_2178_38967.html；2016年度人力资源和社会保障事业发展统计公报.国家人力资源和社会保障部http://www.mohrss.gov.cn/SYrlzyhshbzb/zwgk/szrs/tjgb/201805/t20180521_294286.html.

表5-3　2008—2016年一般公共预算主要支出项目　　　　单位：亿元

年份 指标	2008	2010	2012	2014	2016
一般公共服务支出	9 795.92	9 337.16	12 700.46	13 267.5	14790.52
公共安全支出	4 059.76	5 517.7	7 111.6	8 357.23	11 031.98
教育支出	9 010.21	12 550.02	21 242.1	23 041.71	28 072.78
科学技术支出	2 129.21	3 250.18	4 452.63	5 314.45	6 563.96
文化体育与传媒支出	1 095.74	1 542.7	2 268.35	2 691.48	3 163.08
社会保障和就业支出	6 804.29	9 130.62	12 585.52	15 968.85	21 591.45
医疗卫生与计划生育支出	2 757.04	4 804.18	7 245.11	10 176.81	13 158.77
节能环保支出	1 451.36	2 441.98	2 963.46	3 815.64	4 734.82
城乡社区支出	4 206.14	5 987.38	9 079.12	12 959.49	18 394.62
住房保障支出	—	2 376.88	4 479.62	5 043.72	6 776.21

注："—"表示该年份无该项统计数据。
资料来源：2009—2017年各年份的中国统计年鉴。

二、本阶段改革的特点 ▷▷

（一）以政府绩效评估制度的完善，提升政府回应性

　　注重结果和对公民需求的回应，是政府提高行政效率和公共服务质量的重要手段。自20世纪70年代兴起于西方国家后，政府绩效管理在全球化浪潮的带动下迅速发展，世界范围内兴起了政府绩效评估的行政改革浪潮。改革开放以来，我国政府也开始探索政府绩效评估的改革工作。20世纪80年代和90年代，我国的政府绩效评估分别经历了以目标责任制为中心的起步阶段和以效能建设为中心的探索阶段；进入21世纪以后，伴随着对社会经济发展认识的进一步深化，政府绩效评估也转入新的发展阶段。2005年的政府工作报告明确提出建立科学的政府绩效评估体系，这是政府工作报告首次强调政府绩效评估的重要性。我国的政府绩效管理探索开始进入以

绩效评估为中心的深化阶段和以综合绩效管理为中心的科学发展阶段[①]。

21世纪以来,对政府绩效管理的探索是伴随着我国行政体制改革的背景而展开的。作为政府职能转变的重要一环,政府绩效管理更多地在政府运作的过程中加入了成本—效益考量因素。作为一种资源配置的手段,通过评估政府各个部门的绩效并公布其结果,一方面,于政府自身而言,可以推动政府资源配置效率的提升;另一方面,于公众而言,可以引导公民在公共服务机构的选择上"用脚投票",从而对政府部门形成压力,促使政府提高公共服务的质量和效率。自十六大以来,我国政府绩效管理已取得了丰硕的实践成果,初步构建了覆盖全国省、市、县级政府的以"政府绩效评估"为主要载体的政府绩效管理体系。从2012年中央纪委监察部绩效管理监察室的统计数据来看,截至当年,我国已经有27个省(市、区)开始推行政府绩效评估[②]。政府绩效管理的发展给政府提供了审视自身的机会,推动了政府能力的提升,反映在公共服务供给的过程中,政府明确了自身在公共服务供给过程中的长处与不足,从而能更好地弥补公共服务供给的短板。当前,我国的绩效管理缺乏顶层设计、绩效管理配套体系不完善以及绩效评估形式和评估主体单一等问题的存在,一定程度上影响了对政府公共服务职能的履行情况做出较为科学、客观的评价。

(二)以社会公平为目标,追求共享发展的理念

公平性是我国建立社会主义社会的基本价值追求之一。计划经济时期曾追求过绝对的平均主义,但事实证明这并不能满足公众对公共服务的需求;市场化时期对效率的崇拜又导致了对公平性的忽视。科学发展观的提出,明确了"以人为本"的核心,政府重新转向对公平的追求,在公共服务的供给上表现为基本公共服务的均等化。2004年9月,党的十六届四中全会提出,坚持以人为本、全面协调可持续发展的科学发展观;2005年10月,中共十六届五中全会在通过的"十一五"规划中首次提出"公共服务均等化"

---

① 负杰.中国政府绩效管理40年:路径、模式与趋势[J].重庆社会科学,2018(6):5-13,2.
② 尚虎平.激励与问责并重的政府考核之路——改革开放四十年来我国政府绩效评估的回顾与反思[J].中国行政管理,2018(8):85-92.

的概念。以此为起点,以社会公平为目标,政府稳步推进基本公共服务均等化。基本公共服务改革从城乡之间、区域之间和群体之间的基本公共服务差距入手,着力解决基本公共服务发展失衡问题,集中彰显基本公共服务的核心特性——公平性,并最终保障社会的公平、正义,实现全体人民共同富裕的目标[①]。

　　"为人民服务"始终是中国共产党的宗旨,共享的理念则是为人民服务的宗旨的延伸。党的十八大以来,以习近平同志为核心的党中央始终坚持以人为本、以民为本,致力于解决发展中共享性不够、受益不平衡问题。自共享发展的理念提出以来,政府将改善民生作为基本公共服务改革的着力点,力求提升人民群众的获得感。让全体人民享受普惠的基本公共服务,这既是共享经济发展成果的实现路径,也是贯彻共享发展理念的必然要求。同时,始终坚持"以人民为中心"的理念,致力于更好地保障和改善民生,回归政府施政初衷,也是基本公共服务改革的价值依据[②]。

---

① 姜晓萍,陈朝兵.中国基本公共服务改革40年［N］.中国社会科学报,2018-04-17.
② 姜晓萍,陈朝兵.中国基本公共服务改革40年［N］.中国社会科学报,2018-04-17.

第六章

宏观层面的城市公共服务：
构成体系与配套体制

城市公共服务兼具城市特性与公共服务特征,是公共服务在城市中的实践。要更好地认识和把握城市公共服务,需要从宏观层面上把握公共服务体系,从微观层面上把握城市公共服务的运行机制。本章正是立足于宏观层面的城市格局,拟探究城市公共服务的体系构成与体制保障。从城市层面来看,城市的公共服务体系建设是城市治理中的重要一环,同时也是城市政府转变职能的重要落脚点。城市的公共服务供给理念、主体、内容、方式与体制保障共同构成了城市的公共服务体系。

第一节　城市公共服务的基本定位

　　早在2 000多年前,古希腊先贤就指出:城邦的长成出于人类"生活"的发展,而其实际的存在却是为了"优良的生活"①。"优良的生活"源于高效、优质的城市公共服务,优质的教育、便捷的交通、完善的医疗卫生服务与健全的社会保障体系为城市居民提供了方便、舒心的城市生活。事实上,城市公共服务的发展历程也是城市发展与城市治理的过程。

一、　立足于城市的公共服务 ▶▷

　　城市是一个包含众多元素的复杂概念。国内外专家学者从不同的领域、不同的学科视角对其进行了阐释。从公共管理的视角来看,我们可将城市定义为优质公共服务资源高度集聚的地理空间。城市的本质之一在于提供优质的公共服务,城市发展有赖于公共服务资源的大量集聚。"城市兼有'磁体'和'容器'功能。其中,优质公共服务发挥了'磁体'功能,它

---

① 亚里士多德.政治学[M].吴寿彭,译.北京:商务印书馆,1965:7.

吸引人们进城居住,形成人口集聚,促进了劳动分工和工商业发展,城市进而具备了'容器'功能。"①基于此,现代城市的发展目标之一就是增强城市公共服务的"磁体"功能,促进城市各资源要素的集聚,从而在一定程度上扩大城市的"容器体积"。这里所说的"容器体积"的扩大,不仅是指城市规模的扩张,更是指城市对人口的包容度与接纳度,以及城市居民对城市生活的满意程度。简而言之,一个城市的"容器体积"大小,既与城市的人口规模有关,也与城市居民享有的公共服务多寡以及城市居民的生活品质有关。

2010年,上海世博会提出"城市,让生活更美好",而"城市之所以能够提升生活品质,就在于拥有配套齐全的基础设施,居民可享受更优质的公共服务"②。从理论上来说,城市公共服务具有重要的经济意义与社会意义。就其经济意义而言,阿瑟·奥沙利文指出,"在其他条件相同的情况下,如果一个城市改进了公共服务,那么该城市将以更高的速度成长发展"③。萨缪尔森、诺德豪斯也指出,"城市政府通过促进竞争、控制诸如污染这类外部性问题以及提供公共产品来提高效率"④。事实上,城市公共服务的经济意义在于优质的城市公共服务能够吸引大量的人口资源,同时带来众多的公共服务需求,这又进一步促进了服务型产业的兴盛,从而带来了城市经济的良性发展。就社会意义而言,优质的城市公共服务能够促进城市协调发展,提高城市的综合竞争力,增强城市居民的幸福感与获得感,并能影响城市的长治久安。城市所提供的公共服务涉及城市居民生活的方方面面,与城市社会的稳定运转有着千丝万缕的联系。正因为城市公共服务具有如此重要的意义,厘清当下我国城市的公共服务体系,探究城市的公共服务运行机制,对我国城市发展与城市治理尤为关键。

---

① 杨宏山.澄清城乡治理的认知误区——基于公共服务的视角[J].探索与争鸣,2016(6):47-50.
② 杨宏山.澄清城乡治理的认知误区——基于公共服务的视角[J].探索与争鸣,2016(6):47-50.
③ 阿瑟·奥沙利文.城市经济学:第四版[M].苏晓燕,等译.北京:中信出版社,2002:71.
④ 保罗·萨缪尔森,威廉·诺德豪斯.经济学:第十六版[M].萧琛,等译.北京:华夏出版社,2000:27.

二、 城市治理与城市的公共服务 ▷▷

治理理论兴起于20世纪90年代,英国著名学者罗伯特·罗茨认为,"作为善治的治理,它指的是强调效率、法治、责任的公共服务体系"[①]。城市治理是指通过城市规划等手段,划出一定范围的地理空间,由城市政府统一提供一系列公共产品,形成高度集聚的优质公共服务体系,并通过征税或强制收费的方式获取财政收入,在划定空间内的居民和法人需要为此支付更高的费用[②]。从中不难看出,城市的公共服务发展与城市治理的内容有着高度重叠与天然契合的部分。可以说,城市公共服务体系的建设与完善是城市治理的重要内容。

从城市治理与城市公共服务的关系来看,城市治理的基本使命可从以下两个方面进行阐述:一是建立健全的公共服务供给机制,提供高效、优质的城市公共服务,提高城市居民的生活福利水平,满足工商业发展的现实需求;二是形成可持续的财政资金筹集机制,从而能够持续改进基础设施和公共服务,增进对工商业的吸引力,在更大范围内集聚资源和人才[③]。此外,城市善治也要求各类公共服务项目相互衔接、彼此配套,形成完整的城市公共服务体系,共同服务于市民、企业及社会组织。因此,从本质上来说,完善城市的公共服务体系是城市治理的重要一环。

当前,我国正处于城市化纵深推进的关键时期。随着城市经济社会的发展,农村居民市民化与大量流动人口涌入城市是城市化进程中面临的巨大挑战。在这个过程中,城市人口对城市的公共服务需求也将呈现井喷式增长。这不仅体现在对城市公共服务数量的需求上,更体现在对城市公共服务质量的诉求上。客观来看,快速推进的城市化对城市的公共服务发展提出了较高的要求。这不仅体现在对城市的公共服务供给内容、供给方式等提出了更高

---

① 俞可平.治理与善治[M].北京:社会科学文献出版社,2000:86-96.

② 杨宏山.澄清城乡治理的认知误区——基于公共服务的视角[J].探索与争鸣,2016(6):47-50.

③ 杨宏山,黄文浩.论城市的性质与治理使命[J].中共中央党校学报,2016(6):64-69.

的要求,还体现在城市大众对"效率"与"公平"的不懈追求上。

目前,我国城市的公共服务供给在效率与公平两方面仍然面临着严峻的挑战。从效率方面来看,传统的城市公共服务供给方为城市政府与事业单位等公共部门,但由于当初城市规划很难精确预知人们对公共服务需求的数量、质量要求,而且中央政府与地方政府的财政与事权分配往往不相匹配,这导致目前提供的公共服务很难满足人们的需求。同时,随着城市社会的不断发展,某些特殊的公共服务实际上很难由政府或民营机构提供,因此出现空白地带。例如,城市儿童放学后的看护就属于这种特殊公共服务。从公平方面来看,我国目前以间接税为主的税制结构总体上具有累退性,即低收入人群税负更重;而以累退性的税收收入来为公共服务融资,除非这些公共服务只面向低收入人群,否则就会发生"劫贫济富"的反向再分配现象[①]。

三、　城市的公共服务体系构成 ▷▷

城市的公共服务体系较为复杂,因此不仅需要从供给与需求两个维度来认识供给过程与需求类别,同时还要深入探索城市公共服务的内部运行机制与外部体制保障,以便展现当前我国城市的公共服务宏观面貌与总体特征。从城市的公共服务供给过程来看,主要涉及供给方式的选择、供给内容的甄别;从城市的公共服务需求识别来看,主要包括对不同群体需求偏好的识别。此外,全方位地认识城市公共服务离不开对其内部运行机制的探究,如城市公共服务是如何供给的,基本公共服务均等化作为主要的推动政策对城市公共服务的重要作用等。从城市公共服务的外部保障机制进行剖析,无论是城市的公共服务供给还是需求,都离不开与之配套的财政体系与行政体制的支撑。因此,伴随着城市公共服务供给多元化、需求多样化、分配均等化的进一步发展,城市政府的财政体制与行政体制需要进行与之

---

① 张琦.完善城市化进程中的公共服务供给[EB/OL].(2018-01-17)[2018-06-25].
http://www.cssn.cn/zx/201801/t20180117_3817969.shtml.

相适应的改革。这同样是完善城市公共服务体系必不可少的一环。

第二节　我国城市公共服务的发展背景

我国城市的公共服务经过"十二五"与"十三五"的发展建设,已初步构建起覆盖全民的国家基本公共服务制度体系,各级各类基本公共服务设施不断改善,国家基本公共服务项目和标准得到全面落实,保障能力和群众满意度进一步提升。

一、城市的公共服务体系建设 ▶▶

2016年3月颁布的《中华人民共和国国民经济和社会发展第十三个五年规划纲要》从顶层设计的角度提出了我国城市公共服务建设的要求。从建设理念来看,一方面,城市政府倡导创新、协调、共享,其目的在于充分利用城市公共资源,提供公开透明、高效便捷、公平可及的公共服务,使城市公共服务的发展成果更多、更公平地惠及全体人民;另一方面,城市政府应推动与城市居民息息相关的生产性服务业向专业化和价值链高端延伸,推动生活性服务业向精细化和高品质方向转变[①]。从建设目标来看,提高人民生活水平和质量是关键,健全城市的公共服务体系是保障,缩小收入差距是重心。综合来看,城市的公共服务体系建设就是要以民生发展为中心,以"以人为本"为导向。

虽然城市的公共服务边界越来越宽泛,但是从城市政府层面来看,目前我国城市公共服务建设的主要任务有三个方面。

一是进一步完善了城市的公共服务体系。《中华人民共和国国民经济

[①] 中国人大网.中华人民共和国国民经济和社会发展第十三个五年规划纲要[EB/OL].(2016 -03 -16)[2018 -06 -25].http://www.npc.gov.cn/wxzl/gongbao/2016 -07/08/content_1993756.htm.

和社会发展第十二个五年规划纲要》中明确提出，要构建"由基本公共服务范围和标准、资源配置、管理运行、供给方式以及绩效评价等内容所构成的系统性、整体性的基本公共服务体系"。落实到城市层面，就是要据此构建城市的公共服务体系。如《杭州市社会发展（基本公共服务均等化）"十三五"规划》中明确提及"到2020年，建立体系健全、服务优质、城乡一体、全民惠及的公共服务体系"；《北京市"十三五"时期社会基本公共服务发展规划》中也明确提出"着力健全基本公共服务制度，科学制定社会基本公共服务标准体系，保障基本，引导预期；构筑牢固的社会基本公共服务体系，补齐结构性短板，增加有效供给，持续增进民生福祉"。

二是进一步增强公众的获得感与幸福感。从我国各城市近几年的政府工作报告来看，公共服务资源均衡分布、公共服务的合作共享、养老、扶贫、医疗改革、就业与社会保障、租购并举的住房制度等，是城市政府重点关注的同时也是公众迫切需要的公共服务内容。只有提供高效率、高质量的城市公共服务，才能满足城市人口对公共服务日益发展的多样化需求。以城市居民养老为例，随着我国人口老龄化的加剧，养老问题日益严峻。2013年10月，民政部颁布的《国务院关于加快发展养老服务业的若干意见》要求，要从国情出发，不断满足老年人日益增长的养老服务需求，充分发挥政府与社会力量的主体作用，健全养老服务体系，满足多样化的养老服务需求。各城市政府以此为基础，不断创新城市居民的养老模式，满足老年人多样化的养老需求。如2017年北京市"落实全面放开养老服务市场进一步促进养老服务业发展的意见，开展养老机构服务质量建设专项行动，巩固完善'三边四级'养老服务体系建设，扶持居家养老服务专业化运营，完成街乡镇养老照料中心三年建设行动计划，累计建成养老照料中心208个、社区养老服务驿站380家"[1]。又如2017年上海市"深化完善'五位一体'社会养老服务体系，全面建立老年照护统一需求评估制度，在徐汇、普陀、金山三个区开展长期护理保险试点。养老服务供给能力不断提高，

---

[1] 北京市发展和改革委员会.关于北京市2017年国民经济和社会发展计划执行情况与2018年国民经济和社会发展计划的报告［EB/OL］.（2018-02-06）［2018-06-28］.http://fgw.beijing.gov.cn/zwxx/ghjh/zdxm/201802/t12467667.htm.

新增公办养老床位7 088张、长者照护之家54家、老年人日间服务中心81家。出台社区养老服务管理办法，加强养老护理队伍建设，对2.2万名养老护理人员进行技能培训"①。

三是注重城市流动人口、农业转移人口的城市公共服务需求，使公共服务建设成果惠及城市大众。伴随着我国城市化进程的加快，城市中的流动人口与农村市民化人口也逐渐成为城市公共服务需求的重要主体。习近平总书记在十九大报告中强调，要让改革发展的成果惠及全体人民，要推进共建共享的分配原则。因此，作为城市建设的重要一员，城市流动人口与农村市民化人口理应具有同等的机会，享受同等的城市公共服务。众多城市政府逐渐考虑到这一点，将其纳入城市的公共服务体系中。如广州市在2017年政府工作报告中明确提出：实现全国义务教育发展基本均衡区全覆盖，完善来穗人员随迁子女接受义务教育政策。北京市在2018年政府工作报告也提出：开展异地就医住院医疗费用直接结算，实现社会保险互联互认，推动公共服务合作共享。此外，在《国家新型城镇化规划（2014—2020年）》中也明确提到，健全农业转移人口落户制度，推进农业转移人口享有教育、医疗、就业、社会保障、住房保障等城镇基本公共服务，推进农民工融入企业、子女融入学校、家庭融入社区、群体融入社会，建设包容性城市②。不难看出，这些政策既充分考虑到了城市外来人口对城市公共服务的需求，也体现了城市"以人为本"的发展理念。

二、城市的公共服务均等化发展 ▷▷

2011年，《中华人民共和国国民经济和社会发展第十二个五年规划纲要》中首次明确提出："把基本公共服务制度作为公共产品向全民提

---

① 上海市发展和改革委员会.关于上海市2017年国民经济和社会发展计划执行情况与2018年国民经济和社会发展计划草案的报告［EB/OL］.（2018-02-28）［2018-06-28］. http://www.shdrc.gov.cn/gk/xxgkml/ggjg/ndjg/33249.htm.

② 人民网.国家新型城镇化规划（2014—2020年）［EB/OL］.（2014-03-17）［2018-06-28］. http://politics.people.com.cn/n/2014/0317/c1001-24649809.html.

供。"2012年7月颁布的《国家基本公共服务体系"十二五"规划》也提出"发展较为均衡、资源布局更趋合理的公共服务，加快建立优质资源共享机制，基本实现县（市、区）域内基本公共服务均衡发展，提高农村和老少边穷地区基本公共服务水平"[①]。基本公共服务的均等化是指全体公民都能公平可及地获得大致均等的基本公共服务，其核心是机会均等，而不是简单的平均化和无差异化[②]。在"十二五"期间，"我国已初步构建起覆盖全民的国家基本公共服务制度体系，各级各类基本公共服务设施不断改善，国家基本公共服务项目和标准得到全面落实，保障能力和群众满意度进一步提升"[③]。但是，我国基本公共服务还存在规模不足、质量不高、发展不平衡等短板，一些服务项目存在覆盖盲区，尚未有效惠及全部流动人口和困难群体，同时由于新型城镇化推动城乡人口结构变化，这给公共服务供给结构、资源布局、覆盖人群等带来较大影响[④]。同时这也对城市基本公共服务均等化提出了新的要求，其现实而重要的意义在于：一方面，城市公共服务均等化是推进新型城镇化的重要着力点；另一方面，城市基本公共服务均等化作为基本"民生"问题，是促进社会公平的着力点，也是促进社会和谐的重要保证。

《"十三五"推进基本公共服务均等化规划》中明确提出我国基本公共服务在"十三五"期间要实现的目标。即至2020年，要实现均等化水平稳步提高。"城乡区域间基本公共服务大体均衡，贫困地区基本公共服务主要领域指标接近全国平均水平，广大群众享有基本公共服务的可及性显著提高。"[⑤]从城市公共服务均等化的发展来看，目前城市政府对城市公共服务均等化的关注重点在于：一是积极推动公共服务全覆盖。从机会公平的过程

---

① 中央政府门户网站.国家基本公共服务体系"十二五"规划［EB/OL］.(2012-07-20)［2018-06-28］.http://www.gov.cn/zwgk/2012-07/20/content_2187242.htm.
② 中央政府门户网站.国家基本公共服务体系"十二五"规划［EB/OL］.(2012-07-20)［2018-06-28］.http://www.gov.cn/zwgk/2012-07/20/content_2187242.htm.
③ 中央政府门户网站.国家基本公共服务体系"十二五"规划［EB/OL］.(2012-07-20)［2018-06-28］.http://www.gov.cn/zwgk/2012-07/20/content_2187242.htm.
④ 中央政府门户网站."十三五"推进基本公共服务均等化规划［EB/OL］.(2017-03-01)［2018-06-28］.http://www.gov.cn/zhengce/content/2017-03/01/content_5172013.htm.
⑤ 中央政府门户网站."十三五"推进基本公共服务均等化规划［EB/OL］.(2017-03-01)［2018-06-28］.http://www.gov.cn/zhengce/content/2017-03/01/content_5172013.htm.

来看,这其实是一种结果的公平,旨在保障部分弱势群体能享受到城市发展带来的红利。具体措施包括:① 开展贫困地区脱贫攻坚,保障贫困人口享有义务教育、医疗卫生、文化体育、住房安全等基本公共服务,并按照精准扶贫、精准脱贫的要求,确保基本公共服务不留缺口。② 重点帮扶特殊困难人群,对农村留守人员、困境儿童和残疾人、孤寡老人进行救助,保障其享有基本公共服务。③ 促进城镇常住人口城镇化。推进居住证制度覆盖全部未落户城镇常住人口,保障居住证持有人在居住地享有教育、就业、卫生等领域的基本公共服务 [①]。二是重点推进城市公共资源的均衡分布。纵观各个城市最新的政府工作报告,其中均提及促进公共服务资源均衡分布、优化公共服务资源布局、公共服务资源优质均衡发展、缩小城乡公共服务的差距等内容。这旨在倡导机会公平中的起点公平,即保障城市居民在城市公共服务这一基本"民生"问题上享有公平的"起跑线"。从城市公共服务发展的整体水平来看,我国城市基本公共服务均等化体系更加完善,成效也更加显著。

三、"第三部门"参与模式的日益成熟 ▶▷

近年来,随着公共服务供给体制的不断完善,我国城市公共服务中的"第三部门"供给模式日益成熟。公共服务供给体制主要是指公共服务的供给主体与供给模式。我国公共服务体制改革的重点是通过教育、文化、卫生体制改革以及事业单位改革,建立多元化的投资体制与管理体制,以打破政府垄断,激励企业和社会组织参与公共产品的生产与供给 [②]。随着公共服务社会化与市场化供给的推进,我国民营资本参与公共服务的供给呈现逐年递增的趋势,民办教育、民办医院发展迅速,越来越多社会资本参与基础设施建设,企业科研投入逐年增加,第三部门参与城市的公共服务供给日趋

---

① 中央政府门户网站."十三五"推进基本公共服务均等化规划[EB/OL].(2017-03-01)[2018-07-02].http://www.gov.cn/zhengce/content/2017-03/01/content_5172013.htm.
② 姜晓萍.中国公共服务体制改革30年[J].中国行政管理,2008(12):28-32.

活跃[①]。

2017年，全国共有各级各类民办学校17.76万所，比上年增加6 668所，占全国各类学校的比重为34.57%；民营教育招生1 721.86万人，比上年增加了81.63万人，增长了4.98%；各类民办学校在校生达5 120.47万人，比上年增加295.10万人，增长了6.12%[②]。民营医院及基层社区医疗卫生系统得到长足发展。2017年，全国共有民营医院18 759个，约占医院总数的60%；民营医院卫生技术人员达到110.0万人，同比上年增加17.6万人；民营医院诊疗人数达4.9亿人次，同比上年增加0.7亿万人次；民营医院入院人数为3 321万人；社区卫生服务中心有9 147个，社区卫生服务站有25 505个，与上年相比，社区卫生服务中心增加了229个，社区卫生服务站增加了96个[③]。

截至2017年底，全国共有社会服务机构和设施182.1万个，职工总数为1 355.8万人，固定资产原价为5 434.8亿元；全国共有各类养老服务机构和设施15.5万个，比上年增长了10.6%；全国共有老龄事业单位1 600个，老年法律援助中心2.0万个，老年维权协调组织6.4万个，老年学校4.9万个，在校学习人员达704.0万人，各类老年活动室35.0万个。全国共建立经常性社会捐助工作站（点）和慈善超市2.8万个。全年共接收社会捐款754.2亿元，其中各类社会组织接收捐款729.2亿元。全年有1 716.4万人次在社会服务领域提供了5 395.6万小时的志愿服务。

截至2017年底，全国共有各类社区服务机构和设施40.7万个，其中社区服务指导中心619个，社区服务中心2.5万个，社区服务站14.3万个，其他社区服务设施11.3万个，社区服务中心（站）的覆盖率为25.5%，城市社区服务中心（站）覆盖率为78.6%。社区志愿服务组织9.6万个。

截至2017年底，全国共有社会组织76.2万个，比上年增长了8.4%。这

---

① 姜晓萍.建设服务型政府与完善地方公共服务体系［M］.北京：中央编译出版社，2015：153.

② 中华人民共和国教育部.2017年全国教育事业发展统计公报［EB/OL］.（2018－07－19）［2018－08－10］.http://www.moe.gov.cn/jyb_sjzl/sjzl_fztjgb/201807/t20180719_343508.html.

③ 中华人民共和国民政部.2017年社会服务发展统计公报［EB/OL］.（2016－08－02）［2018－08－10］.http://www.mca.gov.cn/article/sj/tjgb/2017/201708021607.pdf.

些社会组织吸纳社会各类就业人员864.7万人,比上年增长了13.2%。全国共有社会团体35.5万个,比上年增长了5.6%[①]。

2012年颁布的《国家基本公共服务体系"十二五"规划》中明确提及:"在坚持政府负责的前提下,充分发挥市场机制作用,推动基本公共服务主体和提供方式多元化,加快建立政府主导、社会参与、公办民办并举的基本公共服务供给模式。"而在2017年颁布的《"十三五"推进基本公共服务均等化规划》中则更加明确地提出:积极引导社会力量参与,推动基本公共服务领域民办非营利性机构享受与同行业公办机构同等待遇;大力发展社会组织,采取降低准入门槛、加强分类指导和业务指导等办法,大力培育、发展社区社会组织,支持其承接基层基本公共服务和政府委托事项;利用移动互联网、物联网、大数据、云计算等技术,推动公共服务新业态不断发展、供给方式不断创新、服务模式更加丰富。

积极推动城市的公共服务供给方式的多样化,主要表现在以下五个方面:一是推进政府购买公共服务。凡是能由政府通过购买服务提供的,政府不再直接承办,交由具备条件、信誉良好的社会组织、机构、事业单位和企业等承担。二是加强政府和社会资本的合作。能由政府和社会资本合作提供的,广泛吸引社会资本参与。政府通过投资补助、基金注资等多种方式,优先支持PPP项目。三是鼓励发展志愿和慈善服务。广泛动员志愿服务组织与志愿者参与基本公共服务提供,定期发布志愿服务项目需求和岗位信息,建立健全志愿服务记录制度,完善激励保障措施。四是发展"互联网+"益民服务。加快互联网与政府公共服务体系的深度融合,推动公共数据资源开放,促进公共服务创新供给和服务资源整合,构建面向公众的一体化在线公共服务体系。五是扩大开放交流合作。鼓励通过合资、合作等方式,支持合作办医,共建养老和残疾人托养机构,加强公共教育、公共文化体育等领域对外交流与合作[②]。

---

① 中华人民共和国民政部.2017年社会服务发展统计公报[EB/OL].(2017-03-01)[2018-07-05].http://www.mca.gov.cn/article/sj/tjgb/2017/201708021607.pdf.

② 中央政府门户网站."十三五"推进基本公共服务均等化规划[EB/OL].(2017-03-01)[2018-07-05].http://www.gov.cn/zhengce/content/2017-03/01/content_5172013.htm.

第三节　我国城市公共服务的供给体系

城市的公共服务供给经过了传统的政府大包大揽、全权负责，到如今的多方协同供给。其转变思路包括：城市公共服务供给主体由一元转变为多元，城市公共服务供给内容由相对单一转变为较为复杂，城市公共服务供给方式由政府完全提供到各方协同供给。城市公共服务供给的转变，既是为了满足城市居民日益增长的公共服务需求，也是政府职能转变与政府机构改革的客观需要。

一、供给侧改革下城市的公共服务理念 ▶▶

目前，我国正面临着公民日益增长的公共服务需求与公共服务供给不匹配，公共服务供给总量不足，服务资源分布不均衡、服务质量欠佳、公共服务配套的保障机制缺乏等一系列问题。针对上述公共服务存在的普遍问题，党的十八届五中全会审议通过的《中共中央关于制定国民经济和社会发展第十三个五年规划的建议》（以下简称《建议》）明确要求："增加公共服务供给，坚持普惠性、保基本、均等化、可持续方向，从解决人民最关心最直接最现实的利益问题入手，增强政府职责，提高公共服务共建能力和共享水平。"同时，《建议》特别指出，要"创新公共服务提供方式，能由政府购买服务提供的，政府不再直接承办；能由政府和社会资本合作提供的，广泛吸引社会资本参与"[①]。这无疑为我国公共服务领域的供给侧改革指明了方向。

（一）供给侧改革与城市的公共服务供给

在2015年11月中央财经领导小组第十一次会议上，习近平总书记提

---

① 中央政府门户网站.中共中央关于制定国民经济和社会发展第十三个五年规划的建议［EB/OL］.（2015－11－03）［2018－07－06］.http://www.gov.cn/xinwen/2015－11/03/content_5004093.htm.

出推进"供给侧结构性改革",并要求:"在适度扩大总需求的同时,着力加强供给侧结构性改革,着力提高供给体系质量和效率,增强经济持续增长动力,推动我国社会生产力水平实现整体跃升。"①所谓供给侧结构性改革,就是"从提高供给质量出发,用改革的办法推进结构调整,矫正要素配置扭曲,扩大有效供给,提高供给结构对需求变化的适应性和灵活性,提高全要素生产率,更好满足广大人民群众的需要,促进经济社会持续健康发展"②。因此,"供给侧改革的要义就是从提高供给质量出发,用改革的办法推进结构调整,提高供给端对需求端的适应性、灵活性,促进经济社会持续健康发展"③。在供给侧改革"去产能、去库存、去杠杆、降成本、补短板"五大任务目标中,公共服务供给作为"补短板"的重要内容,日益受到重视。此外,李克强总理多次强调,改造传统引擎,重点是扩大公共产品和公共服务供给。中国的经济发展虽然取得了较大成就,但公共产品与服务不足仍是经济发展的"短板"。换言之,公共服务供给不足已成为制约我国加快经济转型升级和全面建成高水平小康社会的重要原因。可见,在公共服务的供求关系问题上,矛盾主要集中在供给方面,公共服务的创新也应重点从供给侧着手,增加公共服务的有效供给④。所以,增加公共服务的有效供给是公共服务供给侧改革的关键,而公共服务领域的供给侧改革则是解决公共服务领域供需问题的必经之路。

(二) 供给侧改革对城市公共服务的新要求

供给侧改革的理论基础来源于萨伊的经济学理论,即"供给创造需

① 中国共产党新闻网.中国供给侧结构性改革不能简单照搬西方理论[EB/OL].(2016-04-26)[2018-07-06].http://theory.people.com.cn/n1/2016/0426/c143844-28306199.html.

② 杨宜勇,邢伟.公共服务体系的供给侧改革研究[J].人民论坛·学术前沿,2016(5):70-83.

③ 王佃利,孙悦.供给侧改革视域下城市社区治理转型与服务供给创新[J].南京邮电大学学报(社会科学版),2018(2):17-26.

④ 张贵群.精准服务:公共服务供给侧结构性改革的行动逻辑[J].重庆理工大学学报(社会科学),2017(7):81-86.

求"。从我国当前面临的城市公共服务供给与需求方面的诸多问题来看,原来的"需求导向"并不能很好地解决供求之间"供不应求、供非所求、供不合求、供给成本高、供给效率低"[1]等问题。因此,供给侧改革为突破城市公共服务的"瓶颈",探求城市公共服务的创新发展提供了一个很好的思路。综合来看,供给侧改革背景下城市的公共服务新发展主要表现在以下三个方面。

1. 城市公共服务亟须"补短板"

供给侧结构性改革的五大任务之一就是"补短板"。补短板是一个长期的、持续性的经济结构优化与供给结构演变的过程。它是国家治理能力与治理体系现代化战略中不可缺少的一环。当前,我国城市公共服务供给数量不足、质量不高、供给不均衡就是供给侧改革中需要补的短板。从微观层面看,补短板就是保基本,补短板的投入产出效率是最大化的,这也是破解制约经济社会发展的瓶颈、激活微观经济主体的关键[2]。从宏观层面看,城市公共服务的供给短板直接制约了一个城市经济社会的发展。现阶段,我国城市公共服务的短板集中在精准脱贫、城市基础公共设施建设、公共服务资源均衡化、城市外来人口共享城市公共服务等方面。当然也要认识到,仅仅补"民生短板"还不够,同时也要补"制度短板",两者相合才能真正补齐城市公共服务发展的短板。

2. 需求的"精确识别"与服务的"精准供给"

目前,城市公共服务供给与需求之间仍存在错位现象。这一方面源于城市公共服务的主导者(政府)不能对城市大众的需求进行精确的识别,导致城市公共服务的供给内容与供给方式不符合城市大众的期望;另一方面,即使城市政府能较为准确地识别城市大众的公共服务需求,但由于对城市大众的需求缺乏足够的了解,政府难以将城市公共服务精准地提供给有需要的城市大众。这既可能导致城市公共服务资源的浪费,也会导致迫切需要某一类公共服务者并未享受到该项公共服务,使城市大众对城市

---

[1]　高海虹.地方政府公共服务供给侧改革研究[J].理论探讨,2017(6):168-173.

[2]　孙飞,付东普.供给侧结构性改革下公共服务供给方式创新[J].甘肃社会科学,2017(4):244-248.

公共服务供给的满意度降低。大数据时代的到来,为城市公共服务需求的"精确识别"与服务的"精准供给"提供了解决之道。"大数据分析的一个基本观点在于,互联网上的用户行为与用户需求具有内在的逻辑一致性,一切以数据为中心。通过对不同领域、不同来源、不同类型的行为数据进行整合与关联分析,实现全方位的信息整合与综合分析,在最大程度上保证对用户需求的全面识别。"①与城市公共服务需求的"精确识别"类似,城市公共服务的"精准供给"同样能够依靠大数据实现,即通过互联网上畅通的双向沟通与反馈,以多渠道、多方式、多主体的供给实现城市公共服务的"精准供给"。

3. 城市公共服务多元供给模式创新

在城市公共服务由"政府一元"供给向"政府、社会、市场多元"供给的格局转变过程中,多元供给主体之间的关系构成了供给的结构性基础,对城市公共服务的供给侧改革起到了重要作用。多元供给主体特别是城市政府、市场营利组织和社会组织如何定位,其供给过程中权力与责任如何界定,这些是公共服务供给侧改革的前提②。理顺多元主体之间的主次关系是其中的重中之重。一方面,需明确城市政府的主导地位。城市公共服务的多元供给并不一定会带来政府作用的弱化,而是政府职能与角色的重大转变③。城市政府在城市公共服务供给过程中应该起到"统筹、规划、监督、引导"的作用,同时能够营造良好的城市公共服务供给竞争环境,为多元主体供给"保驾护航"。另一方面,要明确市场营利组织与社会组织的主体地位。当前,我国仍是"大政府,小社会"格局,市场经济机制还不够完善,社会组织发育还不够健全。因此,有必要明确市场营利组织与社会组织在城市公共服务供给过程中的主体地位,城市政府应有意识地培育上述两种供给主体,使其成为城市政府公共服务供给的有力合作者。

① 王玉龙,王佃利.需求识别、数据治理与精准供给——基本公共服务供给侧改革之道[J].学术论坛,2018(2):147-154.
② 高海虹.地方政府公共服务供给侧改革研究[J].理论探讨,2017(6):168-173.
③ 高海虹.地方政府公共服务供给侧改革研究[J].理论探讨,2017(6):168-173.

4.城市公共服务的"法""制"构建

城市公共服务供给侧改革就是用改革的方法推进公共服务供给结构的调整，其关键是优化体制机制。一方面，需完善公共服务领域的相关法律法规和制度建设。公共服务的有效生产、供给和共享，需要法律和制度的硬性支撑，要把政府购买公共服务、多元化供给主体公平竞争等纳入法制轨道。在制度层面继续推进事业单位改革，完善法人治理结构。科学划分各级政府间的事权和支出责任，逐步完善公共服务机构的评估监督机制。加快与公共服务均等化相关的法律法规建设。另一方面，加快建立并完善公共服务标准、资源配置、供给方式、绩效评价等系统性和整体性制度体系，完善基本公共服务均等化协调机制，加快建立与政府财政支付能力相匹配的基本公共服务财政支出保障机制。

二、城市的公共服务主体格局 ▶▶

探究我国城市公共服务的供给与需求主体，即回答我国城市的公共服务由谁提供以及提供给谁的问题。传统的由城市政府供给城市公共服务的时代已一去不复返，而今由城市政府、事业单位、市场组织、社会组织等构成的"一主多元"的城市公共服务供给主体格局已成为时代潮流。

（一）公共部门：城市公共服务供给的主导力量

在我国，城市的公共服务供给部门主要包括城市政府与事业单位。现代城市政府既有公共管理的职能，也有公共服务的职能[1]。城市政府作为城市治理与发展的主导行政力量，同样肩负城市公共服务供给的重要职责。借鉴政治学中对"地方政府"的界定，城市政府是指设置于城市的各行政区域内掌握行政权力、负责行政工作的政府行政机关[2]。立足于公共服务供给视角，城市政府作为城市的公共服务供给主体，以强制和权威寻求公益，而

① 俞可平.中国的治理改革（1978—2018）[J].武汉大学学报（哲学社会科学版），2018（3）：48-59.

② 邓明辉.治理视域下我国城市公共服务供给创新研究[D].武汉：武汉大学，2014.

政府供给的制度基础则是公共服务的特性以及政府的角色定位。"一般表现为公共服务提供与生产的不可分离,政府在公共服务供给中全权负责,同时承担资金供应者、生产安排者和具体的服务生产者等多种角色。"①事业单位是在计划经济体制下建立起来的中国独有的一种公共服务供给机构。政府通过事业单位来完成公共服务供给任务,形成"政事合一"的公共服务供给体制,二者之间维持着一种"家长制关系",政府对事业单位既施加包办的束缚,又给予无微不至的关心;事业单位既享受着特权,又在政府的预算约束下运营。事业单位是科、教、文、卫等领域城市公共服务的重要供给主体,较为典型的有公立学校、公立医院、图书馆等。公共部门供给公共服务可能存在服务效率低下、难以准确了解居民的真实偏好、难以满足多元化的社会需求以及政府本身利益与公共利益存在偏离等不足。

(二)市场组织:城市公共服务供给的重要支撑

20世纪60年代以来,学者们纷纷论证公共物品、公共服务市场供给的必要性与可行性。一般来说,市场供给是以自愿求私益,即不同的市场主体以自愿的方式实现各自利益的最大化②。按照资产的所有权,我国城市公共服务供给的主要市场组织可分为国有企业与民营企业。国有企业供给的公共服务一般与城市居民生活息息相关,但是由于前期投入成本巨大,或者并非以营利为目的,更多的是便民、惠民,民营企业难以承担供给重任,如中国铁路总公司、国家电网有限公司等。民营企业或称商业营利性组织,通常以营利为目标,以市场需求为导向,为城市居民供给公共服务。民营企业已成为我国公共服务供给的重要力量。以民营养老机构为例,按照国际上5%的老年人要利用机构养老的经验,中国至少需要800多万张养老床位,而目前我国养老床位缺口达540万张。民营养老机构可以有效填补这些缺口。在各地政策的鼓励下,全国民办养老机构发展迅猛。目前,民营养老机构已约占我国养老机构总数的

①　叶响裙.公共服务多元主体供给:理论与实践[M].北京:社会科学文献出版社,2014:32-33.

②　叶响裙.公共服务多元主体供给:理论与实践[M].北京:社会科学文献出版社,2014:38.

40%,许多省份这一比例已经超过50%。民营养老机构已成为参与养老公共物品供给的重要力量①。市场组织供给公共服务强调效率与利益,这使其具有政府供给无法替代的优势。然而,市场供给也会面临"市场失灵"的困境,故以自愿求公益的社会组织应运而生。

（三）第三部门：城市公共服务供给的有力补充

　　社会组织在一定程度上弥补了"政府失灵"和"市场失灵"造成的缺陷,这也是世界"第三部门"——非政府、非营利的社会组织大力发展的原因。我国参与城市公共服务供给的社会组织主要是民间非营利性组织等。随着社会的不断发展,人民综合素质的不断提高,一大批非营利组织逐渐成长起来,成为部分城市公共服务的供给主体。这些民间非营利组织主要有民办学校、民办医院、各种福利机构、各类慈善组织与基金会等。城市政府、事业单位、市场组织和社会组织作为公共服务供给的不同主体,有各自的运行特征与有效发生作用的条件,也有各自的局限②。实际上,单纯依赖任何一种供给主体都无法实现城市公共服务的有效供给。因此,构建政府、市场、社会组织多元主体供给城市公共服务的模式和制度体系,是目前我国城市公共服务供给未来发展的必然趋势。

（四）城市发展带来多样化的需求主体

　　相对于复杂的城市公共服务供给主体,城市公共服务的需求主体较为简单。然而,随着城镇化进程的加快,我国一部分持有农村户口的居民逐渐市民化,这些新城市居民与城市原有居民的公共服务需求具有较大的差异。《中华人民共和国国民经济和社会发展第十三个五年规划纲要》中提到,"统筹推进户籍制度改革,健全常住人口市民化机制,推动更多人口融入城镇,同时全面实施居住证暂行条例,推进居住证制度覆盖全部未落户城镇常住人口。保障居住证持有人在居住地享有义务教育、公共就业服务、公共卫

---

①　王勇.民营企业参与社会治理:路径、限度与规引[J].地方治理研究,2018(1):40-48.
②　叶响裙.公共服务多元主体供给:理论与实践[M].北京:社会科学文献出版社,2014:47.

生服务等国家规定的基本公共服务。鼓励各级政府不断扩大对居住证持有人的公共服务范围并提高服务标准,缩小与户籍人口的差距"①。因此,城市公共服务的需求主体具有扩大的趋势,其主体应逐渐包括城市居民、进入城市工作但是没有城市户口的流动人口、农业转移人口等。

三、 城市的公共服务供给内容 ▶▷

随着城市大众对城市公共服务的要求逐步提高,城市公共服务的边界与领域也在逐渐扩大。简单来说,城市公共服务就是城市公共部门向城市公众提供的公共产品和服务,包括城市基础设施的投资和维护,提供就业和社会保障服务,兴办和支持教育、科技、文化、医疗卫生、体育等公共事业,为社会公众生活质量的提高和其参与公共事务提供有力的保障。对于城市公共服务的内容,《中国城市管理新论》一书中提出了城市公共服务包括城市设施建设服务、为企事业发展的综合服务、对居民生活综合服务及城市科学文化普及教育服务四大内容②。此外,考虑到城市弱势群体问题及公共灾害抗御问题日益成为中国城市的共性问题,因此,也有学者主张在上述基础上增加城市公共灾害抗御服务,同时将城市弱势群体服务补充到居民生活综合服务中③。

按照公共物品以及公共服务排他性和竞争性的程度,可以将公共服务划分为基本公共服务领域和非基本公共服务领域两大类④。以此为依据,城市公共服务可划分为城市基本公共服务与城市非基本公共服务。根据《国家基本公共服务体系"十二五"规划》,"基本公共服务是指建立在一定社会共识的基础上,由政府主导提供的,与经济社会发展水平和阶段相适应,旨

---

① 中国人大网.中华人民共和国国民经济和社会发展第十三个五年规划纲要[EB/OL].
(2016-03-16)[2018-07-07].http://www.npc.gov.cn/wxzl/gongbao/2016-07/08/content_1993756.htm.
② 饶会林.中国城市管理新论[M].北京:经济科学出版社,2003:102.
③ 金南顺.城市公共服务理论与实践[M].北京:中国社会科学出版社,2009:41.
④ 魏娜,刘昌乾.政府购买公共服务的边界及实现机制研究[J].中国行政管理,2015(1):73-76.

在保障全体公民生存和发展基本需求的公共服务。一般包括保障基本民生需求的教育、就业、社会保障、医疗卫生、计划生育、住房保障、文化体育等领域的公共服务，广义上还包括与人民生活环境紧密关联的交通、通信、公用设施、环境保护等领域的公共服务，以及保障安全需要的公共安全、消费安全和国防安全等领域的公共服务"①。显然，当下我们关注的城市基本公共服务更倾向于狭义层面的理解。

"非基本公共服务主要是混合公共服务，或政府为满足更高层次的社会公共需求而提供的公共服务与产品，如高于社会保险水平的高福利等。非基本公共服务的消费所带来的社会公益性不如基本公共服务那么明显；其需求对象没有基本公共服务需求对象那样普及；在公共财政有限的情况下，可以暂缓服务提供，或依靠市场、第三部门提供。"②一般认为，非基本公共服务是为了解决我国目前所面临的非迫切问题的公共服务，或是为了满足我国部分公民较高水平与多样化需求的公共服务。与基本公共服务相似，非基本公共服务领域所解决的问题会随着一国政治、经济和社会的发展不断转入基本公共服务领域，然而由于非基本公共服务较窄的覆盖面，它的供给水平与政府关注度都相对较低③。因此，本书中所指的城市公共服务更多关注的是与城市大众息息相关的基本公共服务。

第四节　我国城市公共服务的供给方式

城市公共服务经历了相对单一的供给向多元协同供给转变的过程。城

---

① 中央政府门户网站.国家基本公共服务体系"十二五"规划［EB/OL］.(2012-07-11)［2018-07-07］.http://www.gov.cn/zwgk/2012-07/20/content_2187242.htm.

② 汪玉凯.中国现代行政管理体系的属性与结构研究［J］.国家行政学院学报,2012(2):61-64.

③ 娄兆锋,曹冬英.公共服务导向中基本公共服务与非基本公共服务之研究［J］.中国行政管理,2015(3):102-106.

市公共服务的多元化供给本质是引入市场机制,打破政府原来的"垄断式"服务,在政府提供公共服务的过程中,充分利用竞争机制,发挥市场高效率、低成本、服务最优化的优势。这种变革实际上是充分利用以社会组织为主体的社会力量,追求一种公共服务民营化,其重要的形式是政府购买公共服务。然而,由于目前我国社会组织力量相对薄弱,部分耗资大、耗时长的城市基础公共服务仍然还是由政府供给。

一、政府直接供给 ▶▷

城市政府供给公共服务并不意味着城市政府是公共服务的直接生产者。事实上,即使是在计划经济时代,城市供给的公共服务也不是城市政府直接生产的,而是由城市政府下属的企业统一供给的。因此,这里所指的城市政府供给公共服务是指由城市政府完全掌控公共服务供给的全过程的供给模式。"在我国原有高度计划的公共服务供给体制下,城市政府掌握着绝大多数的公共资源,是公共服务供给的单一主体。"[①]但随着城市公共服务市场化、社会化的不断演进,城市大众多样化、高标准的公共服务需求迫切要求形成城市政府、市场营利组织和社会组织等共同参与的供给主体多元化格局。

到目前为止,我国部分城市的公共服务,尤其是城市的基本公共服务,仍然还是由政府供给,造成这一现象的主要原因有三方面。

首先,城市政府未能成功转型为"有限政府"。在现代社会,任何政府都是有限政府,即虽然政府肩负着为公众提供满意的公共服务的任务,但并非要政府进行直接供给。政府应当将公共服务职能的重心逐渐转移到统筹规划、组织协调、资金扶持、监督评估等方面,或者说政府的任务是培育和发展多元供给主体。然而,由于我国市场经济机制尚未完全建立,政府职能转型也处于初步探索阶段,城市政府并未能真正转向有限政府。

其次,社会组织力量薄弱,难以承担供给城市公共服务的重任。由于

---

① 高海虹.地方政府公共服务供给侧改革研究[J].理论探讨,2017(6):168-173.

目前我国社会组织力量较为薄弱，发展不成熟，因而当前我国社会组织在数量、种类以及能力等方面均相对薄弱，难以承担起大规模供给城市公共服务的重任。同时，还有部分社会组织是由政府相关部门改革重组产生的，与政府间存在较强的依赖关系，这部分社会组织虽然凭借与政府部门的关系便于承担供给任务，但因缺乏独立自主性而影响其社会职能的正常发挥。

最后，市场营利组织难以涉足公共服务领域。由于政府高度垄断的延续，当前我国许多公共服务领域，包括能源、教育、医疗、金融等领域对于市场营利组织有着严格的准入限制，一般性市场营利组织难以涉足，当前承担公共服务供给的市场营利组织主要是各类国有企业单位。正是由于供给主体多元格局尚未真正形成，使得当前虽然存在政府向社会力量购买公共服务的供给形式，但城市政府仍是大量城市公共服务的供给方。

二、政府购买服务 ▶▷

公共服务供给领域的政府与社会组织合作兴起于20世纪70年代末。当时，欧美国家为了应对政府财政危机、管理危机、公民信任危机以及全球化的挑战，掀起了一场新公共管理改革的浪潮，政府购买公共服务作为改革的重要内容，备受西方国家推崇[1]。事实上，我国从20世纪90年代开始了政府购买公共服务的试点探索。2013年，向社会力量购买公共服务成为一项国家战略而被全面推广[2]。

（一）政府购买公共服务概述

政府购买公共服务已成为城市公共服务供给的重要方式。2014年12月，由财政部、民政部、工商总局联合出台的《政府购买服务管理办法（暂

---

① 竺乾威，朱春奎.社会组织视角下的政府购买公共服务[M].北京：中国社会科学出版社，2016：1.
② 刘舒杨，王浦劬.中国政府向社会力量购买公共服务的深度研究[J].新视野，2018（1）：84-89.

行)》文件中明确指出,"政府购买服务,是指通过发挥市场机制的作用,把政府直接提供的一部分公共服务事项以及政府履职所需服务事项,按照一定的方式和程序,交由具备条件的社会力量和事业单位承担,并由政府根据合同约定向其支付费用"①。简单来说,政府购买公共服务是一种"政府出资、定向购买、契约管理、评估兑现"的公共服务供给方式②。其本质是政府为实现特定的公共服务目标而实行的一种财政性资金的转移支付方式,与营利组织或者非营利组织等主体建立契约关系,并由它们来提供公共服务③。

政府购买公共服务的基础内容包括购买主体、承接主体、购买内容、购买程序与方式等。目前,我国将政府购买服务的主体界定为"向社会力量购买服务的各级行政机关、参照公务员法管理并具有行政管理职能的事业单位以及纳入行政编制管理且经费由财政负担的群团组织三类"④。政府购买服务的承接主体为"依法在民政部门登记成立或经国务院批准免予登记的社会组织,以及依法在工商行政管理部门登记注册的企业或在其他行业主管部门登记成立的机构等社会力量"⑤。我国政府购买的公共服务基本属于准公共服务、准公共物品的范畴。《政府购买服务管理办法(暂行)》中明确了政府购买公共服务的内容,列举了政府购买公共服务的指导性目录,并指出"属于事务性管理服务的,应当引入竞争机制,通过政府购买服务方式提供"。一般而言,"政府购买服务包括基本公共服务、社会管理性服务、行业管理与协调性服务、技术性服务、政府履职所需辅助性事项、其他适宜由

---

① 中国政府采购网.政府购买服务管理办法(暂行)[EB/OL].(2017-10-09)[2018-07-09]. http://www.ccgp.gov.cn/gpsr/zcfg/201710/t20171009_8948637.htm.
② 井志侠,高斌,戴俭慧.我国地方政府购买体育公共服务的实证研究——以上海静安区为例[J].安徽理工大学学报(社会科学版),2011(2):64-67.
③ 上海金融学院城市财政与公共管理研究所.政府购买公共服务:理论、实务与评估[M].北京:中国财政经济出版社,2015:7.
④ 竺乾威,朱春奎.社会组织视角下的政府购买公共服务[M].北京:中国社会科学出版社,2016:54.
⑤ 竺乾威,朱春奎.社会组织视角下的政府购买公共服务[M].北京:中国社会科学出版社,2016:55.

社会力量承担的服务事项"[①]。政府购买公共服务的方式主要有公开招标、邀请招标、竞争性谈判等方式。除此之外，一些特殊的公共服务项目，也可以采用委托、承包等方式直接购买。

（二）政府购买公共服务的常见类型

我国政府购买公共服务通常包括合同外包、政社合作（PPP模式）、政府补助等类型。

1. 公共服务合同外包

公共服务合同外包就是在政府付费的情况下引入市场机制，发挥市场机制的作用，实现"低成本—高效率"地提供公共服务。其核心是改变政府直接生产公共服务的行为，在公共服务的生产环节引入私人企业或非营利组织的参与[②]。合同外包可以运用到环保、医疗、社会保障、道路交通、通信等领域[③]。詹国彬等人依据购买过程是否存在竞争性、政府与供应商之间的关系是独立还是依赖，将公共服务合同外包划分为竞争模式、谈判模式与体制内外包模式[④]。竞争模式是指在政府与供应商之间关系独立的情况下，政府通过公开透明的招投标方式从多个相互竞争的供应商中选出能以最低成本提供预期服务的供应商，与其签订契约，并严格履行合同。谈判模式是指在竞争者很少、主体间关系独立的情况下，政府与少数或单个供应商经由协商谈判而共同达成一致意见。体制内外包模式是指政府与专门成立的或现存的依附性社会团体或者民办非企业单位签订准私法契约，从而获得预期的公共服务。

事实上，竞争模式是公共服务合同外包较为理想的模式。我国公共服

① 竺乾威，朱春奎.社会组织视角下的政府购买公共服务[M].北京：中国社会科学出版社，2016：56.
② 詹国彬，王雁红.公共服务合同外包的理论、实践与反思[M].北京：社会科学文献出版社，2017：23.
③ 李军鹏.政府购买公共服务的学理因由、典型模式与推进策略[J].改革，2013（12）：17-29.
④ 詹国彬，王雁红.公共服务合同外包的理论、实践与反思[M].北京：社会科学文献出版社，2017：105.

务合同外包发展较快,国内很多城市均开展了一系列公共服务合同外包实践。如上海罗山市民会馆托管、深圳西乡街道公共服务合同外包、宁波江北工业区管委会绿化养护服务外包等。

2. 政社合作提供公共服务

按照国家发改委的相关文件,政府和社会资本合作(Public-Private Partnerships,也称政社合作、公私伙伴关系等,以下简称PPP模式)是指政府为增强公共产品和服务的供给能力、提高供给效率,通过特许经营、购买服务、股权合作等方式,与社会资本建立的利益共享、风险分担及长期合作关系[①]。究其本质,伙伴关系、利益共享、风险分担是PPP模式运行过程中的三个重要特征。从我国实践来看,政社合作模式不仅是新融资模式,更是新的管理模式和社会治理机制。它与合同外包的区别是政府最初不必出资,而是以政府特许、招标的方式让私营企业参与基础设施建设或提供某项公共服务,并允许承包商有一定的投资收益权[②]。

按照不同的项目,PPP模式有不同的选择。对于具有明确的收费基础,并且经营收费能够完全覆盖投资成本的经营性项目,可通过政府授予特许经营权,采用建设—运营—移交(BOT)、建设—拥有—运营—移交(BOOT)等模式推进;对于经营收费不足以覆盖投资成本,需政府补贴部分资金或资源的准经营性项目,可通过政府授予特许经营权附加部分补贴或直接投资参股等措施,采用建设—运营—移交(BOT)、建设—拥有—运营(BOO)等模式推进;对于缺乏"使用者付费"基础,主要依靠"政府付费"回收投资成本的非经营性项目,可通过政府购买服务,采用建设—拥有—运营(BOO)、委托运营等市场化模式推进。PPP模式主要适用于政府负有提供责任又适宜市场化运作的公共服务、基础设施类项目。燃气、供电、供水、供热、污水及垃圾处理等市政设施,公路、铁路、机场、城市轨道交通等交通

---

① 中华人民共和国国家发展和改革委员会.国家发展改革委关于开展政府和社会资本合作的指导意见[EB/OL].(2014 - 12 - 02)[2018 - 07 - 10].http://www.ndrc.gov.cn/gzdt/201412/t20141204_651014.html.
② 李军鹏.政府购买公共服务的学理因由、典型模式与推进策略[J].改革,2013(12):17-29.

设施,医疗、旅游、教育培训、健康养老等公共服务项目,以及水利、资源环境和生态保护等项目均可采用PPP模式。从财务部政府和社会资本合作中心的数据来看,截至2018年7月31日,入选"全国PPP综合信息平台项目管理库"的项目有7 773个,入库项目的金额共计115 588.76亿元,入选的PPP项目主要分布在市政工程、交通运输、生态建设和环境保护、城镇综合开发、教育、水利建设、旅游、医疗卫生等领域[①]。

3. 政府补助供给公共服务

政府补助就是政府对生产者实施补助,确保其向公众提供优质的公共服务。政府补助的形式包括直接拨款、免税或税收优惠、低息贷款、贷款担保等[②]。在政府补助供给公共服务的方式中,生产者是民营企业或社会组织,政府选择特定的生产者给予补助,消费者(公众)选择特定的生产者购买服务。政府补助主要分为直接资助制、项目申请制等类型。直接资助就是政府给予承担公共服务供给职能的社会组织以资金补助,不涉及具体项目。这一方式颇受社会组织的欢迎,但是由于缺乏明确的目标,导致政府难以对这些社会组织的供给效率进行监管与评估。项目申请制是作为购买方的政府设计特定的公共服务专项项目,面向社会公开招标,由投标者根据项目要求提供服务;或者由社会组织主动向政府提出公共服务项目立项申请,经过批准后,对该项目予以资金支持。政府补助的领域广泛,涉及大量行业和服务项目,如农产品、住房、医疗设施、文化、某些科研项目、社会福利等。

（三）政府购买公共服务过程

政府购买公共服务的实现机制就是政府、市场、社会协同供给公共服务,构建政府与市场、政府与社会组织的合作机制的过程[③]。在这一过程中,

---

① 财政部政府和社会资本合作中心.全国PPP综合信息平台项目管理库[EB/OL].(2018-07-12)[2018-07-12].http://www.cpppc.org:8086/pppcentral/map/toPPPMap.do.

② 丁元竹,丁潇潇.国际视野中的基本公共服务提供模式[J].公共管理与政策评论,2013(1):7-22.

③ 魏娜,刘昌乾.政府购买公共服务的边界及实现机制研究[J].中国行政管理,2015(1):73-76.

政府作为出资者,为了提高公共服务供给的质量和公共财政资金的使用率,尽可能地改善社会治理结构,满足社会公众多元化、个性化的需求,将原本由政府自身负责提供的公共服务转交给社会组织与企业单位。政府购买服务的运行机制如图6-1所示。

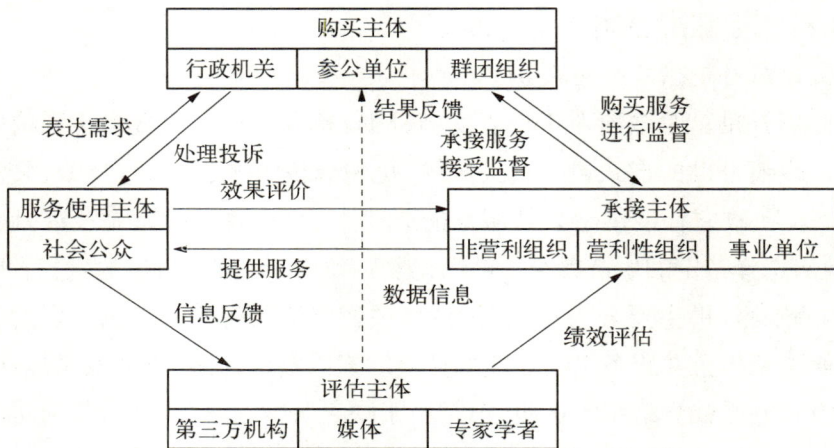

图6-1　政府购买服务的运行机制

资料来源:魏娜,刘昌乾.政府购买公共服务的边界及实现机制研究[J].中国行政管理,2015(1).

　　综合来看,政府购买公共服务是多元主体参与供给的方式,它建立起以购买主体、承接主体、使用主体、评估主体为一体的合作供给机制。其中,作为城市公共服务购买主体的政府,在准确识别公众需求的基础上,制定购买服务规划,明确购买服务内容,并及时向承接主体与社会公众提供与购买服务相关的所有信息。以非营利性组织、营利性组织、事业单位等为主要力量的承接主体,需要根据购买主体的政策要求,以签订合同或项目申请的方式,向购买主体承接公共服务,并按照合同的要求生产并提供社会公众所需的公共服务。社会公众作为公共服务的使用者和直接受益人,一方面是向政府充分表达和反映自身的公共服务需求;另一方面作为公共服务的直接体验者与受益人,社会公众需要对政府购买服务进行评价与有效反馈。评估主体则通过社会公众和承接主体在使用和提供公共服务过程中的数据信息,开展独立的、专业性的评估工作,并将评估结果反馈给购买主体,以此作为政府购买公共服务的满意度评价依据和下一次购买服务的基础。

第五节　城市公共服务供给的配套体制

财政本身就是政府履行职能的物质基础、体制保障、政策工具和监管手段，财政也肩负着推进公共服务体系建设的重要职能[①]。公共财政是城市公共服务供给与分配的主要财政支撑。"现代城市的复杂性决定了城市管理工作的复杂性、综合性和整体性。一个城市公共服务水平的高低和服务质量的好坏，在很大程度上取决于这个城市政府的管理水平的高低。"[②]

一、公共服务的城市财政体制 ▶▶

对城市公共服务财政体制的探究势必离不开对公共财政的思考。对于现代公共财政的解释可以从国家（政府）与市场两个角度来看。从国家（政府）角度来看，依据"社会契约论"和"税收价格论"，税收是因享用公共产品而必须向政府交纳的费用；在支出方面国家应向全体社会成员提供公共产品，并尽可能做到公平、公正[③]。从市场角度来看，市场经济体制建立后，国家存在的意义被更多地从市场的需要、契约的角度来进行解释，国家成为公共产品的提供者，财政职能的定位也相应发生改变，即被解释为配置公共资源的工具[④]。

对于现代公共财政体制，应该有以下三方面的认识：一是公共产品的层次性问题形成了政府间财政关系的理论。根据受益范围将公共产品划分为全国性公共产品和区域性公共产品。中央政府的主要职责是在全社会范

---

①　姜晓萍.建设服务型政府与完善地方公共服务体系[M].北京：中央编译出版社，2015：453.

②　孙涛.行政体制改革剑指城市公共服务[J].人民论坛，2010（20）：258-259.

③　吕炜.现代公共财政的定位：一种分析框架[J].经济学家，2006（5）：91-98.

④　吕炜.现代公共财政的定位：一种分析框架[J].经济学家，2006（5）：91-98.

围内进行资源配置、调节经济运行和进行收入再分配等；地方政府的主要职责是进行区域性资源配置，提供有效的基础设施，并在此基础上实施二级调控，落实中央政府的宏观调控政策。二是公共产品的层次性对财政体制的基本要求是建立分级财政体制，为各级政府有效地提供受益范围各异的公共产品创造财力条件。三是在公共产品的实际提供中，往往存在着中央与地方政府之间职责的交叉与重叠。从形成机制来看，政府间层次划分与公共产品提供有着密切的关系[①]。

在我国，与公共财政具有较大关系的是1994年的"分税制"改革，其主要内容包括：一是中央与地方事权的划分，即中央政府与地方政府各自承担的责任与事项；二是中央与地方的收入划分，即根据事权与财权结合的原则，按税种划分中央与地方收入；三是政府间财政转移支付制度，即分税制在重新划分中央财政收入与地方财政收入的基础上，相应地调整了政府间财政转移支付的数量和形式。综合来看，城市公共服务的财政体制保障离不开中央与地方政府的公共财政投入，离不开中央与地方共同财政事权和支出责任的划分，也离不开政府的财政转移支付手段。

（一）公共财政投入比重加大

长期以来，我国财政支出中经济建设占据了较大比重，公共服务支出的比重较小，影响了公共服务供给，从而造成了人民日益增长的公共服务需要与公共服务供给短缺的矛盾。增加公共服务供给的基础之一就是增加公共财政的投入。2017年，全国一般公共预算支出为20.3万亿元，同比增长7.7%，较2016年增长了0.8个百分点。其中，中央一般公共预算本级支出为3万亿元，同比增长7.5%；地方一般公共预算支出为17.3万亿元，同比增长7.7%，中央与地方政府财政支出占比分别为15%和85%[②]。图6-2是我国2009—2017年全国公共财政支出数量与支出增长率。从图6-2中不难看出，我国公共财政支出的比重一直在增加，但从总体增长速度来看呈现出下降趋势，表明公共财政支出增长

---

① 吕炜.现代公共财政的定位：一种分析框架［J］.经济学家，2006（5）：91-98.

② 产业网.2017年中国财政收入来源及财政支出投向情况分析［EB/OL］.（2018-04-16）
［2018-07-14］.http://www.chyxx.com/industry/201804/630751.html.

有放缓的趋势。综合计算，基建相关领域的支出占比约为27%，是财政支出最主要的领域；其次教育、社保和医疗领域的支出占比分别为15%、12%和7%[①]。

　　上述数据表明，我国公共服务的财政保障水平显著提高，公共服务的财政投入机制也进一步完善。同时，在教育、就业、医疗卫生、社会保障、住房保障、文化体育等基本公共服务领域，各级政府之间的事权和支出责任划分逐步明确，保障了公共服务的财政投入。在未来，完善城市公共服务体系，需要进一步调整城市政府的财政支出政策，进一步加大财政对基本公共服务领域的投入。此外，需要进一步调整和优化财政支出结构，这不仅有助于服务型政府的建立，而且能保障民生，维持国民经济的稳定、协调、可持续发展。

图6-2　2009—2017年全国公共财政支出

资料来源：产业网.2017年中国财政收入来源及财政支出投向情况分析［EB/OL］.（2018-04-16）
［2018-07-14］.http://www.chyxx.com/industry/201804/630751.html.

（二）建立与城市政府事权相匹配的公共财政体制

　　2018年1月，国务院办公厅发布了《基本公共服务领域中央与地方共同

---

① 产业网.2017年中国财政收入来源及财政支出投向情况分析［EB/OL］.（2018-04-16）
　　［2018-07-14］.http://www.chyxx.com/industry/201804/630751.html.

财政事权和支出责任划分改革方案》(以下简称《方案》),"明确了基本公共服务领域中央与地方共同财政事权范围,将涉及人民群众基本生活和发展需要、现有管理体制和政策比较清晰、由中央与地方共同承担支出责任、以人员或家庭为补助对象或分配依据、需要优先和重点保障的主要基本公共服务事项,首先纳入中央与地方共同财政事权范围,目前暂定为义务教育、学生资助、基本就业服务、基本养老保险、基本医疗保障、基本卫生计生、基本生活救助、基本住房保障八大类18项"①。

此外,《方案》中规范了基本公共服务领域中央与地方共同财政事权的支出责任分担方式,且制定了基本公共服务领域中央与地方共同财政事权清单及基础标准、支出责任划分情况表,以便"逐步建立起权责清晰、财力协调、标准合理、保障有力的基本公共服务制度体系和保障机制"②。中央和地方的财政与事权不相匹配,一直阻碍着我国城市公共服务的供给效率,影响着中央与地方公共财政的投入。《方案》进一步明晰了中央与地方政府的财权,细分了中央与地方政府的事权,充分发挥了中央统一领导、地方组织落实的制度优势,建立了权责清晰、财力协调、区域均衡的中央和地方财政关系,确定了基本公共服务领域共同财政事权范围,加大了基本公共服务的投入,推进了基本公共服务的均等化。

(三) 完善公共财政转移支付制度

《"十三五"推进基本公共服务均等化规划》明确提出,"合理划分中央和地方财政事权与支出责任,适度加强中央政府承担基本公共服务的职责和能力。推进转移支付制度改革,增加一般性转移支付规模和比例,重点增加对老少边穷地区的转移支付,缩小地区间财力差距,提高县级财政保障能

---

① 中央政府门户网站.基本公共服务领域中央与地方共同财政事权和支出责任划分改革方案[EB/OL].(2018-01-27)[2018-07-17].http://www.gov.cn/zhengce/content/2018-02/08/content_5264904.htm.
② 中央政府门户网站.基本公共服务领域中央与地方共同财政事权和支出责任划分改革方案[EB/OL].(2018-01-27)[2018-07-17].http://www.gov.cn/zhengce/content/2018-02/08/content_5264904.htm.

力,引导地方将一般性转移支付资金投入到民生等重点领域"①。"按照基本公共服务均等化的要求,完善公共财政制度,设计科学合理的转移支付制度,重点是完善和规范中央财政对地方的转移支付。"②

公共财政的本质是分配关系,而中央政府对地方政府的转移支付则是完成财务资源再次分配的重要手段。目前来看,我国城市政府仍面临着财力不均衡、公共财政收入与支出严重不匹配等问题,这严重影响了城市公共服务体系的建设与完善。要完善公共财政转移支付制度,就要健全财政转移支付体系,主要包括:一是提高一般性转移支付比例。一般性转移支付主要用于解决基本的生存与发展问题,使地方政府财政达到基本的保障水平,实现公平的目标。二是规范和清理专项转移支付。专项转移支付主要用于解决具有溢出效应的公共物品供给不足问题。要将一些针对性不强的项目削减,将交叉、重复项目合并,逐步减少中央各部委提供公共服务的支出责任,强化政策规划、指导和监督职能。综合来看,公共财政转移支付的目的是要为经济欠发达地区公共服务提供财力保障,把公共服务的标准与平均水平的差距控制在人们可接受的范围内③。

二、公共服务的城市行政体制 ▶▶

2013年11月颁布的《中共中央关于全面深化改革若干重大问题的决定》明确指出:"必须切实转变政府职能,深化行政体制改革,创新行政管理方式,增强政府公信力和执行力,建设法治政府和服务型政府。"④显然,转变政府职能,打造人民满意的服务型政府是深化行政机构改革的核心。"十三五"规划纲要中明确提出要深化行政管理体制改革,要"加快政府职

---

① 中央政府门户网站."十三五"推进基本公共服务均等化规划[EB/OL].(2017-01-23) [2018-07-17].http://www.gov.cn/zhengce/content/2017-03/01/content_5172013.htm.
② 方东霖.公共财政与基本公共服务均等化[J].生产力研究,2011(10):42-43.
③ 姜晓萍.建设服务型政府与完善地方公共服务体系[M].北京:中央编译出版社,2015: 455.
④ 人民网.中共中央关于全面深化改革若干重大问题的决定[EB/OL].(2013-11-15) [2018-07-20].http://politics.people.com.cn/n/2013/1115/c1001-23559207-4.html.

能转变,持续推进简政放权、放管结合、优化服务,提高行政效能,激发市场活力和社会创造力"①。综合来看,城市公共服务、行政体制(改革)、城市政府三者之间的关系如下:一方面,行政管理体制改革是城市政府职能转变、政府转型的重要推动力;另一方面,城市公共服务的有效供给又依赖城市政府的统筹与安排。因此,城市政府是连接行政体制改革与城市公共服务的桥梁与纽带。行政体制改革是城市公共服务有效供给的行政体制保障。

从行政分权的角度来看,"自治性"是城市政府管理和行政运行的重要特点。虽然城市的管理具有鲜明的整体性,但一个城市对外往往又具有独立性,并在文化、风俗、传统等方面具有鲜明的历史特性。即使是在单一制国家中,中央政府也是鼓励各个城市拥有一定的自主性。因为在宪法和法律的框架下,不适当启用地方立法权和政治、行政管理、公共服务方面设立规制的自主权限,在某种程度上,也是对政治资源和管理资源的浪费②。事实上,城市政府是连接中央政府与城市基层社区的重要纽带。一方面,城市政府要受到中央政府的统一管理,需要毫无保留地遵循中央政府关于城市的统筹规划与大政方针;另一方面,由于行政分权的影响,城市政府也具有一定程度的"自治"能力。因此,城市政府也因各自的城市发展情况与发展重心不同,从而制定不同的城市发展规划与发展政策。此外,我国幅员辽阔,各地情况不同,各级政府的职能定位和侧重点也有较大差异。鉴于我国各级政府机构的本身属性和特点,因地制宜地设置机构,是构建更加合理高效的政府组织结构的关键所在③。

良好的行政体制是城市公共服务高效供给的重要体制保障,可从以下两个方面认识行政体制改革对于我国城市公共服务发展的重要保障意义。

从城市政府转型来看,行政体制改革是政府职能转变、塑造服务型政府的核心内容,也是城市公共服务发展的重要体制保障。2007年11月,"加快

---

① 新华网."十三五"规划纲要全文[EB/OL].(2016−03−18)[2018−07−25].http://sh.xinhuanet.com/2016−03/18/c_135200400_3.htm.
② 孙涛.行政体制改革剑指城市公共服务[J].人民论坛,2010(20):258−259.
③ 马亮.十九大明确了政府机构和行政体制改革的三大方向[EB/OL].(2017−10−19)[2018−07−26].http://www.china.com.cn/opinion/think/2017−10/19/content_41759366.htm.

行政体制改革，建设服务型政府"被写进了十七大报告中。行政体制改革是经济体制改革与政治体制改革的重要内容，转变政府职能实际上要解决的是政府应该做什么、不应该做什么，重点是厘清政府、市场、社会的关系。当前服务型政府理念下的城市政府职能转变，就是要把城市政府的主要职能转变到"经济调节、市场监管、社会管理、公共服务"上来，就是要把城市公共服务放到更突出的位置上，努力为城市居民提供方便、快捷、优质、高效的公共服务。而要让城市政府提供城市居民满意的公共服务，就必须转变传统的"管控型"城市政府的职能，精简机构、简政放权，以适应新时代城市社会经济发展与服务型政府建设的需要。行政体制改革对城市公共服务发展的保障作用主要体现在行政体制改革所塑造的服务型政府，"当前政府的主要职能就在于社会管理、社会服务和社会平衡，政府需要事必躬亲，最重要的是发挥好'掌舵'作用"[①]。服务型政府对城市公共服务体系建设来说有着不可替代的意义，一方面服务型政府能更好地推进城市公共服务的社会化进程，扩大城市公共服务的供给范围；另一方面，服务型政府能确保城市公共服务供给实现资源的优化配置和供给结果的"帕累托改进"。正是通过建设服务型政府，明晰政府的重要职能，简政放权，并将部分非必要的公共职能推向市场与社会，才有效提高了城市公共服务的效率。同时，随着政府机构的精简，大大节约了社会的运行成本与城市政府的运行成本，从而使得城市政府能够为城市公共服务提供更多的公共财政支持。

从城市大众对城市公共服务的需求来看，行政体制改革所导致的政府职能转变，就是为了满足城市大众日益增长的、多样化的城市公共服务需求。服务型政府秉承城市大众的意志，以城市大众的公共诉求为导向，真正做到"想民之所想，供民之所急"。当前，我国正处于社会加速转型的关键时期，这一时期面临着城市大众公共服务需求全面增长与公共产品供给短缺以及公共服务供给不到位的突出矛盾与主要问题。以公共服务需求为基本推动力的服务型政府，"以公众的期望决定策略设计的蓝图，以公众的需

---

① 戴维·奥斯本，特德·盖布勒.改革政府：企业家精神如何改革着公共部门[M].周敦仁，等译.上海：上海译文出版社，2006：25.

求作为服务的内涵与方式,以公众的满意度衡量政策执行的成效,以公众的评价作为政策变迁的方向"[1],通过以保障民生为重要内容的社会建设,促进我国社会的公平与和谐发展。

综上,城市大众对城市公共服务需求的不断增长,客观上要求城市政府必须进行行政体制的持续改革,改革要以提供"更高效、更便捷"的城市公共服务为理论导向,以"精简机构、简政放权、积极引入市场社会组织"为行动指南,通过创新政府服务的方式,不断满足人民日益增长的公共服务需要。

---

[1] 姜晓萍.论"服务型政府"的基本内涵[J].四川行政学院学报,2004(2):8-11.

第七章

微观层面的社区公共服务：
实现机制与实践创新

在了解了宏观视角下的城市公共服务运行体制、机制保障之后，本章的重点是研究微观视角下社区层面的公共服务供给目前是如何运作的。探讨城市公共服务不能离开社区，当前我国的社区建设与社区公共服务的发展都取得了骄人的成绩，正是在这样的大背景下，我国社区公共服务的内容不断扩展，供给体系不断健全，供给过程更加完善，供给技术持续更新。

第一节　社区的公共服务

社区公共服务是城市公共服务得以落地的关键一环①。早在2006年发布的《国务院发布关于加强和改进社区服务工作的意见》就指出：要着眼于居民多层次、多样化的物质文化需求，特别是对居民最关心、最需要、通过努力又可以解决的问题及时提供服务，为社区居民排忧解难；要大力推进公共服务体系建设，使政府公共服务覆盖到社区；要充分发挥社区居委会在社区服务中的作用②。

一、　立足于社区的城市公共服务 ▶▷

2017年发布的《中共中央、国务院关于加强和完善城乡社区治理的意见》要求"提高社区服务供给能力。加快城乡社区公共服务体系建设，健全城乡社区服务机构，编制城乡社区公共服务指导目录，做好与城乡社区居民利益密切相关的劳动就业、社会保障、卫生计生、教育事业、社会服

---

① 本章所指的"社区公共服务"为城市社区的公共服务。
② 国务院关于加强和改进社区服务工作的意见[EB/OL].(2008-03-28)[2018-08-01]. http://www.gov.cn/zhuanti/2015-06/13/content_2878969.htm.

务、住房保障、文化体育、公共安全、公共法律服务、调解仲裁等公共服务事项"。

要厘清社区公共服务在城市公共服务体系中的核心地位与关键作用，必须从以下三对关系入手：城市与社区的关系、社区与居民的关系以及居民与公共服务的关系。

第一，城市与社区的关系。社区是城市管理的最小单位。城市社区是承接城市政府公共服务供给的重要空间，这种状况是在单位制解体后逐步确立下来的。随着城市"单位制"的改革，国家运用行政力量将大量的单位人从"单位制"中转移到街道办事处和居民委员会。同时，在"社会福利社会办"的指导思想下，各个企事业单位扮演的国家代理人角色逐渐退出历史舞台，其所承担的社会福利角色也逐渐弱化，而街道、社区和个人在教育、养老、医疗等公共服务领域则开始承担更加明显的责任[1]。为了逐步解决这一问题，民政部在20世纪80年代中期开始倡导在城市社区层面提供公共服务，工商、税收、司法、劳动、卫生等部门也将大量的政务性工作下派到社区，社区服务逐渐面向全体社区居民。因此，城市公共服务最终还是要落脚到社区，社区公共服务供给到位、内容全面才能充分保障城市管理水平的提升与管理秩序的稳定。当然，在此过程中，政府并非完全不存在，而是以协调者的身份促进社区公共政策的决策过程，并且避免公共政策的破产[2]。总之，公共服务的研究不能脱离社区而空谈、泛谈，密切结合社区实际来看新时代背景下的公共服务供给才会发现更具针对性的问题，从而提出更有建设性的意见。

第二，社区与居民的关系。城市经济社会的高速运转、地理位置的疏远以及价值观的转变已经逐渐撕裂了旧有的亲缘、地缘等深层社会网络联结，价值、道德与伦理等文化脉络正在发生质的变化，社会呈现出碎片化、原子化的状态。有学者曾言："现代化是一种破坏传统社区的力量，它以经

---

① 黄锐，文军.走出社区的迷思：当前中国社区建设的两难抉择[J].社会科学，2013（2）：62-67.

② COOPER T L, BRYER T A, MEEK J W. Citizen-centered collaborative public management [J]. Public Administration Review, 2006(66): 76-88.

济理性和社会流动的力量冲击传统社会中普遍存在的共同体意识和情感性联系,并造成颠覆性后果。"①然而,公共服务是连接社区与居民的重要通道。通过公共服务体系建设、内容供给、机制创新,社区居民得以在相互隔离的社会中重新找寻到社会认同感与心理归属感,重建人与人之间的情感纽带。社区公共服务就像是一张巨大的网,将居民与社区自组织、社会组织、基层政府等主体连接起来,逐步深化城市基层治理体制机制的创新②。另外,2006年国务院发布的14号文件《关于加强和改进社区服务工作的意见》,突出强调了社区公共服务应当包括社区就业服务、社区社会保障服务、社区救助服务、社区卫生和计划生育服务、社区文化教育以及体育服务、社区流动人口管理和服务、社区安全服务等。而随着城市社区的转型与居民服务需求的转变,社区除了在医疗、健康、教育、交通、住房等与个人生活紧密相关的领域提供服务之外,越来越多地涉及了选举、治安、公共安全等社会议题,越来越凸显出社区公共服务的"社会性"特质。这说明了社区的服务内涵发生了转变,城市社区除了是社区居民的日常生活空间之外,更是其基于公民权利发展参与社区事务、完善社区服务的公共空间。因此,从社区与居民的关系上看,研究城市公共服务必须密切联系社区实际。

　　第三,社区居民与公共服务的关系。社区居民是公共服务的直接对象,社区的公共服务是为了满足居民不断增长且日益复杂化的需求,而只有居民自身最清楚自己的服务需求与利益诉求。传统的基层社区治理是单向命令式的,城市政府长期以来都是社区公共服务的政策制定者、资源配置者和监督管理者,作为公共服务直接受益人的社区居民却长期处于"失声"状态。在国家治理转向以及供给侧改革的影响下,基层的双向互动越来越频繁,一个突出的表现就是公共服务"问需于民"。居民不再是被动地参与公共服务的供给,而是拥有和政府同等重要的权力,能够参与到社

---

① 王思斌.体制改革中的城市社区建设的理论分析[J].北京大学学报(哲学社会科学版),2000(5):5-14.
② 黄锐,文军.基于社区服务的城市基层治理:何以可能,何以可为[J].福建论坛(人文社会科学版),2015(9):149-155.

区公共服务的各项规划和实施方案的制定过程中去。因此，为了能够更加精准地供给公共服务，提高公共服务供给的效率与水平，公共服务必须扎根于社区。

结合以上三点可知，要深植于社区探讨城市公共服务的供给，只有在社区里才能听到基层居民最真实的声音，了解他们最迫切的需求，满足他们参与社区治理的愿望，并实现城市整体有效供给公共服务的目标。

二、社区公共服务的发展成就 ▷▷

既然城市公共服务的探讨要放在社区中进行，那么有必要了解当前我国社区发展的整体情况，以对公共服务供给进行更加准确的定位和评判。

（一）新时代中我国的城市社区建设

1991年，民政部从国情出发并借鉴国外的先进经验，提出了社区建设这个新概念。2000年之后，国内学界对社区建设的研究显示出"井喷"的蓬勃景象[①]。我国的社区崛起是在社会转型的结构性冲击下所形成的产物，单位制的解体使社区成为城市居民进行再组织化以及利益整合的首要选择；城市化的浪潮打开了社区作为沉淀新增社会事务、维护社会发展稳定的缓冲空间的大门；基层管理体制的变革进一步推动了城市社区发展的步伐。

城市社区建设是在党的领导下，在政府的主导下，依靠社区力量，利用社区资源，强化社区功能，解决社区问题，促进社区政治、经济、文化、环境健康发展，不断提高社区成员生活水平和生活质量的过程。步入中国特色社会主义新时代以来，在全面深化改革、努力建设中国特色社会主义的过程中，在转变观念、锐意进取、全面建设小康社会的背景下，我国城市社区建设迎来了大发展的良好契机。总体来说，新时代我国的城市社区建设在体制、机制创新中取得了令人瞩目的成就[②]。

---

① 吴晓林.中国城市社区建设研究述评（2000—2010年）——以CSSCI检索论文为主要研究对象［J］.公共管理学报，2012，9（1）：111-120，128.
② 张平，吴子靖.新治理观视域下城市社区建设的中国道路［J］.新视野，2018（2）：50-56.

在制度创新方面,中央和地方紧密结合社区治理实践出台了很多保障社区建设顺利实施的政策文件,社区建设相关政策的系统性、关联性与耦合性日益增强[①]。中央层面加强了社区党建的政策保障,做出了社区民主协商的政策规定,制定了社区减负增效的政策规约;地方层面则相应出台了给社区减负的政策,加强了社区服务工作的政策保障,巩固了社区工作者队伍建设的相关措施。中央与地方都在不断地进行政策调适,目前已经初步建立起了上下联动、左右贯通、规范科学、运行顺畅的社区建设制度体系。

在体制创新方面,根据社区现实要求,对社区的机构设置、管理权限划分等方面进行了改革。力求梳理清晰党、政府和社区的权力与责任,充分释放社区活力,构建多元参与的治理局面,以达到优化社区公共服务提供效能、实现基层群众自治的目的。为社区减负增效、厘定社区职能是各地政府在社区建设中的主要体制创新成果[②]。社区减负增效工作在清晰界定党、政府和社区的权力边界以及各自的职责清单的基础之上,保证了政府惠民政策在社区的较好落实,同时还最大限度地发挥了社区的自治功能,使政府依法行政和社区依法自治形成了有效的衔接。

在机制创新方面,当前的社区建设创造性地协调了社区治理主体之间的关系,以使其更好地发挥作用。以"社区+社会组织+社工"三维主体为核心的"三社联动",是我国城市社区积极探索的创新机制。"三社联动"是以政府购买服务为牵引,以社区为平台,以社会组织为载体,以社会工作者为骨干,以满足居民需求为导向,通过社会组织引入专业资源和社会力量,通过提供专业化、有针对性的服务,把矛盾化解在社区,使多元服务供给在社区实现的一种新型社区治理机制[③]。"三社联动"的实施,激发了社会力量的参与活力,推动了社区服务的落实。

---

① 陈燕,郭彩琴.中国城市社区治理:困境、成因及对策[J].苏州大学学报(哲学社会科学版),2016,37(6):36-41.

② 金世斌,邱家林,吴江.让社区回归自治本位——基于N市社区减负工作的调研与思考[J].南京社会科学,2017(9):58-63.

③ 田舒."三社联动":破解社区治理困境的创新机制[J].理论月刊,2016(4):145-150.

（二）我国社区公共服务发展成就

社区公共服务是指在党委的统一领导下，在政府的指导和扶持下，在社会的多元参与下，以街道和居民委员会为依托，以社区居民的自助互助为基础，以社区全体居民为对象，以满足社区居民生活需求、提高社区居民生活质量为最终目的的社会福利服务。社区公共服务是社区治理的主要内容，对提高居民生活水平、促进社会进步和城市发展具有重要作用。2016年，民政部制定了《城乡社区服务体系建设规划（2016—2020年）》，对未来五年社区服务的发展目标、重点任务和政策措施做了详细规定。截至目前，我国的城市社区公共服务建设已经取得了较大成绩：社区公共服务供给主体不断完善，社区公共服务内容不断丰富，社区公共服务方式不断创新[1]。

在社区公共服务供给主体方面，除了政府在持续加大社区公共服务的投入力度外，企业和社会组织在公共服务供给方面也发挥着越来越重要的作用。如中信国安集团在2016年正式推出社区服务品牌——国安社区，通过线上互联网平台和线下门店网络体系，为居民提供步行一刻钟社区服务圈、本地一小时上门服务。在社区公共服务内容方面，从传统的社区养老、医疗、教育服务发展到法律援助、社区矫正、志愿帮扶等内容，社区公共服务供给呈现多样化的趋势。在社区公共服务方式方面，越来越多的社区顺应信息化时代的潮流，以"互联网+"的形式来开展社区公共服务，方便快捷、精准有效[2]。

总体来看，我国社区公共服务表现出扁平化、精细化、全时化、定制化、信息化的发展特征[3]。在社区建设如火如荼的进程中，社区公共服务的完善正在推动社区更稳、更快地步入治理时代，而反过来，社区的建设也使社区公共服务的发展越来越好。

---

[1]　张平，周立.中国城市社区治理报告（2018）[M].北京：中国社会出版社，2016.

[2]　何继新，李原乐."互联网+"背景下城市社区公共服务精准化供给探析[J].广州大学学报（社会科学版），2016，15（8）：64-68.

[3]　陈荣卓，申鲁菁.我国城市社区公共服务创新：地方经验与发展趋势[J].当代世界社会主义问题，2016（1）：28-44.

第二节　我国社区公共服务的发展要求

社区公共服务的高效、高质供给是城市社区治理发展的深层内涵。随着供给侧改革的深入发展,社区公共服务的供给也越来越强调根据社区居民的需要进行有针对性的精准供给。居民的公共服务诉求是千差万别的,但基层社区医疗卫生、居家养老、公共文化等服务的供给是我国所有基层社区服务供给的重中之重。虽然因自然状况与经济发展水平的差异,各地的社区公共服务供给内容有不同侧重,但部分社区公共服务供给中出现的新做法、新创意值得所有的社区关注和借鉴。

一、供给侧改革下的社区公共服务理念 ▷▷

2015年11月,习近平总书记在中央财经领导小组会议上首次提出"供给侧改革",要求"在适度扩大总需求的同时,着力加强供给侧结构性改革,着力提高供给体系质量和效率,增强经济持续增长动力"。这一改革提出的理论背景是新常态下的经济中长期增长与结构调整带来的瓶颈制约[1]。因此,供给侧改革的要义就是从提高供给质量出发,用改革的办法推进结构调整,提高供给端对需求端的适应性、灵活性,促进经济社会持续健康发展。供给侧改革起源于经济学领域,但是作为指导我国改革实践的理论排头兵,它对于人民性、服务性的强调与我国城市社区公共服务供给的价值内核是相吻合的;同时,它的"以人为本"的理论逻辑主线与城市社区公共服务供给中"提升居民满意度、获得感与幸福感"的价值指向是相契合的。在供给侧改革"去产能、去库存、去杠杆、降成本、补短板"的五大

---

① 查显友,丁守海.中国供给侧结构性改革不能简单照搬西方理论[J].红旗文稿,2016
(8):4-6,1.

任务目标中,公共服务供给是"补短板"的重要内容,所以提升公共服务质量和公共产品数量是社区治理供给侧改革的关键部分。因此,供给侧改革是观察社区公共服务供给现状、检视社区公共服务供给成效的新理论、新视角[①]。

城市社区公共服务供给侧改革的逻辑是基层政府及社会、市场主体从社区居民最直接、最迫切的公共服务需求入手,结合自身供给水平和能力,运用从意愿识别到需求管理再到成效评估等多种手段,来扩大城市社区有效服务的供给,提高社区成员的生活满意度、获得感与幸福感。社区公共服务的供给侧改革具有重要的意义。从需求侧来说,有利于应对居民需求的异质化、复杂性特征,在满足居民生存性需要的基础上,兼顾其发展性需要[②];从供给侧来说,有利于将灌输式、单向度和同质化的社区公共服务供给转变为居民参与、平等协商、精准供给的服务模式。除此之外,这一改革能够不断累积政治合法性资源,强化党和政府基层领导的正当性和权威性,最终有利于更新基层治理工具,形成社会治理的良好格局。

总之,供给侧改革转变了以往政府在社区公共服务供给中唱"独角戏"的现象。社区公共服务的供给内容与供给优先性要由居民说了算,供给的效果与改进的方案要由居民来提出。听取居民需求、进行需求排序、组织绩效评估等过程,能够极大地调动社区居民参与社区自治、供给公共服务的积极性和主动性。同时,社区公共服务供给内容也随不同社区、不同居民诉求而呈现出异质化特征。总体来说,我国城市社区的公共服务供给内容主要集中在社区医疗卫生、社区养老、社区文化服务等几个方面。

二、 社区公共服务重点内容 ▷▷

我国城市社区的公共服务覆盖内容十分广泛。在2006年国务院发布

---

① 王佃利,孙悦.供给侧改革视域下城市社区治理转型与服务供给创新[J].南京邮电大学学报(社会科学版),2018(2):17-26.
② 唐皇凤.社会主要矛盾转化与新时代我国国家治理现代化的战略选择[J].新疆师范大学学报(哲学社会科学版),2018(4):1-11.

的14号文件《关于加强和改进社区服务工作的意见》中,突出强调了社区公共服务应当包括社区就业服务、社区社会保障服务、社区救助服务、社区卫生和计划生育服务、社区文化教育以及体育服务、社区流动人口管理和服务、社区安全服务等。在此基础上,有学者对社区的公共服务按照不同标准进行了分类。如将社区公共服务设施分为生活服务设施、社会管理设施和社会福利设施三类;或者根据社区公共服务类型的不同,分为自治型公共服务、保护型公共服务、专业型公共服务和运营型公共服务等。本书将着重展现目前我国城市社区在社区医疗卫生、社区养老、社区文化等方面取得的突出成绩。

(一)社区医疗卫生服务

2006年,国务院颁布了《关于发展城市社区卫生服务的指导意见》,有力地推动了社区卫生服务机构的建设步伐。社区卫生服务中心是社区公共服务的重要组成部分,也是城市医疗卫生体系的组织基础,主要承担着健康教育、预防、保健、康复、计划生育服务和一般常见病、多发病的诊疗服务等职能,对保障和改善城市居民的健康状况具有重要作用。完善以社区卫生服务为基础的城市医疗卫生服务体系是"十三五"时期深化医药卫生体制改革的一项重要任务。《中共中央、国务院关于深化医药卫生体制改革的意见》将健全基层医疗卫生服务体系作为重点改革内容之一,对基层医疗卫生的机构建设、人才队伍、补偿机制和运行机制等方面进行改革[①]。诸多调查研究表明,我国各地社区卫生服务机构建设渐成体系,服务功能逐步到位,社区卫生服务的成效初步显现。

以2005—2013年的《中国卫生统计年鉴》以及2014—2015年的《中国卫生和计划生育统计年鉴》为资料来源,统计显示2005—2014年,我国社区卫生服务机构的卫生费用、机构数、床位数、卫生技术人员数分别增长了804.99亿元、17 110个、170 895张、385 207名,年均增长率分别为31.91%、

---

① 国务院.国务院关于印发"十三五"深化医药卫生体制改革规划的通知[EB/OL].
(2016 – 12 – 27)[2018 – 08 – 03].http://www.gov.cn/zhengce/content/2017 – 01/09/
content_5158053.htm.

8.00%、25.69%、18.82%。洛伦兹曲线显示，2014年，全国以及东部、中部、西部地区卫生费用、机构数、床位数、卫生技术人员数按人口分布的公平性高于按面积分布的公平性[①]。

　　根据《2017年我国卫生健康事业发展统计公报》的最新数据显示，截至2017年底，全国已设立社区卫生服务中心（站）34 652个，其中，社区卫生服务中心9 147个，社区卫生服务站25 505个。与2016年相比，社区卫生服务中心增加了229个，社区卫生服务站增加了96个。社区卫生服务中心人员为43.7万人，平均每个中心48人；社区卫生服务站人员为11.7万人，平均每站5人。社区卫生服务中心（站）人员数比上年增加了3.3万人，增长了6.3%。2017年，全国社区卫生服务中心诊疗人次为6.1亿人次，入院人数为344.2万人，医疗服务量比上年增加；平均每个中心年诊疗量为6.6万人次，年入院人数为376人；医师日均担负诊疗16.2人次和住院0.7日[②]。2017年，全国社区卫生服务站诊疗人次为1.6亿人次，平均每站年诊疗量为6 266人次，医师日均担负诊疗14.1人次[③]。

　　从以上数据来看，我国社区卫生服务发展十多年来，取得了长足的进步，医疗卫生服务能力正在逐步提升。科室设置和设施配置较为齐全，为医疗卫生服务提供了重要保障；医务人员素质不断提高，为医疗卫生服务能力的提升奠定了重要基础；积极探索双向转诊，促进基层首诊，分流了城市医疗服务的巨大压力；同时，中医药服务也在社区卫生服务中心稳步推广[④]。

---

① 李志刚，杜福贻．李丽清．我国社区卫生服务机构卫生资源配置的公平性研究［J］．中国全科医学，2018，21（10）：1154-1160.

② "医师日均担负诊疗人次"与"医师日均担负住院床日"均为医疗服务相关指标。"医师日均担负诊疗人次"的计算公式为：诊疗人次数/平均执业（助理）医师人数/本月日历天数，"医师日均担负住院床日"的计算公式为：实际占用总床日数/平均执业（助理）医师人数/本月日历天数。

③ 2017年我国卫生健康事业发展统计公报［EB/OL］.（2018-06-12）［2018-08-05］. http://www.nhfpc.gov.cn/guihuaxxs/s10743/201806/44e3cdfe11fa4c7f928c879d435b6a18. shtml.

④ 张明妍，丁晓燕，高运生．我国社区卫生服务机构服务能力现状、问题及对策［J］．中国卫生事业管理，2016，33（9）：654-656.

（二）社区居家养老服务

2015年，我国失能、半失能的老年人口已有4 000万人左右，患有慢性病的老年人为1.5亿人左右。据估计，到2020年，我国60岁以上老年人口将增加到2.55亿人左右，约占总人口的17.8%，高龄老人将增加到2 900万人左右，独居和空巢老人将增加到1.18亿人左右，老年抚养比将高达28%[①]。2013年，《国务院关于加快发展养老服务业的若干意见》（国发〔2013〕35号）首次提出要"推动医养融合发展"[②]。为积极推动和加快发展我国医养结合服务，各部门联合印发的《"十三五"国家老龄事业发展和养老体系建设规划》《"十三五"卫生与健康规划》均明确提出，要建立健全医疗卫生机构与养老机构的业务协作机制，推动医疗卫生与养老服务融合发展。政府工作报告中也指出，要加快发展服务消费，推动服务业模式创新和跨界融合，发展医养结合等新兴消费方式。

在实际开展的医养结合服务形式中，社区卫生服务中心与养老机构协议合作存在种种优势，养老机构多建在社区卫生服务中心附近，社区卫生服务中心可以定期上门巡诊，遇到紧急情况社区卫生服务中心也能及时处理、及时转诊[③]。因此，社区医养结合模式是当前社区养老的新办法。浙江嘉兴嘉北街道天河社区的医养结合社区养老公共服务走在了前列。

2016年6月，浙江嘉兴经济技术开发区嘉北街道天河社区成为"第一批国家级医养结合试点单位"之一。天河社区也是"老龄化社区"，社区共有477名60岁以上的老人，其中约30%处于失能和半失能状态，且大多伴有多种慢性疾病，急需"医养结合"的老年护理服务[④]。为解决社区老人对于

---

① 《"十三五"国家老龄事业发展和养老体系建设规划》解读[EB/OL].（2017-03-15）[2018-08-05].http://www.gov.cn/zhengce/2017-03/15/content_5177770.htm.

② 国务院关于加快发展养老服务业的若干意见（国发〔2013〕35号）[EB/OL].（2013-09-13）[2018-08-07].http://www.gov.cn/zwgk/2013-09/13/content_2487704.htm.

③ 同春芬，王珊珊.社区卫生服务中心与养老机构合作路径探析——以朴素式创新和伙伴关系理论为视角[J].学术界，2017（6）：78-87.

④ 嘉兴天河社区："医养结合"打通社区养老"最后一公里"[EB/OL].（2017-06-01）[2018-08-08].https://zj.zjol.com.cn/news/655317.html.

"医养结合"的迫切需求，进一步提升社区居家养老服务管理水平，天河社区利用两年时间对现有社区居家养老服务中心进行"提档升级"，在为"走出来"的老年人服务的同时，也向"在家的"老年人拓展，提供形式多样的上门服务，真正实现"居家养老"。天河社区通过搭建智慧养老信息平台，实现养老数据和医疗健康数据的一体化，依托嵌入式医养服务设施，整合街道社区卫生服务中心等多方医养资源，并以家庭责任医生团队签约服务为基础，探索开展居家老年人群的社区延伸医疗保健服务等。天河社区还通过家庭医生签约、家庭病床入户等形式，为高龄、慢病、空巢等老人提供长期、动态、个性化的居家健康服务，努力形成完整的社区居家养老医养结合标准化体系，打通社区居家医养的"最后一公里"。

（三）社区公共文化服务

公共文化指的是不以营利为目的，保障和满足大众基本文化需求的各种文化机构、产品和服务的总和。它具有公益性、基本性、均等性和便利性等特征[①]。随着我国经济水平的发展、产业结构的调整和流动人口的增加，社区居民的公共文化需求不断提升。党的十八届三中全会指出，推进基层综合性文化服务中心建设工作，有利于完善公共文化设施网络，有利于增加公共文化服务的供给，丰富群众的精神文化生活。2015年，国务院办公厅下发了《关于推进基层综合性文化服务中心建设的指导意见》，就推进基层综合性文化服务中心建设做出全面安排，是新时期基层政府做好公共文化服务的标准指南[②]。2016年，国家"十三五"规划中又做出了"加强基层文化服务能力建设"的战略部署[③]。2017年，十九大报告提出了"完善公共文化服务体系，深入实施文化惠民工程，丰富群众性文化活动"的要求。

---

① 陈信,邹金汇,柯岚馨.我国基本公共文化服务的理论根源和现实依据[J].国家图书馆学刊,2015(2):18-23.

② 国务院办公厅.关于推进基层综合性文化服务中心建设的指导意见[EB/OL].(2015-10-20)[2018-08-12].http://www.gov.cn/zhengce/content/2015-10/20/content_10250.htm.

③ 新华社.十三五规划纲要全文[EB/OL].(2016-03-18)[2018-08-12].http://www.sh.xinhuanet.com/2016-03/18/c_135200400_2.htm.

与传统的基层文化馆（站）相比，新建的社区文化中心作为公共文化服务的重要平台，具有功能集成、内容多元、质量较高、参与广泛、深入等特点，可以更好地为城市社区居民提供便利的一站式公共文化服务[①]。上海作为我国经济发达的东部沿海地区，在基层社区公共文化服务供给体制改革方面一直先行先试，走出了一条具有地方特色的基层社区文化供给创新之路。

"公共文化"是上海的一张名片。社区居民在家门口就可以看到丰富的演出，参与读书、插花等体验活动，这些都与社区文化中心的努力密不可分[②]。遍及上海各街镇的200多家社区文化服务中心是市民享受公共文化服务的重要阵地，但各个社区的文化服务活动中心都是各自为政，相互之间很少交流。2012年6月，上海市社区文化活动中心协会成立。该协会成立以来，积极探索和完善公共文化服务的标准化、专业化管理，在公共文化产品政府购买服务机制上添功能、做加法，为各社区文化活动中心搭建积极有效的交流平台。五年来，协会打通了行政区划的"疆界"，各社区文化活动中心交流频繁。活动中心以"文化走亲"的方式进行跨区域"互访"，定期交换文艺骨干，形成了"跨界文化行"等主题品牌文化活动[③]。这些举措让上海市的社区居民享受到了更多的优质公共文化服务，是社区公共文化服务供给中的创新点。

第三节　我国社区公共服务的供给体系构成

现代化的浪潮已经打破了传统社区公共服务供给格局中政府一家独大

① 郭剑雄.城市社区文化中心公共文化服务供给研究——基于上海与青岛、济南比较的视角[J].四川师范大学学报（社会科学版）,2018(3):16-23.
② 澎湃新闻.上海的社区文化中心是如何服务于居民文化需求的[EB/OL].(2017-08-26)[2018-08-12].http://www.thepaper.cn/newsDetail_forward_1775300.
③ 上观新闻.全市200多家社区文化活动中心有了"娘家人"[EB/OL].(2017-08-25)[2018-08-12].https://www.jfdaily.com/news/detail?id=63004.

的现象，并且随着居民需求异质性的增强及其参与意识的提高，如何推动多元主体共同参与到社区公共服务供给中来变得越来越重要。基层社区党组织是社区服务供给的坚实堡垒和中坚力量，构建党建引领、多元参与的公共服务供给体系是大势所趋。

一、党建引领 ▶▶

（一）城市社区党建内涵与参与逻辑

1. 我国的城市社区党建

城市社区党建是指在城市街道辖区内，以街道党（工）委为核心，以居民区党支部为基础，以社区全体党员为主体，社区内各类基层党组织共同参与、形成合力的区域性党建工作[①]。目前，全国各地的社区党建工作基本包括以下三个方面：一是街道社区党（工）委及其下属机关的党的建设；二是驻社区的企事业单位的党组织建设工作；三是居住在社区内的在职党员、离退休党员等这些传统的单位党建工作所不能覆盖的基层党建工作[②]。

实际上，加强和完善社区的公共服务供给，破解社区发展的主要矛盾和主要难题，关键在于党建引领。2016年2月，习近平总书记考察南昌市光明社区时指出："社区工作很重要，一是要抓好党的建设，使党组织真正成为社区的领头人，把各方面工作带动起来。二是要抓好服务，人民群众的事情就是我们的牵挂，要以问题为导向，力争实现各种服务全覆盖，不断满足百姓提出的新需求。"[③]

党的十八大以来，各地社区党建服务中心和党群服务中心的建立，一方面为丰富多样的区域化党建工作找到了新的载体；另一方面也为党建引领

---

① 张超. 中国城市社区党建研究述评[J]. 中共杭州市委党校学报，2013（4）：89-96.
② 罗晓蓉. 把党支部建在社区社会组织上——J省N市L社区"睦邻互助"协会的实践考察[J]. 地方治理研究，2012，14（4）：27-30.
③ 习近平：人民群众的事情就是我们的牵挂[EB/OL].（2016-02-03）[2018-08-13]. http://www.xinhuanet.com/politics/2016-02/03/c_1117985476.htm.

下的社区公共服务供给搭建了平台。各地社区党建服务中心或党群服务中心，围绕"凝聚党心，服务群众"的宗旨，持续加强社区党委"同心圆"的政治引领功能和"连心桥"的服务群众功能，共同筑造了"一核多元"和"一核多能"的社区治理和服务创新的全新架构。在社区公共服务供给方面，各地围绕基层党建，初步形成了社区党委与辖区内各主体之间"一核多元"同心圆式的社区公共服务供给格局。"一核"，即"一个领导核心"，以社区党委为领导核心；"多元"，即"多元供给主体"，包括社区服务中心、社会组织、驻地单位等在内的多元主体共同参与提供社区服务①。

2. 基层党组织参与社区公共服务供给的逻辑

基层党组织是社区公共权力的领导核心，更是完善和提升基层社区公共服务供给水平的重要主体力量。在经济转轨和社会转型的背景下，基层党组织除了需要承继原有历史逻辑与发展路径外，还需要适应社会新常态的变化，积极整合社会力量，承担起基层社区公共服务供给的责任与重担。

第一重逻辑是提升社区治理的参与水平，推动多元主体参与公共服务的供给。政党治理与国家政权、社会治理具有密不可分的关系，是衔接国家公共权力和社会民众利益的桥梁和纽带②。我国城市基层管理由单位制转化为社区制后，原有的城市空间结构和单位组织形态被打破，大量的公共服务任务回归到社会中来，基层成为国家权力与社会力量互相交织、渗透，甚至冲突的基本场域③。但随着国家权力的下移，基层社区的自我服务却呈现出能力欠缺、发育迟缓的问题，迫切需要党和国家做出引导和策略性调整。党的建设能够调动起公共服务供给中的多元主体共同参与到社区服务建设中来；同时，通过搭建利益诉求表达的平台，实现行政与社会力量的有机结合，更好地完善公共服务供给。

第二重逻辑是维持基层秩序和社会稳定，构筑社区居民的利益表达平台。公共服务供给整合机制易发生行政化的变异，而一些社区和群团

① 曹海军.党建引领下的社区治理和服务创新[J].政治学研究,2018(1): 95-98.
② 安德鲁·海伍德.政治学核心概念[M].吴勇,译.天津: 天津人民出版社,2008.
③ 伍玉振,昌业云.基层党组织参与城市社区治理的内在逻辑与路径选择[J].理论导刊,2017(7): 22-25.

组织因权威性与管理能力不足显然难以承担使命。而基层党组织兼具政治性和社会性：一方面可以通过政党属性承接由于政府职能转变而释放的公共服务职能，将政府的公共服务政策贯彻于社区之中，减少政府在基层的行政阻力和成本，提高行政效率；另一方面党组织能够拓展社区居民的利益表达渠道，对民生诉求进行一定的整合，促进社区公共服务领域的发展。

第三重逻辑是促进社区党建良性发展，集聚社会政治资源。现代政党的性质决定着政党不是一个封闭的体系，而是一个开放与流动的系统[①]，其自身的发展与转型必须同社会发展保持同步。改革开放以来，我国政党的发展在一定程度上落后于社会和经济变革，影响到政党利益与国家利益、人民利益的一致性。为确保党始终处于总揽全局、协调各方的核心地位，必须相应提高政党的现代化水平，扩大政党的社会化基础，提高基层社会参与程度。基层党组织利用和发挥自身的制度和组织优势参与社区公共服务的供给，有助于创造和累积起良性的政治发展资源，引导和协调政府、市场和社会力量在基层社区公共服务供给中形成正向推动力。

（二）党建引领下的公共服务供给

1. 如何在党建引领下供给公共服务

基层党组织通过不断加强自身建设来推动基层社区公共服务供给体系的完善。同时，基层社区党建也极大地促进了社区其他供给主体的成长和发展，塑造了社区自我管理、自我服务的精神。

1）加强区域党建，健全联动体系

2017年7月，时任中组部部长的赵乐际在全国城市基层党建工作经验交流座谈会上指出：“要强化街道党组织统筹协调功能，推进街道社区党建、单位党建、行业党建互联互动，扩大商务楼宇、各类园区、商圈市场、互联网业等新兴领域党建覆盖，健全市、区、街道、社区党组织四级联动体系。”[②]在

---

① 王怀明.组织行为学：理论与应用［M］.北京：清华大学出版社，2014.

② 人民网.为城市改革发展稳定提供坚强保证［EB/OL］.（2017-07-20）［2018-08-12］.
　http://politics.people.com.cn/n1/2017/0720/c1001-29416054.html.

此基础上,全面提升党组织在区域内的整合资源和组织动员能力,形成齐抓共管社区公共服务供给的强大合力,探索"区域统筹、资源整合、服务联动、共建共享"的区域化社区服务供给之路。各地设立党建服务中心和党群服务中心,就是为了引导区域内各类基层党组织和党员找到基层家园,凝聚党心,进而更加主动地融入社区,服务群众,积极参与区域化党建工作,以实际行动回报社会。区域大党建工作,能不断地巩固各级党组织的联动关系,为基层社区的公共服务供给提供扎实的资源保障。

2)抓好基层党建,促进自我服务

社区党组织是社区治理和服务中的核心主体。在当前时代,社区中涌现了大量的新型经济组织和社会组织,社区人员思想多元、成分复杂、流动频繁。只有社区党组织坚强有力,才能有效推进社区公共服务的有效供给。现实需要和客观情况要求社区党组织必须加强自身建设,一是要创新社区党组织设置形式。按照"便于党员管理、便于开展活动、便于服务居民"的原则建立社区党组织,在党员人数100人以上的社区成立党委,并结合实际组建"网格党支部""小区党支部""楼宇党支部"等,确保党的工作不留"空白点"。二是要加强社区党组织领导班子和队伍建设。切实抓好社区干部的培训,分类管理社区党员,从严从实开展组织生活,严肃处置不合格党员,为社区公共服务的供给提供坚实的领导后盾。

3)大力发展文化,增进社区凝聚

社区文化是社区共同体的核心要素,是凝聚党员、凝聚居民、凝聚社会的精神纽带,更是社区实现优质公共服务供给的内在要求。面对社区成员价值观、消费观、利益观的多元化特点,党组织要将党建工作与先进文化相融合,将党的路线方针政策有机融入社区文化建设当中。一是要以文化教育人,引领形成健康向上的道德风尚;二是要以文化陶冶人,引领树立合力共为的价值理念;三是要以文化凝聚人,引领建设人文家园的工作合力。以党建为基础大力发展社区文化,增进社区居民的认同感与归属感,增强社区凝聚力,从而更好地投入到社区公共服务建设上来。

4)推动居民自治,精准供给服务

要坚持基层社区党组织的建设和领导,有序扩大群众参与,有效推进社区公共服务建设。一是要厘清社区治理职权。切实转变政府治理职能，积极为社区减负增效，推动形成资源整合、运行高效的现代社区公共服务供给体系。二是要加强社区居民自治。探索并完善社区成员代表会、社区民主协商会、社区党员议事会等行之有效的方法，以推动社区居民的自我管理与自我服务。三是要激发社会组织活力。要以群众需求为导向，推进"三社联动"，让各类社会组织承担更加多样化、个性化的社区公共服务功能。

2. 军门社区 135 社区党建工作法

发端于福州军门社区的"135"社区党建工作模式，抓住了社区工作的三个关键——谁来领导、如何组织、怎么服务。其中的"1"，即一个核心，整合社区和辖区单位党组织资源，通过共建、委员兼职，强化社区党组织这个核心；"3"即建设社区的工作者、党员、志愿者三支队伍；"5"即健全共同参与组织机制、民主管理监督机制、基本建设保障机制、服务群众长效机制和党建责任落实机制五项工作机制①。军门社区对"135"模式的探索始于2003年。多年来，"135"模式的大力推行，让军门社区实现了美在社区、爱在社区、乐在社区、安在社区、和在社区的美好愿景。2012年以来，"135"社区党建工作模式在福州全市推广，内容不断丰富，内涵不断拓展，功能不断提升。

推行社区大党委制，吸纳驻区单位党组织联络人担任社区党委兼职委员，是"135"模式中扩大社区党组织覆盖面的一个创新点。为强化社区党组织的核心作用，福州市各社区着力构建"纵向到底、横向到边"的网络化社区组织体系。"纵向到底"，即"社区建党委（党总支）、小区建党支部、楼院建党小组"的"三级核心网络"；"横向到边"，则是由社区党委牵头，与辖区单位党组织签订共驻共建协议，同时吸纳共建单位党组织联络人担任社区党委兼职委员，参与社区建设重大问题的研究、讨论和决策。通过社区党建工作，军门社区居民的诉求表达渠道更加通畅，多元主体参与更为普遍，公共服务供给更加完善。

---

① 福州市"135"社区党建工作模式观察［EB/OL］.（2014-11-13）［2018-08-12］.http://dangjian.people.com.cn/n/2014/1113/c117092-26018379.html.

二、 多元参与 ▶▶

（一）多元参与的必要性分析

在城市社区公共物品供给过程中，协同合作的基础来源于以下两个方面：一是各主体均属于城市社区公共物品供给的利益相关者；二是各主体单独供给具有局限性，而需求具有多样性和层次性等异质性特征。所以，城市社区公共物品供给需要政府、市场、社会组织以及社区居民等多主体的协同合作，以整体性回应居民的异质性需求。具体来说，多元主体参与社区公共服务供给的必要性体现在以下几个方面。

1. 以主体互动扩大供给空间

随着经济的迅速发展，城市社区居民的需求日益复杂、多元，面对多元的需求，单一供给主体的资源与能力总是有限的，这会导致供给空间过于狭小，使多数社区居民的公共服务需求难以得到满足。随着城市社区治理的改革，社区公共服务的供给向多元主体协同合作供给转变。这可以整合多主体力量，加强各主体互动，打破单个主体的局限性，进而扩展社区公共服务的供给范围，扩大社区公共服务供给空间。

2. 以协同合作提升供给效能

我国的城市管理正由单位制、街居制向社区制转变，政府垄断的行政化供给正向市场化多主体协同合作供给迈进[1]。在政府垄断的行政化供给中，政府既是生产者，又是供给者，导致公共服务供给效率低下，政府很难注意到不同社区居民需求的异质性，致使公共服务供给质量处于初级水平。政府、市场、社会组织以及社区居民的协同合作使公共服务的供给结构和供给方式日益多元，有效提高了基层社区公共服务供给的效率与公平性，能消解单一主体供给带来的诸多问题与矛盾。

---

[1] 何继新，李莹.关于城市社区公共物品供给多主体协同合作的思考[J].天津行政学院学报，2016（2）：9-15.

3. 以多方驱动促进供需平衡

在城市社区公共服务供给过程中，政府以命令等级机制为主，企业运行以价格机制为主，社区运行以自治机制为主[①]。它们彼此之间更倾向于关注自身的供给行为，造成公共服务供给的非规模化与分散性。在公共服务多元主体供给的过程中，形成了各个供给主体的相互监督和协同合作，这不仅可以规范和约束供给主体的行为，而且可以通过供给主体与居民的信息沟通，知晓社区居民的公共服务需求，实现社区居民的需求与各方主体供给决策相协调，进而达到社区公共服务的供需匹配与均衡。

4. 以需求导向推动社区和谐

社区居民的需求是多种多样的，而居民本身参与社会活动的需求促使其成为供给主体，并且需求的多样化催生了供给主体的多元协同合作。鉴于多主体协同合作供给对居民需求的感知更具时效性，在社区建设过程中应加强各主体之间的协同合作，以满足社区居民异质性需求为导向，接受社区居民的需求信号，整合多方资源，满足社区居民对公共物品的需求，丰富社区建设内容，推动社区和谐发展。

（二）社区公共服务供给中的多元主体

政府单一向度主导的行政型社区公共服务供给时代已不复存在，包括社会组织、市场组织、居委会等在内的多元主体共同参与社区公共服务供给的格局已成为时代的潮流。在构筑基层社区公共服务供给体系的过程中，首先要厘定各个主体在这个过程中的角色与定位。

1. 基层政府：供给关键主体的职能嬗变

街道办事处作为城市社区的基层行政组织单位，是城市管理的基础单位，也是城市社区中唯一具有直接行政指挥权的组织。它们是区政府的派出机构，直接接受区政府的统一领导。街道办成为社区治理主体结构中的主导者，也是社区公共服务供给中的关键主体[②]。因此，在城市社区发展的

[①] 陈伟东. 社区自治：自组织网络与制度设置[M]. 北京：中国社会科学出版社，2004.
[②] 何继新，罗永泰. 我国城市社区公共物品供给：研究回顾与拓展问题识别[J]. 城市发展研究，2015（5）：98-103.

"单位制"和"街居制"时期,政府以其强有力的行政主导力量来提供社区公共服务。但时至今日,基层政府已经逐步实现了其在社区公共服务供给中的职能嬗变①,具体表现在以下三方面。

一是公共服务供给的资源保障职能凸显。行政系统中基层政府的职权决定了它们掌握着主要的经济资源、物质资源与人力资源,由此使政府在资源调动和资源整合方面拥有无可比拟的优势,这能够为其他主体提供人、财、物方面的支持,进而为社区的公共服务供给提供必要的保障。

二是培育主体职能成为重要方面。在公共服务供给中,社会组织和公民能力的不足决定了多元主体协同合作的基础必须是政府积极培育社会中介组织、社区志愿团体等一系列自治组织。政府还权于社会、还权于民的一个主要特征就是把培育自治组织作为一种治理方式贯彻到社区公共服务供给的各个方面,而不是单纯地以职能转变为核心下放权力,这样才能推动各类非政府组织走上渐趋成熟的道路。

三是公共服务供给的制度建设职能不断加强。一方面,基层政府从战略层面制定出符合本社区实际情况且操作性较强的社区公共服务供给规划,从全局角度指导社区公共服务的建设发展;另一方面,基层政府不遗余力地促进城市社区内公共服务供给的基本管理制度建设,营造一个好的制度环境。

2. 社会组织:逐步成长的服务供给主体

社会组织主要包括驻区单位和社区非营利组织。驻区单位通常包括社区范围内的行政单位和事业单位。由于拥有较多的社会资源,它们在社区公共服务供给过程中发挥着不可替代的作用。社区非营利组织主要是指在社区内以社区居民为成员,以社区地域为活动范围,以满足社区居民的不同需求为目的,由居民自主成立或参加,介于社区主体组织(社区党组织和社区居民委员会)和居民个体之间的志愿性或趣缘性组织②。城市社区中社会组织的发展是伴随着"国家—社会"结构变迁以及社会自主性力量的

---

① 陈荣卓,申鲁菁.我国城市社区公共服务创新:地方经验与发展趋势[J].当代世界社会主义问题,2016(1):28-44.

② 王梅.利益相关者逻辑下城市社区的治理结构[J].北京行政学院学报,2008(2):30-33.

不断成长而逐步推进的。它们以致力于社区公共服务的完善与居民需求的满足为逻辑前提。社会组织在社区公共服务供给中的作用表现为以下两个方面。

一是组织社区居民有序参与公共服务建设。社区公共服务的自我供给是公共服务供给的高级形式，社会组织发挥其载体依托与平台优势，最大限度地促进社区居民的有序公共参与和通力合作，共同致力于供给更加优质的公共服务。由于社会组织的建立基础是成员间价值观的认同，是共同目标的指引，所以在参与动员、协商决策、运作机制上，社会组织较之其他系统具有独特的组织优势，是社区居民实现自我服务的重要载体。

二是连接社区精神的纽带。在公共服务供给过程中，社区组织能够塑造居民个体参与社区服务供给的认知模式与行为导向，增强社区居民之间相互合作的意愿与凝聚力。在社会组织中的交流互动有助于社区居民形成高度的社区归属感，促进公共服务供给的持续完善。

3. 市场组织：公共服务供给的补充力量

市场要素在城市社区中的繁荣是伴随着市场经济体制改革而逐步建构起来的。这里的市场组织是指在城市社区中以获得自身可持续发展和利润最大化为目标，从事社区内公共服务有偿供给和管理的商业营利性组织[①]。市场组织主要包括物业管理公司和辖区内的商业机构等。市场的繁荣使这些组织在基层社区这个自治场域中发挥着越来越重要的作用，其在公共服务供给中扮演的角色体现为以下方面：

一是多元公共服务的供给者。政府是提供社区公共服务的关键主体，但并不是唯一的主体。市场组织由于能够在满足居民差异化需求的基础上建立较为包容、平等的公共服务供给话语机制而受到越来越多公民的青睐[②]。一方面，基层政府通过购买或竞标的方式不断推动公共服务的第三方供给，通过授权委托使社区内的企业为居民提供更为多元化的公共服务；另一方面，物业管理公司和辖区商业机构只有以居民需求为导向，提供更为

① 陈旭.协同治理视阈下城市社区多元主体间关系研究［D］.长春：吉林大学，2016.
② 胡小君.从分散治理到协同治理：社区治理多元主体及其关系构建［J］.江汉论坛，2016
　（4）：41-48.

优质的服务才能获得更大的利润空间,这也在一定程度上促进了社区公共服务供给网络的完善。作为公共服务的生产和经营者,市场组织提供的最有效的服务类型是部分准公共服务和纯私人服务。

二是自主发展能力的提升者。由于城市社区内的市场系统组织处于一定的地域内,其发展水平已经与社区整体发展相融合,重塑了公共价值与市场效益的互动模式,并形成了复杂的互嵌结构。在营利性组织日益发展的同时,通过资金支持、居民就业与环境治理等方面的补充,为城市社区公共服务建设提供发展契机。作为社区治理主体必不可少的构成部分,市场系统在追求经济利益的同时,也承担起志愿服务和慈善捐赠的社区公益责任。市场组织为社区公共服务供给所带来的资源支持和发展潜能皆属于城市社区内部自我发展范畴,因此,市场组织在为社区提供公共服务时,也提升了社区的自主发展能力[①]。

4. 居委会:自治主体的公共服务供给

居委会由全体居民或居民代表选举产生,是居民自我管理、自我教育、自我服务的基层群众性自治组织。社区居民作为城市社区最重要的组成部分,已经从被管理者转变为多元治理主体之一,通过发挥个体的优势,在社区公共服务的供给中承担着越来越多的责任[②]。居委会及其成员在城市社区公共服务供给中主要发挥以下作用。

一是表达基层居民的公共服务诉求。居委会的成员都是社区的居民,因此社区居民可通过居委会这个自治平台来表达诉求,提出民意。特别是在供给侧改革的影响下,基层社区公共服务供给更加注重从居民需求出发进行精准供给。在公共服务供给中,社区居民自治组织就是居民权益的代表,也是政府与居民沟通的重要桥梁。

二是协助城市基层政府提供社区公共服务。居委会是基层政府联系、沟通基层社区居民的桥梁,它发挥着交流纽带的作用。社区居委会通过上传下达,代表居民表达公共服务诉求的同时,还从基层政府承接相应的公共

---

① 田华,陈静波.论社区公共服务供给中的多元化主体[J].云南行政学院学报,2007(6):103-106.

② 夏晓丽.城市社区治理中的公民参与问题研究[D].济南:山东大学,2011.

服务供给职责。

三是积极组织社区成员开展自助和互助服务。居委会是一个代表居民意愿的组织，同时它也是能够组织、培育更多自组织的组织。面对社区居民的多元需求，居委会会调动相应的资源，组织居民开展自助和互助活动，促进社区公共服务资源的充分流动与合理配置。

（三）城市公共服务的供给体系模型与溪林实践

1. 城市公共服务多元主体供给体系模型构建

以党建为核心、多元主体共同参与的城市社区公共服务供给体系是当前公共服务供给的主要方式。城市公共服务多元主体供给体系模型如图7-1所示。

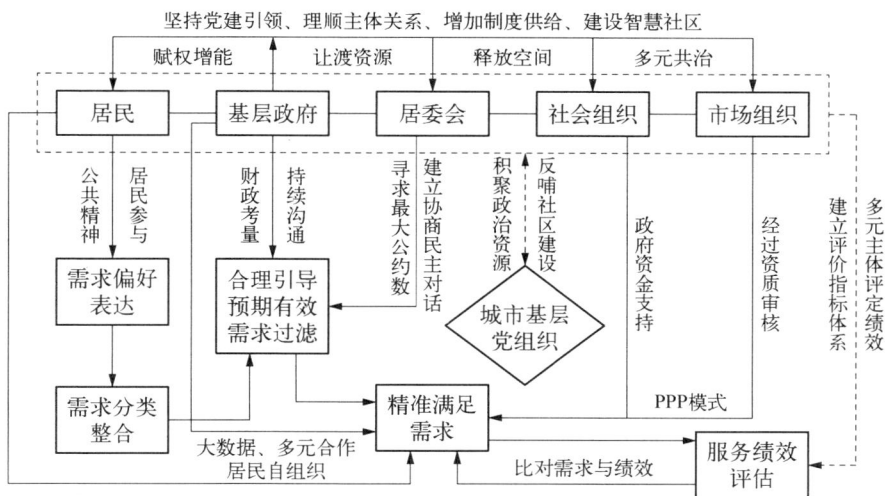

图7-1　城市公共服务多元主体供给体系模型

居民、基层政府、居委会、社会组织、市场组织是社区公共服务供给的主要主体。其中，城市基层党组织通过党建引领社区，统筹全局，以获得政治资源，反哺社区建设。基层政府要向其他主体赋权增能、让渡资源、释放空间以促成多元共治的格局，同时需要增加制度供给，打造智慧社区，为城市社区的公共服务供给创设良好的外部环境。在供给侧改革的影响下，社区公共服务供给更加强调居民服务需求的表达以及政府对居民诉求的引导和管理,服务供给的逻辑链条是需求偏好表达——需求汇总——需求过滤与偏好排序——精准满足需求——服务绩效评估。

2. 辽宁沈阳沈河区溪林社区的"幸福路"项目实践

沈河区是沈阳市的中心城区,是沈阳市的政治中心、商贸中心、文化中心和开放门户。溪林社区隶属沈河区丰乐街道办事处,辖区面积为0.45平方千米,由9个自然小区组成,驻街企业有88家,商业网点有53个,有65栋居民楼、262个单元,社区现有住户4 066户,共计1.2万人。

"幸福路"项目原址是一条绿化带,因社区附近没有公园,居民将其作为散步遛弯之地。但是这条路一直存在配套设施简陋的问题,远远不能满足居民需求。在广泛听取居民意见后,社区计划将这条横穿溪林9个小区的林荫路改造为"幸福路"。经过海报宣传、微信群扩散、入户征集等流程,社区将居民对"幸福路"建设的意见进行梳理,并邀请沈阳城市建设学院志愿者和沈阳环美园林设计供给专家共同设计图纸。

"幸福路"从立项的那一天起就获得了来自驻区企业、单位、社会各界组织的大力支持。这条路由市、区两级政府提供80%的建设资金,剩下20%的资金由驻街企事业单位、社会组织和社区组织爱心捐赠。"幸福路"建设以"1+X"大党委建设为助力,依托已有的社区党建"一核多元、共享共治"工作机制,构建社区大党建工作格局,突出党建的引领功能。"1+X"大党委工作机制在"幸福路"项目建设中发挥了整合社会各类资源、统筹配置到共同缔造行动中的重要作用,这是形成社区公共服务供给新格局,共同缔造横向到边体制机制的有力探索。

在社区大党委的引领下,社区召开由沈阳新闻摄影家协会、沈河区文体协会、婚姻家庭咨询协会等社会组织、社区社会组织及居民代表参加的"协同社会组织参与'幸福路'项目建设启动大会"。这为社会组织搭建了参与社区事务、提供公共服务、服务社区居民的平台。

在后期的道路维护中,溪林社区向全体社区居民发出号召,积极招募"幸福路"共管志愿者,群策群力,共同参与"幸福路"的管理。社区居民纷纷报名,最终溪林社区成立了由40人组成的"幸福路"平安巡逻队。

从"幸福路"项目的计划制定、落地、维护等各个环节，都能看到党建引领、多元参与的城市社区公共服务供给体系的重要作用。在基层党组织的引领下，只有坚持问需于民，拉动多方参与，才能真正打牢现代城市社区公共服务体系的基石。

第四节　我国社区公共服务的供给过程

除了政府供给之外，城市社区的公共服务供给方式还有社区自治。协商民主是实现城市社区居民自治和公共服务供给的主要方式，它取代了传统意义上的政府决定一切的思维方式，倡导通过协商来明确公共服务的供给内容和供给优先性。

一、社区协商民主及其功能定位 ▷▷

社区协商民主是协商民主在我国的基层实践，也是实现社区治理目标与公共服务建设的重要方式。在社区这个独特的自治场域中，它也呈现出不同的功能定位。

（一）协商民主与本土化构建

协商民主指的是自由平等的公民基于权利和理性，在一种有民主宪法规范的权力相互制约的政治共同体中，通过集体与个体的反思、对话、辩论等过程，形成合法决策的民主体制[1]。协商民主包括三种形式：一是政府形式的协商民主，即为政治生活的理性讨论提供基本空间的民主政府。二是决策形式的协商民主，容纳每个受决策影响的公民；实现参与的实质性政治平等及决策方法和确定议程上的平等；自由、公开的信息交流，以及

---

[1] 陈家刚.协商民主与当代中国政治[M].北京：中国人民大学出版社，2009.

赋予理解问题和表达其他观点的充分理由。三是治理形式的协商民主，以公共利益为取向，主张通过对话实现共识，明确责任，进而做出得到普遍认同的决策。对于城市社区的公共服务供给来说，协商民主的治理意义更为突出。

西方协商民主理论的发展热潮是对民主实现形式的新思考。20世纪后期，协商民主理论主要围绕民主合法性与政治决策机制问题展开[1]；而后在各个层次上广泛开展的共识会议、协商式民意调查、公民陪审团等，则被视为西方协商民主理论的具体实践[2]。我国学术界对协商民主的关注始于2000年之后。2006年，协商民主在《中共中央关于加强人民政协工作的意见》中被首次提出，十余年来协商民主逐渐成为国内学术界的研究热点。到党的十八大报告将"健全社会主义协商民主制度"作为坚持走中国特色社会主义发展道路和政治体制改革的重要组成部分，我国再次掀起协商民主研究热潮。

协商民主在中国的发展经历了两个阶段：第一个阶段是学术界积极将协商概念直接导入中国民主政治建设；第二个阶段是学术界开始反思协商在中国语境下的具体含义。中西两种协商民主有一定的互动和影响，但两种民主的内在逻辑是完全不同的，代表着两种不同的民主发展战略[3]。在中国社会主义协商民主的发展中，可以学习借鉴西方的协商民主，但绝不能照搬西方协商民主理论来透视中国民主的发展。中国社会主义协商民主的发展必须扎根中国的历史与现实、社会与文化中，才能找到其发展基础与发展逻辑。为此，十八届三中全会提出了推进协商民主多层次的制度化发展、构建协商民主体系的要求。

十八届三中全会报告强调，协商民主体系的构建，既包含了拓宽国家政权机关、政协组织、党派团体、基层组织、社会组织的协商渠道，也包含了深入开展立法协商、行政协商、民主协商、参政协商、社会协商等内容。这

---

① 韩冬梅.西方协商民主理论研究［M］.北京：中国社会科学出版社,2008.
② 马奔.协商民主的方法［M］.北京：中央文献出版社,2015.
③ 林尚立,赵宇峰.中国协商民主的逻辑［M］.上海：上海人民出版社,2016.

表明我国的协商民主是一个纵横交错、上下衔接、多层次制度化的体系①。2015年，中共中央和国务院办公厅先后印发了《关于加强社会主义协商民主建设的意见》和《关于加强城乡社区协商的意见》，为协商民主在我国的制度化发展提供了指导原则。十九大报告将社会主义协商民主制度作为我国人民当家作主制度体系的重要组成部分，加强协商民主制度建设，形成完整的制度程序和参与实践，成为新时代发挥社会主义协商民主作用的具体要求。

（二）社区协商民主：协商民主的基层实践

单位制解体后，社区成为社会的基本单元，既承担着整合基层社会资源的职责，又担负着与政府合作重构社会管理体制的重任。社区是我国基层民主发展最为重要的平台，社区民主协商是我国基层协商的重要领域，并逐渐成长为制度化的社区协商民主。

社区协商民主是党和政府为引导居民在社区治理上实现自我管理、自我服务、自我教育、自我监督而设立的。它作为一种适合城市社区治理的制度已在全国社区逐步应用推广，成为推进基层群众自治、完善社会治理、维护社会稳定的制度安排②。社区协商民主是政府以社区为协商民主的平台，通过理性讨论，最后由居民针对社区内的公共事务商讨出解决问题的方案。社区协商的主体包括社区党组织、社区居委会、社区服务站、驻区单位、物业委员会、业主委员会、街道党政部门、普通居民等。

社区协商民主是新时代社会治理和社区公共服务建设的有效模式。一方面，社区协商民主是社会主义协商民主的重要组成部分，是新时代社会治理的落脚点，它为解决城市社区治理问题提供了典范效应；另一方面，社区协商民主符合新时代社区治理的要求，有利于理顺多元治理主体的关系，并为基层群众自治提供范本。

---

① 赵晶,张平.社区协商民主：功能定位与平台构建[J].东北大学学报（社会科学版）,2017（6）：602－607.

② 呼连焦,刘彤.社区协商民主：新时代社会治理的发展路径[J].哈尔滨工业大学学报（社会科学版）,2018（4）：1－7.

（三）社区协商民主的功能定位

协商民主贯穿于党和国家、社会的各个层面，从不同的维度出发可以得到不同的功能定位[①]，社区协商民主的功能定位体现在以下方面。

一是政治协商功能。社区党组织是社区建设的主要领导者，社区党建成为社区建设的重要内容。社区党组织在对社区事务进行领导的过程中，必然要与社区范围内的不同党派、各种社会团体、利益群体进行沟通，就社区内重大事项进行协商，这种协商本身就带有政治协商的色彩，是党的统一战线在基层的一种实现方式。当前各社区的"两代表一委员工作室""人大代表工作站"等，就是为各级党代表、人大代表和政协委员直接进入社区搭建的制度平台。

二是政府协商功能。在全能型政府向有限型政府转轨的过程中，城市街道和乡镇政府作为基层社会治理的实际执行者，履行政府的各项职能，社区被界定为基层自治组织，但实际是街道与乡镇政府的延伸，协助上级政府完成各项政策指令，成为政府与社会的重要交汇点。社区承接政府职能，但社区不具备政府机构的各项职权，因此，社区在履职的过程中不能完全采用行政手段。同时，社区履职的过程中必然涉及如何使基层政府的决策更科学、更民主的问题，因此，协商成为社区工作的重要形式。基层社区不断涌现的"决策听证会""居民议事会"就是这一趋势的体现。

三是社会协商功能。社区作为基层社会治理单位，必然需要调和社区范围内各种社会力量的矛盾。我国基层社区内存在的各种组织，如物业公司、业主委员会、社区居委会、社区社会组织、驻区单位、居民组织等，都有着各自的利益诉求，利益多元化问题日益凸显，这也愈发需要通过理性的协商实现社区的共同利益。

四是公民协商功能。社区公民协商主要包括两方面内容：① 本居住区的公共事务和公益事业，带有决策性公民协商的特点，其运作主要依托各种

---

① 赵晶，张平.社区协商民主：功能定位与平台构建［J］.东北大学学报（社会科学版），2017（6）：602－607.

法定的会议制度，如村民会议、居民会议、居民代表大会等；② 调解民间纠纷和维护社会治安，带有协调性公民协商的特点，主要是解决公民内部、公民与各种社会组织之间的利益矛盾。

二、社区公共服务中的协商民主实践 ▷▷

（一）公共服务供给过程分析

在我国的社区建设实践中，协商民主有着广泛的表达形式，存在着很多类似社区议事会或民主议事会的制度，如"居民议事会制度""社区议事会""党群议事会"等。这些带有协商民主要素的制度与基层社区的公共服务供给紧密结合在一起，形成了一系列包括沟通、参与、协调等机制在内的社区公共服务供给过程[①]。

1. 社区公共服务供给的沟通机制

沟通是为了一个设定的社区目标，把信息、观点、思想、态度和情感，在个人或群体间进行传递，并且形成共识的过程。在社区公共服务的供给过程中，首要的工作就是明确居民的诉求与期望。社区公共服务之所以能够实现有效供给，一个重要的前提便是居民需求信息的获取，只有对相关信息有了足够的了解，才能够在理性的指引下做出正确的决策。因此，信息的沟通对于社区公共服务供给来说至关重要。沟通也是相互理解的基础，在频繁的沟通中，居民的意见和观点来回碰撞，有助于形成共识。此外，沟通还是一种社会交往行为。持续的沟通能够增强社区的共同体意识，激发居民的积极性和主动性，实现居民对社区的认同感与归属感。在居民自治中，比较常见的沟通机制有居务公开和社区论坛等。

（1）居务公开。在社区公共服务的供给过程中，居务公开是沟通居民委员会与居民的重要桥梁。凡是涉及居民切身利益的社区事务都要定期公开，包括政策公开、办事程序公开、财务公开等，并对居务公开的程序、时间、

---

① 任路.协商民主：居民自治有效实现形式的运转机制［J］.东南学术，2014（5）：58-63.

方式等进行详细的制度性规定①。居务公开能够保护居民的知情权与监督权,同时为社区居民表达自己的公共服务诉求提供信息基础。

（2）社区论坛。社区论坛呈现出更强的互动性。居委会借助论坛进行信息公开,居民也在论坛上反映自己的看法和意见,达到双向沟通的目的。随着互联网的发展,社区论坛网络化,这使居民参与更具开放性、灵活性、分散性和自主性。通过社区论坛这个平台,各个主体间的协商沟通更方便,居民也能更顺畅地表达自己的需求。

2. 社区公共服务供给的参与机制

社区公共服务的居民参与是居民在社区范围内,通过一定的组织、制度和方式参加与其利益相关的公共事务的过程。如社区恳谈会、居民评议会和听证会等,都是带有协商民主意义的参与形式。社区公共服务的供给与每个居民的切身利益密切相关,不同的居民有不同的公共服务偏好,如何进行公共服务偏好的排序并选择排序靠前的公共服务优先供给,这些都需要通过社区民主协商的参与机制进行解决。

（1）居民评议会。即社区的事情居民议,社区的事情居民评。首先在社区公示栏公示社区要做的工作与公共服务计划,让社区居民评议,社区居委会及时登记居民的意见与建议。然后定期召开居民评议会,把居民关心的问题反馈到社区,并主动上门征求居民的意见。

（2）民主恳谈会。通过面对面的交流,促进参与者之间的互动与沟通,逐步衍生出民主沟通会、决策听证会、决策议事会等多样化的协商民主实践。从最初的设想来看,这是一种干群对话沟通的创新方式,后来逐渐发展成为涉及重大事项或问题的讨论方式。社区范围内的民主恳谈会是居民参与公共服务供给的重要途径,通过这个平台,居民能够进行公共服务诉求的交流,并进行内部的协商,最终确定公共服务需求偏好的排序。

3. 社区公共服务供给的协调机制

协调是为了完成社区计划和实现既定的目标,对社区各项工作及人员的活动进行调节和整合,使其同步并互为依托的过程。在一定地域范围内

---

① 徐勇,陈伟东.中国城市社区自治[M].武汉:武汉出版社,2002.

供给社区公共服务，不可避免地要与各种类型的城市主体"打交道"。于是，产生了一些用于协调各类主体的组织和制度，如多方联席会议和社区共建理事会等。

（二）深圳罗湖区的治理实践

"党政社区齐共治，做实民生微实事"是广东省深圳市罗湖区为落实党的十九大报告所提出的社区治理格局而在社区治理中深入实践的一种模式。"民生微实事"项目是一个平台和载体，党委和政府可以借助这个平台听到居民的真实诉求，社区居民借助"民生微实事"共治平台，可以更好地管理社区的事务、满足自己的公共服务需要，实现"社区的事，居民说了算"。它改变了过去社区民生实事"政府说了算，居民基本不参与"的做法，将政府"在社区开展什么民生项目，花多少钱，怎么开展"的决策过程，分解为"征集居民需求""形成项目提案""决定民生项目""实施民生工程"四个步骤，最终打造为"问需""问计""问政""问效"四个核心，有效实现了从"为民做主"到"由民做主"的转变。

所谓问需，即真正了解居民需求，听到居民声音。通过动员楼长、召开座谈会等方式，让居民愿意说出自己的需求。从2015年开始，问需工作按照"滚动问需、持续问需"的思路进行，使操作程序始终能契合居民需求。在2015年党政社群社区共治问需收集的5万余份居民需求的基础上，以居委会为单位形成全区112个社区需求库并进行动态更新。

所谓问计，通过这个环节，让居民关切的问题变成一个行动建议，鼓励居民参与调查，撰写议案；让居民了解政府相关部门在工作时遇到的复杂情况，实现政府部门、工作站、居委会成员共同面对问题、共同处理问题的目的。

所谓问政，是在街道层面，各社区的议事代表对街道所有项目进行审议，各社区通过竞争来争取有限的资源。两轮问政为更多的项目提供了更充足的实施时间，使更多的居民需求能得到及时的回应，大大提升了共治的效果。

所谓问效，指将入围的共治项目交由街道或自筹比例过半的企事业单位实施,并由社区议事代表进行监督,年终以共治问效的形式,根据评价体系及居民的满意度对项目进行评价。

通过这四个步骤,社区协商民主得到贯彻,居民的公共服务诉求也能不断地得到满足。

第五节 社区公共服务的供给技术创新

社区公共服务的供给是利益相关者合作供给社区服务、满足居民需求的实践过程,参与、平等、协商、合作是其核心特征。这个过程需要运用科学可行的供给技术来调动多元主体的参与。所谓供给技术是指将一些社会科学理论运用到实践之中,是社会科学发生实际作用的手段。可操作性与人文关怀是供给技术的两大要义。在当前我国的社区公共服务供给实践中涌现出很多极富特色的技术方法,本书选取其中具有代表性的五种技术进行介绍。

一、"网格化"精细管理 ▶▶

(一)社会治理背景下的网格化管理

2013年,党的十八届三中全会在关于"改进社会治理方式"的论述中提出,"坚持源头治理,标本兼治、重在治本,以网格化管理、社会化服务为方向,健全基层综合服务管理平台,及时反映和协调人民群众各方面各层次利益诉求"。这是首次将网格化管理写入党的文件,标志着网格化管理从原来个别地方的创新探索转向中央对地方社会治理的普遍要求。2017年10月,党的十九大报告强调"提高社会治理社会化、法治化、智能化、专业化水平",这是从根本上要求改变原有"政社不分"的基层治理生态,探索一种能够激发社会活力、促进政社良好分工和通力合作的基层治理新机制。

网格化管理是近年来基层社会治理中的重要实践形式。它通过细分城市管理单元、设立专门机构、统一工作标准、委派网格巡查员等方式,对责任网格内的事项进行巡查,将发现的问题通过特定的信息系统传送至处置部门予以处置,并对情况实施监督和考评,其所形成的工作模式已经成为强化基层建设、完善社区治理、实现十九大提出的"四化"目标的重要实践成果[①]。而网格化管理中的"网格"是指在统筹考虑辖区面积、服务对象以及服务资源配置的基础上,划定的公共服务供给的最小管理单元[②]。网格化管理能够借助行政权力的下沉,以细分人口、明确责任来实现有效管理、精准服务。

(二)南京市栖霞区的"三化融合"实践

江苏省南京市栖霞区以网格化为基础、信息化为手段、社会化为支撑,构建了多方联动的立体式治理格局。栖霞区位于南京市主城北部,其行政区域面积为390.52平方千米,其中长江水域为47.3平方千米。截至2017年末,全区常住人口为71.79万人,城镇化率为81.16%。栖霞区由行政区、南京经济技术开发区、仙林大学城三个板块构成,下辖9个街道办、68个社区居委会和49个村委会。其中,行政区建有530多万平方米的保障房,集聚了20万拆迁人员,有172个老旧小区和厂居小区。数千家企业落户开发区,产业工人超过10万人,大多数是外来务工人员。大学城有12所高校、20万师生。全区社会结构复杂,诉求多样,社会治理的任务十分繁重[③]。

自2012年10月以来,栖霞区积极推动网络化、信息化、社会化"三化融合",全区社会服务管理体制机制不断创新。2015年7月,栖霞区被国家民政部正式确立为第三批"全国社区治理和服务创新实验区"[④]。"三化融合"

---

① 叶岚.城市网格化管理的制度化进程及其优化路径[J].上海行政学院学报,2018(4): 27-38.
② 韩志明.城市治理的清晰化及其限制——以网格化管理为中心的分析[J].探索与争鸣, 2017(9): 100-107.
③ 邢正军.加快三化融合,促进协同共治[EB/OL].(2017-08-04)[2018-08-17].http:// news.jstv.com/a/20170804/1501838927587.shtml.
④ 南京栖霞区"三化融合"打造现代社区治理新格局[EB/OL].(2018-08-14) [2018-08-17].http://www.njdaily.cn/2018/0814/1718326.shtml.

的主要实践内容体现在以下三个方面。

一是突出"网格化"精细管理。"仙林模式"建构了"街道—网格—驻街单位、辖区居民"的管理体系,将所有干部放入具体网格,每个人都"承包"一块网格"责任田",领取一张群众工作"责任状",形成"人到格中去、事在网中办"的工作机制。2012年以来,"仙林模式"在全区推广,各街道逐步设立网格化管理办公室,明确责任人,落实责任制,定期巡查走访,满足群众诉求。栖霞区业已形成114个一级网格、838个二级网格、7 003个三级网格,近5 000名干部、社工、志愿者"上网入格"①。

二是突出"信息化"运行效率。以数字城管为平台,全区设立"58012319"城市管理服务热线,采用万米单元网格管理法,按照"快速发现—精确定责—规范流程—及时处理—全民参与"的流程,建立了数字化城市管理精细化体制,推动网格实现"虚实结合、无缝衔接、随时响应、全天覆盖"。

三是突出"社会化"多元联动。充分调动社会力量参与网格化服务管理,成功举办两届社区公益服务项目签约洽谈会,先后吸引爱德、鼎星、屋里厢等40余家省内外专业性社会组织落户栖霞,培育草根性群众组织746家,吸引3.6万名群众参与其中,为全区百姓提供了近百个品质化服务项目。

南京市的"三化融合"实践成效显著,"网格化"管理更是成为了解群众诉求、有效提供服务的重要举措。虽然网格化管理存在强化基层管控、减弱社会活力的可能性,但是必须肯定它在整合信息资源、促进部门联动、精准供给服务方面的重要作用。

二、"互联网+"线上服务 ▶▶

(一)"互联网+"与社区公共服务的深度融合

面对互联网时代的浪潮,如何善用互联网技术和信息化手段进行社会治理体制机制的创新是新时代下推进国家治理体系和治理能力现代化的重

---

① 群众路线网.江苏南京栖霞区畅通服务群众"最后一公里"［EB/OL］.(2014－07－04)［2018－08－17］.http://qzlx.people.com.cn/n/2014/0704/c382747-25238289.html.

要内容与必然要求。2015年的政府工作报告提出"制定'互联网+'行动计划"。2015年7月，国务院发布《关于积极推进"互联网+"行动的指导意见》，该意见指出"加快推进'互联网+'发展，有利于重塑创新体系、激发创新活力、培育新兴业态和创新公共服务模式，对打造大众创业、万众创新和增加公共产品、公共服务'双引擎'，主动适应和引领经济发展新常态，形成经济发展新动能，实现中国经济提质增效升级具有重要意义"[①]。

"互联网+社区公共服务"是基层社会治理体系与治理内容的重大变革。社区治理面临由"线下"向"线上"延展，再由"线上"向"线下"延伸的过程，开放、合作、创新是"互联网+"与社区深度融合的应有之义。"互联网+社区公共服务"的最终目标是实现社区中人的幸福生活与健康发展，针对以往社区中诸如公共服务效率与质量低、服务没有满足居民需求、沟通渠道受限等痼疾，"互联网+"提供了一套全新的解决方案。总之，"互联网+社区公共服务"是公共服务和互联网相关集成技术整合叠加的新型公共服务供给样态。它对于消解公共服务供需失配问题，增进多元主体协同合作供给能力，打造共享平台式服务模式，积极提升供给效能等具有重要作用[②]。

（二）周家桥街道的"互联网+"社区服务微时代

上海市长宁区周家桥街道位于上海市长宁区北部，截至2008年，其辖区面积1.95平方千米，人口为55 966人，下设20个居委会。近年来，周家桥街道凭借上海市国际大都市的核心地位与信息技术的快速发展，依托互联网迅速崛起的势头，在基层社区治理上展现出强劲的创新动力。该街道主要的治理举措是开通三条新生服务通道[③]。

（1）开通解决居民急难愁问题的"诉求通道"。在传统的社区治理中，

---

① 国务院关于积极推进"互联网+"行动的指导意见（国发〔2015〕40号）[EB/OL].（2015-07-04）[2018-08-24].http://www.gov.cn/zhengce/content/2015-07/04/content_10002.htm.

② 何继新.社区"互联网+公共服务"供给模型建构探究[J].深圳大学学报（人文社会科学版），2018（2）：116-124.

③ "互联网+"开启社区治理微时代[EB/OL].（2016-05-16）[2018-08-26].http://sh.people.com.cn/n2/2016/0516/c134768-28344309.html.

工作往往是单向性、单点性、单时性，经常出现"敲不开门、说不上话"的尴尬状况。究其原因有两点：一是时间问题，居民工作时间与居委会工作时间的重叠，导致居民无法及时联系居委会寻求帮助或解决困难；二是沟通渠道少，社区居民参与面受到限制。但通过"互联网+"，社区居民通过微信群、微信公众号、QQ、APP等新载体，能不受地域、时间的限制，随时随地反映自己的公共服务诉求；同时，街道、社区也能通过网络及时了解问题、解决问题，并将社区公共服务近况与计划推送到互联网，方便居民查询。

（2）开通反映社情民意的"议事通道"。社区居民常常苦于没有反映社情民意的便捷通道，而依托于"互联网+"的议事通道，使居民能够在面对社区公共服务难题时直接反馈，维护自身利益。环境卫生是社区公共服务的一项重要内容，周家桥街道的居民将楼道乱堆物、机动车和非机动车乱停放、不文明养狗等现象发布在信息平台上，社区工作者就能及时了解并进行处置，真正实现了社区公共服务的共享、共议、共治。

（3）开通社区居民互动参与的"自治通道"。在传统的社区工作方式中，居民对社区公共服务的参与热情不高，对社区整体认同度低。通过开通社区居民互动参与的"自治通道"，依托新媒体平台招募志愿者，周家桥街道形成了线上"1+2+n"的自治模式。"1"，即一个"五位一体"工作联络群，整合党支部、居委会、业委会、物业、社区民警等主体线上共议社区事；"2"，即两个以两委班子成员组成的党支部党员群和居委会工作群；"n"，即n个文化、志愿、服务工作联络群，负责团队的管理、活动的筹备、意见的征集以及活动项目的开发等工作。通过这种线上的宣传发动，社区居民的参与意识和认同感在逐步提高。

"互联网+"与社区公共服务的深度融合充分展现了互联网时代给社区公共服务供给带来的红利。"互联网+"不仅是一种技术，更是一种思维方式和生活方式[①]。适应这种潮流并提供相应的理念、制度与资源保障是更好地实现社区公共服务供给的必然要求。

---

① 叶林,宋星洲,邵梓捷.协同治理视角下的"互联网+"城市社区治理创新——以G省D区为例[J].中国行政管理,2018(1):18-23.

三、"开放空间"会议 ▶▶

（一）开放空间：使公共服务供给运转起来

开放空间会议技术（Open Space Technology，简称OST）是源自西方的会议技术，其创始人是被称为"开放空间大师"的哈里斯·欧文（Harrison Owen）。哈里斯·欧文在受雇筹备一个500人会议时，花费一年时间安排会议、邀请演讲者，但会议结束时的问卷调查显示，与会者最有活力的时间是"咖啡时间"。于是，欧文决定寻找一种能保有"咖啡时间"有效性的开会形式，最后形成了开放空间会议[①]。开放空间会议包括会议流程、会议控制、会议规则、会议记录等内容，通过灵活的技术设计、开放的议题选择、有效的交谈技巧以及主持人的引导，促进多方会议主体共同参与讨论，实现自我管理、自我组织并最终达成共识。开放空间会议运用新的理念和新的技术改变了传统会议中高封闭、低效率、严等级的弊端，有利于实现会议的协商、自由和平等[②]。

开放空间会议通常采用圆桌的方式，会议的主题由参会利益相关者共同确定，每一个与会者都能够自由地发言，为会议主题出谋划策，同时会议允许出现各种不同的声音并正视所有的矛盾冲突。会议可在某会议主题下继续划分出若干议题小组，成员们可以带着自己的观点和偏好加入各个小组，通过协商讨论最终形成可行的方案[③]。开放空间实现在会议中"人人有声音，人人有选择，人人有分享"[④]，有助于社区居民真正表达自己的公共服务诉求，并充分开动脑筋实现自助服务。

---

① 袁方成，张翔.使协商民主运转起来：技术如何可能——对"开放空间会议技术"及其实践的理解［J］.甘肃行政学院学报，2015（4）：55-71.

② 陈伟东，张继军."开放空间会议+"：一套社会治理的系统机制［J］.华中师范大学学报（人文社会科学版），2016（4）：34-41.

③ 宁华宗.微治理：社区"开放空间"治理的实践与反思［J］.学习与实践，2014：88-96.

④ 袁方成，张翔.使协商民主运转起来：技术如何可能——对"开放空间会议技术"及其实践的理解［J］.甘肃行政学院学报，2015（4）：55-71.

（二）宁波海曙区的开放空间治理技术创新

宁波市海曙区积极探索优化基层社区公共服务供给、推进基层民主协商工作的有效途径，创新运用"开放空间会议"技术，真正实现了社区居民的参与从"我来讲问题""我来提意见"向"我来出主意""我能做什么"的转变①。

海曙区在2013—2014年，先后派遣了10余名社工赴北京学习"开放空间会议"技术。同时，通过政府购买的方式，引入第三方专业机构海曙区社区参与行动服务中心，对"开放空间会议"技术的运用进行全方位跟踪指导。在具体实践之前，海曙区先对"开放空间会议"的流程进行了本土化改良，制作成挂图，供每个社区开会时使用。在2013年试点之后，"开放空间会议"在全区进行了推广。在"议事范围不受限、参与对象不受限，议事形式不受限"的原则下，社区居民、居委会、业委会、物业、辖区企业、社会组织、政府相关部门等通过公开、平等的讨论，让有利益冲突的相关方聚在一起，达成共识，共同制定可落地实施的目标和方案，真正实现了居民的自我管理、自我教育、自我服务。

"开放空间会议"技术实行4年来，各社区共收集群众意见建议5 160余项，通过"开放空间会议"模式办结难题4 380余个，居民满意度达到了93.23%，这切实促进了全区经济社会的和谐发展。在2017年第四届浙江公共管理创新案例评选中，宁波海曙区的"开放空间会议"模式荣获优秀奖。总之，开放空间能够有效激发社区居民的责任感、认同感和主人翁意识，使大家乐意参与到社区公共服务的供给中去，大家的需求大家想办法满足，大家的问题大家共同解决，公共服务供给在社区这个空间中有了更深的意蕴与内涵。

四、15分钟社区生活圈 ▶▷

（一）济南规划"15分钟社区生活圈"

2016年2月，中共中央、国务院发布《关于进一步加强城市规划建设管

---

① 开放空间齐参与民主协商促治理——海曙区创新运用"开放空间"模式［EB/OL］．（2018-04-09）［2018-08-27］．http://nbmz.ningbo.gov.cn/cat/cat130/con_130_44412.html.

理工作的若干意见》，指出要坚持共享发展理念，使人民群众在共建共享中有更多获得感。通过配套建设中小学、幼儿园、超市、菜市场，以及社区养老、医疗卫生、文化服务等设施，大力推进无障碍设施建设，打造方便快捷生活圈①。针对公共服务不足、居民需求多样化、步行可达性差、新旧城区差异明显等问题，济南规划局启动了15分钟生活圈规划。所谓"15分钟社区生活圈"，是指在步行15分钟可达的范围内，配备生活所需的基本服务与公共活动空间，形成安全、友好、舒适的社会基本生活平台。

2017年5—6月，济南市规划局及设计团队进行了认真细致的调研和问卷调查，调查范围覆盖全市各种类型的居住社区，重点选取了制锦市、王舍人、振兴街等13个典型街道办事处及下属社区居委会，广泛征询相关部门、街道、社区和居民的意见与诉求。并在2017年11月向社会公布了济南15分钟社区生活圈专项规划研究初步方案，并于2018年初通过济南市规委会专家咨询论证会评审。《济南15分钟社区生活圈专项规划》目前已形成"1+4"成果体系，"1"是《济南15分钟社区生活圈规划导则》，"4"分别是基础研究报告、生活圈规划布局报告、实施机制研究报告、典型社区规划报告②。这个成果体系为未来的社区公共服务供给、城市规划建设都奠定了扎实的基础。

（二）15分钟社区生活圈里的公共服务

济南15分钟社区生活圈规划面积达1 022平方千米，涉及历下、市中、槐荫、天桥、历城、长清以及高新区，共划定114个街道。社区生活圈以建设满足"人民美好生活需要"的社区生活单元为总目标，以居民需求为导向，构建"街道—邻里"两级社区生活圈层级体系③。在街道生活圈的设置上，要集中布置具有一定规模能级的服务设施，包括中小学，地方性的商业、行

---

① 中共中央国务院关于进一步加强城市规划建设管理工作的若干意见［EB/OL］.（2016-02-21）［2018-08-27］.http://www.gov.cn/zhengce/2016-02/21/content_5044367.htm.
② 百家号.济南要打造15分钟社区生活圈！你家在这个圈吗？［EB/OL］.（2017-06-14）［2018-09-02］.http://baijiahao.baidu.com/s?id=1603216415953306018&wfr=spider&for=pc.
③ 百家号.《济南15分钟社区生活圈规划》权威解读［EB/OL］.（2017-06-23）［2018-09-02］.http://baijiahao.baidu.com/s?id=1604043338262563618&wfr=spider&for=pc.

政事务、文化体育活动设施等,步行10～15分钟可达,按照5万～10万人的服务规模具体划定。在邻里生活圈的设置上,则集中布置距离敏感性高的服务设施,主要满足老人、儿童的高频使用要求,控制在5分钟步行范围内。

15分钟社区生活圈的服务内容包括八个方面:便利快捷的日常生活、健全周到的长者照料、全龄覆盖的人文培养、充足多样的文体娱乐、全面优质的医疗护理、灵活相融的社区就业、均衡多元的公共空间、绿色健康的慢行环境[①]。按照"分层次供应、多元化配置、关联互补、空间保障"的公共服务设施配置原则,打造公共服务的街道中心和邻里中心,保障步行可达。同时,根据不同地区的人口密度、空间特点等方面的差异,济南市提出老城区、规划新区和新城区三类生活圈空间模式,并在部分新规划区与成熟社区进行试点。

15分钟社区生活圈满足了很多居民的美好社区生活需求,包括触手可及的医疗服务、便利的公共基础设施、快捷的交通出行方式等。在设计上,济南的15分钟社区生活圈以需求导向完善服务,盘活现有服务资源,建构了一个便捷可达的公共服务空间,对于完善社区公共服务供给提出了新思路、新方法。但是在实践中,15分钟社区生活圈仍是在"摸着石头过河",居民的满意度才是政策创新的试金石。

五、 社区分析工具 ▶▶

(一)上海静安区的社区分析工具探索

居民到底需要什么样的公共服务?这个问题解决不好,难以实现公共服务供给的有效性与基层治理的可持续性。社区是社会治理的基础平台与最小细胞,为了推动社区公共服务的精准供给,摸清社区居民的真正需求,促进居委会标准化建设,上海静安区民政局创新研发了"社区分析工具",

---

① 大众网.济南将试点"15分钟社区生活圈",有这些新变化[EB/OL].(2017-11-17)[2018-09-04].http://www.dzwww.com/shandong/sdnews/201711/t20171117_16670775.htm.

指导居委会坚持需求导向、问题导向和效果导向。它是从了解社区着手，从分析社区着眼，从解决问题着力，是应用专业社会工作方法开展社区大调研，实现社区全要素分析和全过程服务的一套科学工具[①]。

　　具体来说，社区分析工具以"社区构成"为原点，将构成社区的元素分为社区信息、社区资源、社区动员、社区需求与问题、回应策略、互动评价等多个部分，将社区分析的步骤分为社区了解、社区回应、社区评价3个阶段，将社区分析的方法分为资料搜集、数据统计、分类归纳、方案实施、相关评价等多个角度[②]。2017年3月，社区分析工具在9个居委会试点；2017年7月，社区分析工具在静安区全区所有居委会推广实行；截至2017年12月底，275家居委会都完成了社区分析方案制定，并开展了需求度排序、回应主题筛选、回应方案制定等工作。

（二）社区分析工具精准描绘社区居民需求

　　社区分析工具是实现精准服务的基础工具，它将掌握的信息、资源、需求以数据化的方式呈现，不仅让街道和居委会准确判断出居民的切身需求与下一步的工作重点、资金安排，同时，给予政府相关部门的服务供给和政策扶持以数据支撑。上海市静安区目前对"社区分析工具"得到的数据进行3层处理：在居委会层面，梳理汇总数据，针对需求排序情况，对部分适合直接回应或便于居民区快速解决的需求问题及时解答或落实解决；在街道层面，对数据做二次梳理，将普遍、共性需求上升为公共服务项目，作为街镇实事项目的来源；在区级层面，形成"居民社区需求分析报告"，提供给决策部门进行政策调整和完善[③]。

　　在精准描绘社区居民需求的同时，社区分析工具还能够针对问题准确

① 新民网.静安创新研发"社区分析工具"精准寻找社区居民共同需求[EB/OL].（2018−05−10）[2018−09−04].http://newsxmwb.xinmin.cn/shizheng/szt/2018/05/10/31386465.html.

② 澎湃新闻.新时代新气象新作为｜上海静安推社区分析工具包摸透居民需求[EB/OL].（2017−12−10）[2018−09−06].http://www.sohu.com/a/209576023_260616

③ 东方网.静安在全区275个居委会实战"社区分析工具"[EB/OL].（2018−02−27）[2018−09−06].http://mini.eastday.com/mobile/180227103322778.html.

地链接资源,并进行精准地对接。借助社区分析工具,社区能够通过居民提供的信息摸排出潜在的社区资源,为公共服务的供给提供了更多便捷的办法①。

　　总之,社区分析工具使得社区需求产生于居民、社区资源来源于居民、社区动员扎根于居民、社区回应服务于居民、社区评价反馈于居民。居民对自己提出的公共服务需求与问题有了更强的关注动力,逐步从旁观者转变为利益相关者,切实参与到社区公共服务的供给中去。这从实践上为社区居民自治、公共服务建设、居民获得感提升探索出可行的解决方式。

　　改革开放40年,国家治理体系与治理能力不断提升,政府逐渐从管制走向服务。城市治理的可持续性需要公共服务的有效供给,从单位制到市场化再到均等化,阶段的变迁是我国决心提升公共服务水平的最好诠释;从城市政府制度、程序的优化再到社区党建引领、多元参与的完善,不论宏观主体还是微观主体,提升居民生活的幸福感与满意度一直是不变的初心与期冀。

---

① 静安"社区分析工具"精准找出居民需求[N].中国社会报,2017-12-22(004).

第八章

城市公共服务供给的中国逻辑

前面章节从历时性和共时性两个视角对城市公共服务发展情况的历史再现和现状呈现,我们已经深切感受到40年来我国城市公共服务取得的辉煌成绩。如何评价这些成绩?成绩背后是否有着独特的中国逻辑和规律?未来我国城市公共服务会走向何方?本章带着以上三个问题,对城市公共服务改革进行了经验总结和未来展望。总的来说,改革开放40年以来,城市公共服务的发展目标逐渐明确,供给模式走向多元协同,国家标准趋向完善,这背后实际上离不开独特的中国逻辑,多元目标的叠加、实现方式的嵌套、供给机制的协同发展,共同推动着公共服务供给能力的现代化。同时,本章通过对公共服务满意度评价优化历程的回顾,提出了未来我国城市公共服务的发展方向。

第一节　改革开放以来我国城市公共服务发展评价

回顾改革开放以来我国公共服务的变革历程可以发现,我国的公共服务供给取得了较大的成就,实现了基本公共服务的广覆盖、高增长。40年的发展成就,一方面体现为基本公共服务投入的不断增长与供给效率的提升。2007—2016年间,国家投入到教育、社保、卫生、文化体育的财政经费分别增长了3.9倍、4.0倍、6.6倍、3.5倍;截至2015年,我国九年义务教育巩固率达93%,全国就业人员达77 451万人,基本医保参保率超过95%,广播、电视人口综合覆盖率均达98%[1],基本形成了具有中国特色的基本公共服务体系。另一方面体现为基本公共服务体制改革与供给机制的逐步完善,基本公共服务的制度体系渐趋规范和完整,基本形成了党委领导、政府负责、

---

[1]　姜晓萍.中国基本公共服务改革40年[N].中国社会科学报,2018-04-17(006).

市场与社会有机参与的多元主体供给格局,供给方式不断迈向市场化和社会化,为维护社会的公平正义和推动社会事业发展奠定了坚实的基础(见表8-1)。

表8-1　2007—2017年六大领域公共财政支出表　　　　单位:亿元

内容 时间	公共 安全	教育	科技	文化 体育	社会 保障	医疗	合计	占比 (%)
2007	3 486.16	7 122.32	1 783.04	898.64	5 447.16	1 989.96	20 727.28	41.6
2008	4 059.76	9 010.21	2 129.21	1 095.74	6 804.29	2 757.04	25 856.25	41.3
2009	4 744.09	10 437.54	2 744.52	1 393.07	7 606.68	3 994.19	30 920.09	40.5
2010	5 517.7	12 550.02	3 250.18	1 542.7	9 130.62	4 804.18	36 795.4	41
2011	6 304.27	16 497.33	3 828.02	1 893.36	11 109.488	6 429.51	46 061.89	42.1
2012	7 111.6	21 242.1	4 452.63	2 268.35	12 585.52	7 245.11	54 905.31	43.6
2013	7 786.78	2 2001.76	5 084.3	2 544.39	14 490.54	8 279.9	60 187.67	43
2014	8 357.23	2 3041.71	5 314.45	2 691.48	15 968.85	10 176.81	65 550.53	43.2
2015	9 379.96	26 271.88	5 862.57	3 076.64	19 018.69	11 953.18	75 562.92	43
2016	11 031.98	28 072.78	6 563.96	3 163.08	21 591.45	13 158.77	83 582.02	44.5
2017	12 461.27	30 153.18	7 266.98	3 391.93	24 611.68	14 450.63	92 335.67	45.5

资料来源:根据财政部公示的历年全国公共财政支出决算表汇总整理而成。

同时,以2007年至2017年的数据为例,采集中华人民共和国财政部网站公示的公共安全、教育、科技、文化体育、社会保障和医疗这六个公共服务领域政府支出的全国年度决算数据,经过汇总整理后可以发现:首先,政府在上述六个领域的财政支出呈现逐年增长趋势,从2007年占一般公共预算总支出的41.6%上升至2017年的45.5%,说明政府越发重视上述六个公共服务领域的投资和建设力度(见图8-1);其次,结合各个领域的支出占总支出的比例,可以发现在上述六个公共服务领域中,教育资金的投入力度最大,一直居于六个领域之首,随后是社会保障支出,基本呈现缓慢上升趋势,而医疗领域的支出涨幅最大,从最初的4%上升到7.12%,并于2013年前后超过公共安全支出,成为六个领域中排名第三的支出领域(见图8-2)。

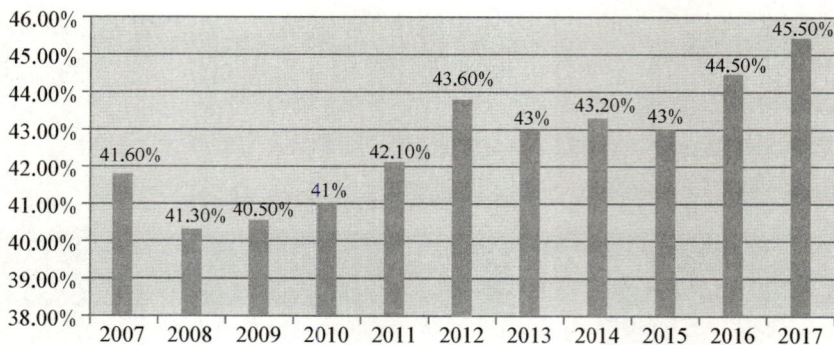

图8-1 2007—2017年六大领域财政合计支出占年度公共财政支出的比例
资料来源：根据财政部公示的历年全国公共财政支出决算表汇总整理而成。

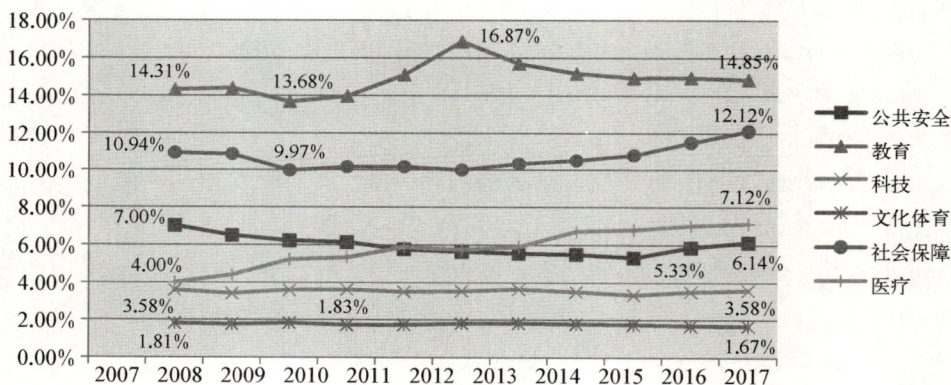

图8-2 2007—2017年各领域支出占年度财政总支出比例演变
资料来源：根据财政部公示的历年全国公共财政支出决算表汇总整理而成。

　　上述六个公共服务领域的支出呈现历年上升的趋势，且教育和社会保障两个基础领域的支出最多，一直居于公共服务领域支出的前两位，其重要性不言而喻。除此之外，医疗卫生正在成为备受政府关注的民生领域。可以看出，公共服务的效率和质量越发受到政府的重视，政府通过财政投入来提高和保障公共服务发展，并切实推进公共服务质量和实效的提升。

　　在公共服务的目标定位方面，从1998年的国务院机构改革方案首次把"公共服务"确立为政府的基本职能，到2004年首次提出了"建立服务型政府"的目标，再到2005年政府工作报告正式将"建设服务型政府"确认为政府的目标,到中共十八大提出的"加快健全基本公共服务体系"的要求,再到十九大中再次强调"坚持人人尽责、人人享有,坚守底线、突出重点、完善制度、引导预期,完善公共服务体系,保障群众基本生活,不断满足人民日益增长的美好生活需要,不断促进社会公平正义"。

总结改革开放40年来公共服务的发展历程可以发现,总体来说,形成了中国特色的公共服务体系,公共服务的财政投入和供给效率显著提升,公共服务的标准日趋完善,党委领导、政府负责、市场与社会有机参与的多元主体供给格局逐步形成。具体来说,从推动动力上看,党和政府是公共服务发展的主要推动力,公共服务越发受到政府的重视,并逐渐被政府列为核心职能之一,通过制度提供和机构完善推进公共服务体系的完善;从目标上看,"效率"和"公平"一直是公共服务的核心目标,且以人为本的"公平"目标正逐步成为政府关注的焦点;从实践机制来看,党和政府通过服务型政府的构建和系列制度的完善,构建公共服务多元供给格局,并制定了基本公共服务的国家标准,在满足民众公共服务需求的同时,注重提高公共服务的质量和水平,促进公平正义目标的实现。具体来说,可从下述几个方面总结和思考40年来我国公共服务的发展经验。

一、明确了公共服务体系的发展目标 ▶▷

改革开放40年来,公共服务的发展目标经历了由"量"到"质",由"效率至上"到"兼顾公平"的转变,公共服务的"公平性"目标愈发受到政府的重视。通过梳理改革开放以来的五年规划和十七大以来的政府工作报告,可以发现我国公共服务目标演变的逻辑。

首先,历届政府通过完善公共服务管理体制和供给机制推进公用服务的高效率和高质量供给,并通过推进基本公共服务均等化和完善社会保障政策等一系列政策手段保障公共服务"公平性"的实现。具体来说,十七大报告在经济建设方面提出"统筹城乡发展""推动区域协调发展",在政治方面强调扩大社会主义民主,更好地保障人民权益和社会公正,而且单列一章深刻论述了以改善民生为重点的社会建设,将公平的理念始终贯穿其中。

十八大提出"在改善民生和创新管理中加强社会建设,使发展成果更多更公平惠及全体人民,加紧建设对保障社会公平正义具有重大作用的制度,逐步建立以权利公平、机会公平、规则公平为主要内容的社会公平保障体系,努力营造公平的社会环境";十九大提出"坚持在发展中保障和改善民生。增进民生福祉是发展的根本目的。必须在发展中补齐民生短板、促进社会公平正义,在幼有所育、学有所教、劳有所得、病有所医、老有所养、住有所居、弱有所扶上不断取得新进展"。

因此,从历届政府对公共服务目标的定位和表述来看,"公平性"和"保障性"的理念不断得到明确化和具体化,这为公共服务的核心理念"公平性"的不断发展提供了基础。构建公共服务体系的宗旨是为了维护和实现人民群众的社会福利;公共服务体系的构建以满足人民群众的公共需求为前提;公共服务体系的内容以保障人民群众的基本公共服务为主;公共服务的供给过程中重视公民参与;公共服务的绩效评估以群众满意度为基础等方面[1]。改革开放以后的各个五年计划中与公共服务相关的表述如表8-2所示。

表8-2　改革开放后五年计划中与公共服务有关的部分内容

计(规)划名称	内　　　容
"六五"计划	严格控制人口的增长,妥善安排城镇劳动力的就业,在生产发展和劳动生产率提高的基础上,使城乡人民的物质和文化生活继续得到改善
"七五"计划	坚持在发展生产和提高经济效益的基础上,进一步改善城乡人民的物质文化生活
"八五"计划	努力加强社会主义精神文明建设,促进社会的全面发展和进步。严格控制人口增长。妥善安排劳动就业。在生产发展的基础上,使人民生活进一步得到改善
"九五"计划	控制人口增长,提高生活质量,扩大劳动就业,完善社会保障,加强环境保护

---

[1] 姜晓萍.建设服务型政府与完善地方公共服务体系[M].北京:中央编译出版社,2015:147.

计（规）划名称	内 容
"十五"计划	居民生活质量有较大提高，基本公共服务比较完善。城镇居民人均可支配收入和农村居民人均纯收入年均增长5%左右
"十一五"规划	基本公共服务明显加强。国民平均受教育年限增加到9年。公共卫生和医疗服务体系比较健全。社会保障覆盖面扩大，城镇基本养老保险覆盖人数达到2.23亿人，新型农村合作医疗覆盖率提高到80%以上……逐步推进基本公共服务均等化……逐步使当地居民享有均等化的基本公共服务……设置公共服务重点工程……按照公共财政配置的重点要转到为全体人民提供均等化基本公共服务的方向
"十二五"规划	建立健全基本公共服务体系，要坚持民生优先，完善就业、收入分配、社会保障、医疗卫生、住房等保障和改善民生的制度安排，推进基本公共服务均等化，努力使发展成果惠及全体人民……坚持以人为本、服务为先，履行政府公共服务职责，提高政府保障能力……出台《国家基本公共服务体系"十二五"规划》将公共服务体系规划单列
"十三五"规划	完善基本公共服务体系……坚持普惠性、保基本、均等化、可持续方向，从解决人民最关心最直接最现实的利益问题入手，增强政府职责，提高公共服务共建能力和共享水平……出台《"十三五"推进基本公共服务均等化规划》进一步明确均等化目标

在公共服务的政策表述上，国家对公共服务的认识逐渐深化，对公共服务的价值定位逐渐清晰。从"十三五"时期国家基本公共服务领域发展目标中还可以看到，国家对于基本公共服务均等化的发展目标给出了更高、更明确的要求（见表8-3），通过公共服务资源的合理、高效配置，实现社会的公平正义。

表8-3 "十三五"时期基本公共服务领域发展目标

指 标	2015年	2020年	累 计
基本公共教育			
九年义务教育巩固率(%)	93	95	—

（续表）

指　　标	2015年	2020年	累　计
义务教育基本均衡县（市、区）的比例（%）①	44.48	95	—
基本劳动就业创业			
城镇新增就业人数（万人）②	—	—	＞5 000
农民工职业技能培训（万人次）	—	—	4 000
基本社会保险			
基本养老保险参保率（%）③	82	90	—
基本医疗保险参保率（%）④	—	＞95	—
基本医疗卫生			
孕产妇死亡率（1/10万）	20.1	18	—
婴儿死亡率（‰）	8.1	7.5	—
5岁以下儿童死亡率（‰）	10.7	9.5	—
基本社会服务			
养老床位中护理型床位比例（%）	—	30	—
生活不能自理特困人员集中供养率（%）⑤	31.8	50	—
基本住房保障			
城镇棚户区住房改造（万套）	—	—	2 000
建档立卡贫困户、低保户、农村分散供养特困人员、贫困残疾人家庭4类重点对象农村危房改造（万户）	—	—	585
基本公共文化体育			
公共图书馆年流通人次（亿人次）	5.89	8	—
文化馆（站）年服务人次（亿人次）	5.07	8	—
广播、电视人口综合覆盖率（%）⑥	＞98	＞99	—

（续表）

指　　　　　标	2015年	2020年	累　计
国民综合阅读率(%)[7]	79.6	81.6	—
经常参加体育锻炼人数(亿人次)[8]	3.64	4.35	—
残疾人基本公共服务			
困难残疾人生活补贴和重度残疾人护理补贴覆盖率(%)[9]	—	＞95	
残疾人基本康复服务覆盖率(%)[10]		80	

注：① 指通过省级评估、国家认定程序认定的义务教育均衡发展县(市、区)占全国所有县(市、区)的
　　比例。
② 指城镇累计新就业人数减去累计自然减员人数。其中，城镇累计新就业人数是指报告期内城镇
　　累计新就业的城镇各类单位、私营企业和个体经济组织、社区公益性岗位就业人员和各种灵活形
　　式就业人员的总和；累计自然减员人数是指报告期内因退休、伤亡等自然原因造成的城镇累计
　　减少的就业人员数。
③ 指按照国家有关法律和社会保险政策规定，实际参加基本养老保险的人数与法定应参加基本养
　　老保险的人数之比。
④ 指按照国家有关法律和社会保险政策规定，实际参加基本医疗保险的人数与法定应参加基本医
　　疗保险的人数之比。
⑤ 指在机构集中供养的生活不能自理特困人员与生活不能自理特困人员总数之比。
⑥ 指在对象区内能接收到中央、省(区、市)、市(地、州)、县(市、区)广播、电视传输机构以无线、有
　　线、卫星等方式传输的广播、电视节目信号的人口数占对象区总人口数的比重。
⑦ 指全国每年有阅读行为(包括阅读书报刊物和数字出版物、手机媒体等各类读物)的人数与总人
　　口数的比例。
⑧ 指每周参加体育锻炼3次及以上、每次体育锻炼持续时间30分钟及以上、每次体育锻炼的运动强
　　度达到中等及以上的人数。
⑨ 指困难残疾人享受生活补贴和重度残疾人享受护理补贴的人数达到应享受补贴人数的比例。
⑩ 指有康复需求的残疾儿童和持证残疾人接受康复评估、手术、药物、功能训练、辅具适配等基本康
　　复服务的比例。
资料来源：国务院.国务院关于印发"十三五"推进基本公共服务均等化规划的通知［EB/OL］.
（2017-01-23）［2018-08-07］.http://www.gov.cn/zhengce/content/2017-03/01/content_5172013.htm.

　　综合改革开放后各五年计划对公共服务的表述，以及"十三五"时期基本公共服务领域发展的目标可以看出，在改革开放的前20年内，公共服务体系的目标服从于建立社会主义市场经济体制的时代要求，重在恢复和提

高公共服务的供给效率,解决建立社会主义市场经济体制进程中出现的城市公共服务短缺的问题等[①]。因此,在改革开放后的前几个五年计划里,公共服务的目标相对比较笼统,均表述为"使城乡人民的物质和文化生活继续得到改善"。到"九五"期间开始出现相对完善的社会保障计划,"十五"计划中更是正式提出"公共服务"这个概念。到了"十一五"时期,则发生了翻天覆地的变化,具体表现为"十一五"时期提出构建社会主义和谐社会的战略目标,决定了我国公共服务的发展目标由向前发展变成了向好发展:实现基本人权,建立人人共享的基本公共服务体系;改善公共服务绩效,最大限度地满足人民群众不断增长的公共需求等[②]。

可见,从"十五"规划纲要的"基本公共服务比较完善"再到"十一五"时期的"基本公共服务明显加强",以及"十二五""十三五"规划纲要对基本公共服务发展的"普惠性""均等化""可持续性"的目标定位,可以看出我国公共服务发展目标的转向和趋势,即我国公共服务的发展越来越受到政府的重视,公共服务的目标愈发明晰,其整体的发展趋势是从改革开放之初聚焦于提高供给效率到愈发重视以人为本的"公平性"的目标转变。

二、形成了多元协同的公共服务供给模式 ▶▷

经过改革开放40年的探索和实践,多元协同的公共服务供给模式已经基本形成。在供给主体上,公共服务供给从最初单一的政府生产供给到现今政府、市场和社会等多元主体参与供给,供给主体更加丰富多元;在供给模式上,从改革开放之初单一的行政型供给到现今涵盖行政型供给、商业型供给、志愿型供给和混合型供给的多元协同公共服务供给模式,供给模式更加多样。在此过程中,政府从生产者转变为提供者、安排者和协调者。根据公共服务的不同性质选择不同的供给主体和供给模式,各个主体和模式之间相互协同,共同致力于公共服务的供给。

---

① 姜晓萍.建设服务型政府与完善地方公共服务体系[M].北京:中央编译出版社,2015:147.
② 姜晓萍.中国公共服务体制改革30年[J].中国行政管理,2008(12):28-32.

纵向来看,20世纪80年代中期国家就通过投融资体制改革来推进公用服务市场化进程,随后又分阶段、分层次地将不同属性的公共服务交由社会提供,近年来又通过具体的政策规划文件明确支持和鼓励多元主体参与公共服务的供给。如2012年发布的《国家基本公共服务体系"十二五"规划》强调,要创新基本公共服务供给模式,引入竞争机制,积极采取购买服务等方式,形成多元参与和公平竞争的格局,不断提高基本公共服务的质量和效率。通过教育、文化、卫生体制改革以及事业单位的改革,建立多元化的投资体制与管理体制,以打破政府垄断,激励企业和社会组织参与公共产品生产。即将适合市场化方式提供的公共服务事项,交由具备条件、信誉良好的社会组织、机构和企业等承担。2013年7月召开的国务院常务会议中也明确提出,"要放开市场准入,释放改革红利,凡社会能办好的,尽可能交给社会力量承担,加快形成改善公共服务的合力,有效解决一些领域公共服务产品短缺、质量和效率不高等问题,使群众得到更多便利和实惠"[1]。

横向来看,改革开放40年来我国公共服务多元供给具体体现在下述几个方面:① 政策引领,提供制度环境。我国制定了一些推进公共产品市场化和社会化的公共政策,在"十二五""十三五"等规划中明确提出要引进参与和竞争机制,完善公共服务供给的多元化格局。② 明确政社边界,合理界定职能。通过国企、事业单位的改制,合理区分政府、市场、社会在公共服务中的角色,促进政企分开、政事分开,既有利于政府将核心职能转向基本公共服务,也有利于激励民间资本投资公共服务领域,参与准公共品的生产,提高公共服务的效率与质量。③ 探索民营化政策工具,分领域引入社会力量参与。在城市基础设施、公共交通、城市环境卫生等准公共品生产中推行特许经营、合同外包等市场化方式,鼓励民间资本参与准公共品的生产;在教育、卫生、社会保障等领域推行责任分担;在社会养老保险中实行政府、企业、个人强制性分担制度,在社区服务中实行公办与民办结合等;

---

[1] 中华人民共和国中央人民政府.李克强主持召开国务院常务会议,研究推进政府向社会力量购买公共服务部署加强城市基础设施建设[EB/OL].(2013-07-31)[2018-08-20]. http://www.gov.cn/ldhd/2013-07/31/content_2458851.htm.

供气、燃气、供水等领域围绕价格调整推行使用者付费的改革①。通过上述改革,我国形成了多元协同的公共服务供给模式。

通过40年来公共服务管理体制改革的逐步探索,以及具体领域民营化政策工具的逐步实施,具有中国特色的基本公共服务体系初步形成。根据《"十三五"推进基本公共服务均等化规划》显示,截至2015年底,教育方面,我国九年义务教育巩固率达到93%;公共就业方面,全国就业人员达到77 451万人,劳动者参加就业技能培训后平均就业率超过70%;社保方面,基本公共卫生服务项目增加到12类,基本医保参保率超过95%,大病保险覆盖全部城乡居民医保参保人员,国家基本公共卫生服务经费和城乡居民基本医疗保险补助标准分别提高到每人每年40元和380元;住房方面,全国累计开工的城镇保障性安居工程住房4 013万套;公共文化方面,全民健身活动蓬勃开展,广播、电视人口综合覆盖率均达到98%。

三、　完善了公共服务的国家标准　▶▷

近年来,随着公共服务体制的不断发展完善,国家通过逐步健全基本公共服务的政策法规,从宏观层面的政策纲领到具体服务领域的标准规范,再到实践环节的试点推进,逐步完善公共服务的国家标准。

首先,在宏观的政策纲领方面,有关公共服务质量的国家标准体系逐渐建立起来。2012年2月,国务院印发《质量发展纲要(2011—2020)》,提出建立健全教育、卫生、人口、公共就业和人才服务等社会事业领域的标准化体系,促进社会的公平正义。2012年7月,国务院印发《国家基本公共服务体系"十二五"规划》,明确了"十二五"时期基本公共服务的范围和项目,按照服务对象、保障标准、支出责任和覆盖水平四个方面,提出了针对性的国家基本标准②。2012年8月,《社会管理和公共服务标准化工作"十二五"行动纲要》印发实施,作为我国首个公共服务标准化的纲领性指导文件,它

---

① 句华.公共服务中的市场机制:理论、方式与技术[M].北京:北京大学出版社,2006:193.
② 卓越.公共服务标准化的创新机制[M].北京:社会科学文献出版社,2016.

旨在修订涵盖公共服务主要领域的800余项标准,确立了"建立社会管理和公共服务标准体系""加强重点领域标准制定修订工作""加快实施标准"和"开展标准化基础研究"四项重大任务,以及公共教育标准化、公共体育标准化和公共交通服务标准化等11个领域的标准化推进工程。

其次,基本公共服务标准化建设也逐渐完善。2012年2月实施的《社会保障服务中心建设设备要求》对社会保障中心的选址、中心功能区划分、公共设施要求等作了具体的规范性要求;在教育领域,《专用校车安全技术条件》于2012年5月开始实施,该标准对规范校车的安全生产和使用,加强校车的管理有着十分重要的意义;2017年1月,国务院印发实施《"十三五"推进基本公共服务均等化规划》,列出了"'十三五'国家基本公共服务清单",该清单涵盖了公共教育、劳动就业创业、社会保险、医疗卫生、社会服务、住房保障、公共文化体育、残疾人服务8个领域的81个项目;在公共文化方面,截至2018年7月,我国已经成立了5个标准化技术委员会,涵盖新闻出版、印刷、发行、新闻出版信息、版权等方面,已发布国际标准3项、国家标准89项、行业标准228项。每个项目均明确服务对象、服务指导标准、支出责任、牵头负责单位等内容。

最后,在国家标准的试点推进环节,通过标准化试点拓展服务内容,并由单一的试点项目逐步向综合的试点项目发展。通过梳理2009—2015年国家级服务业标准化试点项目表可以发现,公共服务标准化试点数量明显增加,项目涵盖的领域和内容更加丰富。以2015年的试点项目表为例,它涵盖了公共服务、运输服务、旅游服务、物流服务、餐饮服务、酒店服务、电信服务、科技服务和拍卖服务等项目,其中的物流服务、科技服务和电信服务多具有创新性且贴近民生。在具体的实践领域,浙江省智慧城市促进会和江苏省苏州市的城市综合服务标准化试点为我国探索综合服务的试点项目提供了很好的经验。它通过出台专门的工作方案,成立专门的技术委员会,对教育、就业培训、交通和环境卫生等诸多领域进行规范和管理,拓展了公共服务的内容,并推进单一的试点项目向综合项目转变。

通过持续的标准化和规范化运作,我国的公共服务供给逐渐由"效率优先"向"效率与公平兼顾"转变,一批具有示范意义的标准化手段和方法逐步建立并推广。

第二节　城市公共服务供给的中国逻辑

　　我国实行的是建立在生产资料公有制上的社会主义市场经济体制,因此政府在领导和组织经济发展方面扮演着举足轻重的角色。尤其在追求集体目标上,政府在对变革的影响、推动和调节方面的潜力是无可比拟的[①]。因此,改革开放40年来,我国的城市公共服务改革的逻辑呈现出如下特点:首先,在供给目标上,历次公共服务改革始终以适应日益增长的多元化、个性化和差异化的公共需求为目标,在公共服务发展和供给目标上经历了以"量"为核心的发展性目标到兼顾以"质"为核心的保障性目标的过渡,在经济发展的同时兼顾效率和公平;其次,从供给模式来看,历次公共服务改革始终以国家和政府为主要的推动力,政府在问题的识别、纳入政策议程、公共服务管理体制的改革、供给机制的完善中始终扮演主导角色,在此前提下有序地引入市场参与和竞争机制,通过多元化的供给方式满足公众需求;最后,在供给机制上,从改革开放之初政府全面统管公共服务,到20世纪90年代开始引入市场竞争机制,再到新时代背景下的多元供给机制,逐渐形成了一套涵盖行政型、商业型、志愿型和多元型的供给机制。

一、供给目标：由"量"到"质"兼顾效率与公平 ▶▷

　　改革开放40年来,政府奉行的发展理念、政府的角色定位和由此引起的公共服务的目标和作用机制经历了诸多变迁。但在此过程中,公共服务的目标始终是公共服务政策的导向。作为政府制定公共服务发展战略的理

---

① 蔡书凯,何朝林.城乡一体化发展中的政府主导与市场决定[J].区域经济评论,2015(3):155-160.

念先导,公共服务目标的变化会影响政策的具体走向,最终作用于公共服务供给机制,继而影响公共服务在不同群体和区域之间的分配,产生不同的政策效果。

改革开放之初,由于国家尚未完全摆脱计划经济时期"单位制""全能政府"和一系列行政体制桎梏,此时政府主要奉行"以经济建设为中心"的政策理念,公共服务的目标是提高供给效率,满足民众日益增长的服务需求,在此目标的指导下,地方政府掀起经济发展的热潮,并催生40年年均GDP 9.6%的增长速度,公共服务一定程度上被发展性的目标所吸纳。而在此过程中,政府主要行使经济管理和宏观调控职能,并直接规范、约束与影响企业、社会组织以及公民个人的一切行为,民众和其他社会组织难以参与到公共服务的提供中。其直接的后果是公共服务发展速度快、总量大,但呈现发展不均衡、社会参与的普遍缺失和竞争不足引起的公共服务供给低效的状况。2003年,中国人均GDP突破1 000美元,这标志着中国进入现代化的新时期,即公共服务需求基本得到满足,但在不同群体和不同地域之间呈现出分布不均衡的状态,因此公共服务的目标逐渐突出"公平"导向,在此目标导向下,政府通过完善社会保障政策和推进基本公共服务均等化,力图推进公共服务的公平分配。不难发现,贯穿在40年公共服务改革中的公共服务目标,经历了从由"量"到"质"以及由"效率至上"的发展性目标和"发展的同时兼具公平"的保障性目标的叠加,彼此相互交织构成公共服务目标的内在演变逻辑。

(一)由量到质:发展性目标内涵的嬗变

发展性目标贯穿于公共服务发展和改革的全过程。无论是计划经济时代政府全盘包办经济、政治、文化、社会等公共事务,还是改革开放后市场化阶段现代企业制度和公私合营热潮的兴起,发展性的目标作为潜在的逻辑底线自始至终贯穿于其中。具体来说,公共服务的发展性既包括社区公共服务层面的职业介绍、技能培训、矛盾调解,老年人和残疾人等特殊群体需要的养护、康复、托管高级专业化服务等,也包括行政事务,如再就业教育培训、婚介机构的监管、家庭收养的评估、退伍军人安置就业、市政管理等,还包括涉及行业性的公共服务,如涉及人身和财产安全的专业服务,涉及合法、安全、公平等法律专业服务等。公共服务发展目标的转变有其内在的逻辑主线，即经济发展带来的公共需求升级和需求层次的差异性推动公共服务目标由"量"到"质"的转变。

　　一方面，经济发展所带来的需求层次的提高，推动公共服务发展性目标内涵的进一步深化。随着经济社会的不断发展和物质生活的日渐丰富，传统的单纯以物质满足为导向的公共服务不再能够满足人们的需要。公共需求的精神文化趋向日益明显，从保障最基本的生存、发展权利向追求更高质量和更高层次的公共服务转变，从而推动了心理需求的层次升级，即更稳定的公共安全、更丰富多样的社交情感、更有保障性的自尊名誉、更具价值的理想抱负，而且，需求层次越高，精神文化氛围的内涵要求越高。这些需要层次的升级，推动了公共服务发展性目标内涵的转变，即从传统的经济和物质发展，开始转向在经济发展、满足人们基本生活需要和保障的同时，关注更高层次的精神需求、价值实现和获得感。

　　另一方面，需求层次自身存在的差异要求公共服务的发展转向。从集体角度看，人类对公共服务的需求同样具有层次性，人类对各类公共服务需求的紧迫性将随现实条件的改善而逐步提高。从纵向上来说，公民对公共服务的需求层次性主要体现在全国性公共服务、地方性公共事务、社区性公共事务三个方面。全国性公共服务包括基础教育、基础医疗、社会保障政策等，地方性公共事务包括地方的公共安全、地方性基础设施、城市的垃圾处理、治安维护等，社区性公共事务包括社区绿化、社区治安、通电通水等管道设施。从横向上来说，同一层次内部的公共服务也具有多样化和差异化的特点。也就是说，随着社会经济的不断发展，人们在满足了基本的生活需要之后，对公共服务的需求层次会不断提升，会对公共服务的质量水平提出新的要求。

　　公共服务发展性的目标是伴随着我国公共服务部门的改革和社会经济的发展而不断变化的。结合前面章节对我国公共服务发展阶段的界定，我们可以将公共服务发展性的目标大致分为对"量的发展"的追求到"质的发展"的追求两个阶段。前者可大致划分为1978—2002年，对应我国公共服务体制的恢复阶段、改革推广与形成阶段以及快速发展阶段；后者为

2003年至今，对应公共服务市场化改革、公共服务均等化和标准化以及共享经济发展的新阶段。

第一阶段（1978—2002年）为"量的发展"阶段。1978年，中共十一届三中全会确立了"以经济建设为中心"的指导思想。此后，公共服务模式的基本价值理念开始从计划经济时期"公平为上"的发展理念，转向"效率优先，兼顾公平"的思想，体现为对公共服务供给效率的追求。经济发展一跃成为各级政府的中心任务，地方政府日益以经济增长为目标，政府在经济领域扮演积极的角色，如招商引资、开发项目等，甚至担当经济发展的主体力量，政府财政最大化地用于生产性投资，甚至充当投资主体发展新公共服务。在此阶段，政府的行政性改革主要聚焦在科技、教育、文化和医疗四个领域。比如，在科技领域创办科研生产联合体、科研机构内部实行课题组自由组合，并先后颁布实施《中共中央关于教育体制改革的决定》《关于艺术表演团体改革的意见》《关于体育体制改革的决定》和《中华人民共和国药品管理法》等文件；1985年，公共事业部门改革全面展开，国家颁布了《中共中央关于科学技术体制改革的决定》《中共中央关于教育体制改革的决定》《关于艺术表演团体改革的意见》《关于体育体制改革的决定》和《关于卫生工作改革的若干规定的报告》；1992年，十四大提出的关于建立社会主义市场经济体制改革目标，标志着我国公共事业改革进入了一个新的阶段，开始探索将公共事业部门改革与以转变政府职能为核心的行政机构改革相联系，提高了公共事业部门改革的效率。

纵观第一阶段改革的发展脉络，公共服务的发展从1978年恢复已有的公共管理服务部门，并给予一定限度的公共政策空间供私人参与，以满足人们对公共服务的迫切需求，到1985年开始在投资机制方面引入社会资金发展公共服务、放松管制的同时，引入市场机制、扩大经营自主权，再到1992年开始将更大范围的权力下放到地方政府，引入市场招投标的竞争机制，逐步建立专门的监管性机构，整体的趋势是以分权、放权和市场化改革为手段，获取快速的经济发展和公共服务"量"的增长，以此提高道路、通信、医疗、教育等基础公共服务管理的市场化进程，满足市场经济快速发展和人民日益增长的公共服务需求。

第二阶段（2003年至今）为"质的发展"阶段。2003年，中国人均GDP突破1 000美元，这意味着公共服务发展进入新时期，"量"的增长已经基本满足，而"质"的需求与日俱增。在此背景下，我国开启"供给侧"改革和以增进"获得感"为目的的一系列改革。我国供需关系正面临着不容忽视的结构性失衡。一方面，过剩产能已成为制约中国经济转型的一大包袱；另一方面，中国的供给体系与需求侧严重不配套，即中低端产品过剩，高端产品供给不足。因此，国家适时提出要推进"供给侧"改革，其目的和实质便是通过市场化的方式提高供给的效率和质量。

（二）由"效率至上"到"兼顾公平"

发达国家的公共服务体系可分为两种主要类型：一种是以美国、德国和日本为代表的"公平与效率兼顾型"的公共服务体系；另一种是以英国、法国和北欧国家为代表的"公平主导型"的公共服务体系。"公平与效率兼顾型"的公共服务体系，是一种把政府公共补贴与工作贡献以及市场机制有机结合的制度模式，其主要特点是在政府调节分配的前提下，建立起以个人自助为主，政府补助、商业保险为辅的公共服务体系[①]。我国自改革开放以来，一直以"经济建设为中心"，"效率"是公共服务的主要追求目标，对不同群体之间、不同区域之间公共服务供给的公平性问题重视不足，也因此出现公共服务水平不均衡、不公平的现状。自2006年开始，国家逐渐重视公共服务均等化和标准化，缩小不同群体和地区间公共服务供给水平的贫富差距问题。

公共服务的保障性突出表现在政府职能部门运用公共权力和社会资源保障全体社会成员或某一特殊群体享受到最基本的、关系其基本人权的社会公共服务的过程。保障性公共服务的目的在于保障公民的生存权、发展权等这些基本的人权。这也是在一定的经济社会发展阶段下，全体公民必须获得公共服务的"最低纲领"[①]。区别于一般意义上的公共服务，保障性

---

① 姜晓康，袁曙宏，韩康，等.国外公共服务体系建设与我国建设服务型政府[J].中国行政管理，2011(2)：7-13.

① 卢映川，万鹏飞.创新公共服务的组织与管理[M].北京：人民出版社，2007：100.

公共服务更加强调"均等化"这一价值取向②。保障性公共服务的范围依据民众的需求层次、经济社会发展水平的高低和政府建设能力的大小而定，但在范围上基本涵盖公共教育、公共卫生、公共文化、公共交通、公共信息、公用设施等内容，整体的覆盖面较广，主要目的在于通过基本公共服务的提供，来调控城乡之间、区域之间、社会成员群体之间的收入差距，以此促进社会公平和保障社会的安定有序。现实生活中，公共服务的均等化在保障性公共服务中表现得更为深刻，也更具有现实意义。这一点从保障性公共服务的广泛性、公平性中得到了体现。

具体来说，我国主要通过社会保障制度和基本公共服务均等化来实现公共服务"公平性"的目标。

1. 社会保障制度的逐步建立和完善

社会保障制度的建设和完善是实现公共服务"公平性"的重要举措。中央于1992年首次提出建立与社会主义市场经济体制相适应的社会保障制度。社会保障制度改革的目标从原来的"企业保险"转向由个人、企业和政府按比例共同承担筹资责任，实现社会保险的社会化融资和管理服务。1993年，党的十四届三中全会明确阐述了建立多层次的社会保障体系的社会保障制度目标。在此背景下，全国人大、国务院出台了一系列社会保障方面的法律、行政法规，对职工享有的社会保险项目做出了规定，确立了社会统筹和个人账户相结合的养老保险制度改革方案，并决定在全国范围内进行医疗保险制度改革试点。到21世纪初，城市已基本建立起包括养老保险、医疗保险、失业保险、工伤保险和生育保险在内的社会保险体系。同时，为应对20世纪90年代中后期国企改革产生的大量城市贫困问题，我国又开始探索建立城镇居民最低生活保障制度。2012年，十八大报告提出"要坚持全覆盖、保基本、多层次、可持续方针，以增强公平性、适应流动性、保证可持续性为重点，全面建成覆盖城乡居民的社会保障体系"，这为中国社会保障体系建设指明了目标和方向。十八届三中全会又提出围绕更好保障和改善民生，加快社会事业改革，实现发展成果惠及全体人民，建立更加公平、可持续

---

② 王海龙.公共服务的分类框架：反思与重构[J].东南学术,2008(6):48-58.

的社会保障制度,这标志着我国社会保障制度改革进入一个新的重要时期。

医疗政策方面,2003年,国家开始以财政补助的方式实行新型农村合作医疗制度;2006年,国家明确提出于2008年在全国基本推行新型农村合作医疗,于2010年实现新型农村合作医疗制度基本覆盖农村居民的目标。2014年11月,习近平总书记在亚太经合组织(APEC)工商领导人峰会上首次系统阐述了"新常态"这一概念。中国经济新常态有几个主要特点:一是经济增长从高速增长转换为中高速增长;二是经济结构不断优化升级,城乡区域差距逐步缩小,居民收入稳步提升,发展成果惠及更广大民众;三是从要素驱动、投资驱动转向创新驱动。国务院在制定国民经济发展规划、调整产业结构和产业布局时,优先考虑扩大就业规模、改善就业结构、创造良好就业环境的需要,探索建立经济政策对就业影响的评价机制,把就业完成情况纳入政府综合考核体系。

根据国家人力资源和社会保障部及民政部的统计数据显示:① 在社会保险方面,截至2017年末,全年五项社会保险基金收入合计67 154亿元,比上年增加了13 592亿元,增长了25.4%。其中,参加城镇职工基本养老保险的人数为40 293万人,比2016年增加了2 364万人;在这其中,参保职工为29 268万人,参保离退休人员为11 026万人,分别比上年末增加了1 441万人和922万人;城镇职工基本养老保险总支出为38 052亿元,比上年增长19.5%。医疗保险方面,参加职工基本医疗保险的人数中,参保职工为22 288万人,参保退休人员为8 034万人,分别比上年末增加了568万人和223万人。失业保险方面,全年共向45万户参保企业发放稳岗补贴198亿元,惠及职工5 192万人;共向11万参保职工发放技能提升补贴3亿元。工伤保险支出为662亿元,比上年增长8.5%。生育保险支出为744亿元,比上年增长40.1%[①]。② 社会救济方面,截至2017年底,全国城市低保对象有741.5万户、1 261.0万人。全年各级财政共支出城市低保资金640.5亿元。2017年,全国城市低保平均标准为540.6元/月,比上年增长了9.3%。全国共

① 中华人民共和国人力资源和社会保障部.2017年度人力资源和社会保障事业发展统计公报[EB/OL].(2018-05-21)[2018-08-20].http://www.mohrss.gov.cn/SYrlzyhshbzb/zwgk/szrs/tjgb/201805/W020180521567611022649.pdf.

有城市特困人员25.4万人，全年各级财政共支出城市特困人员救助供养资金21.2亿元。③ 社会优抚方面，截至2017年底，国家抚恤、补助各类重点优抚对象共857.7万人。各级财政共支出抚恤事业费827.3亿元，比上年增长了7.5%。④ 社会福利方面，截至2017年底，全国共有各类社区服务机构和设施40.7万个，其中城市社区服务中心（站）覆盖率为78.6%，社区志愿服务组织有9.6万个①。

总体来看，我国社会保障覆盖范围在持续扩大，社会救助制度建设取得重大进展，各类保险制度愈发完善，国家在稳步发展经济的同时，对于保障性公共服务越来越重视。

2. 基本公共服务均等化和标准化

我国基本公共服务的供给主体主要是政府，政府主导公共服务的供给格局。由于我国地区之间经济社会发展阶段存在差异，加上我国基本公共服务的地方提供体制问题，区域间基本公共服务均等化不仅成为一个突出的经济问题，而且是一个社会问题和政治问题。因此，公共服务的公平性和保障性便成为公共服务供给中不可或缺的制度设计内容。由于不同地区在不同阶段的基本公共服务需求是不同的，因此，我国在不同时期的公共服务供给有不同的侧重。

中华人民共和国成立初期，党和国家面临的最主要问题是恢复薄弱的国民经济，同时解决涉及民生的相关社会事业。基于此，毛泽东指出："人民政府应救济难民、灾民，并为工人提供适当的社会救济和社会保险。发展全民族和大众的文化教育、医疗卫生事业。"②改革开放之初，邓小平也十分重视科教文卫事业的发展。他指出，长期的计划经济除了导致农工业比例失调，重工业与农林牧副渔业比例失衡，工业和住宅、商业服务业比例失调外，还导致经济发展与科教文卫事业的比例失调，我国对科教文卫事业的投入费用甚至不及一些第三世界国家。这里的科教文卫事业即属于本书所指的基本公共服务的具体内容。中国特色社会主义建设的

① 中华人民共和国民政部.2017年社会服务发展统计公报[EB/OL].(2017-08-02)[2018-08-20].http://www.mca.gov.cn/article/sj/tjgb/2017/201708021607.pdf.
② 毛泽东选集：第5卷[M].北京：人民出版社，1977：281.

新时期,习近平总书记在不同场合对医疗卫生、义务教育、基础设施建设、社会保障等公共服务的主要内容进行了明确论述。《"十三五"推进基本公共服务均等化规划》更是从服务对象、服务范围、支出责任、牵头负责单位等方面明晰了基本公共服务8个领域的81个项目规划,为我们更好地推进基本公共服务均等化列好了详细的清单,有利于更好惠及民生、共享发展。

　　而在国民经济发展取得新进展的新时期,政府适时提出了公共服务均等化和标准化的发展目标。2006年,十届全国人大四次会议通过的"十一五"规划纲要和中共十六届六中全会通过的《中共中央关于构建社会主义和谐社会若干重大问题的决定》,先后将"基本公共服务均等化"作为推动科学发展、促进社会和谐的核心目标提上了政府工作日程[①]。在标准化方面,先后颁布《中华人民共和国标准化法》《社会管理和公共服务标准化工作"十二五"行动纲要》《关于开展农村综合改革标准化试点工作的通知》《社会管理和公共服务综合标准化试点细则(试行)》等,并对基本公共服务涵盖的具体内容进行了规定。公共服务均等化和标准化的提出,实质上将1994年分税制改革的阶段性目标提升到更长远、更全面的制度建设目标上,而且是对地方财政支出"分灶吃饭"体制的矫正[②]。在承认地区、城乡、人群间存在一定差别的基础上,结合各地的发展差异确定具体的均等化标准,以促使民众在基本公共服务领域尽可能地共享发展成果。2012年,党的十八大报告指出,着重在城乡规划、公共服务和基础设施等方面促进资源和要素平等交换、自由流动。2016年,《"十三五"推进基本公共服务均等化规划》指出,坚持政府主体、兜住底线、协调资源的基本要求,着手解决与广大人民群众紧密联系的现实问题,稳步实现均等化。

　　具体来看,自基本公共服务领域均等化和标准化措施实施以来,社会保

① 郁建兴.中国的公共服务体系:发展历程、社会政策与体制机制[J].学术月刊,2011,43(3):5-17.

② 倪红日,张亮.基本公共服务均等化与财政管理体制改革研究[J].管理世界,2012(9):7-18,60.

障全面改善,全方位的社会保险网络逐步建立,基本养老保险、失业保险、工伤保险、生育保险的覆盖面都在稳步扩大;社会救助领域内,扩大了城市低保范围,逐步完善困难群体救助、灾害救助、临时救助等制度措施;在教育和就业领域,义务教育和职业教育发展效果显著,公共就业服务不断改进,就业促进效果明显。健康保护和主要疾病预防控制的目标提前实现。新农合制度覆盖全国,医疗保险、医疗救助覆盖范围逐步扩大;卫生体制改革的目标初步确定,建立了覆盖城乡居民的"基本卫生保健制度",提供"安全、有效、方便、便宜"的基本医疗服务和公共卫生服务[①]。此外,各地在基本公共服务的不同领域开展了标准化探索,如陕西省逐步建立起来的养老保险标准体系;山东省新泰市将企业标准化管理方式引入政府公共服务领域,建立了行政服务标准化体系;北京东城区国家级城市公共服务标准化示范区的城市公共服务总标准体系建设等。

　　总体来看,现阶段公共服务涉及的区域广、人数多,虽然在实施过程中依据各地经济发展的实际情况和不同区域公众的不同要求而有所差异,但近年国家一直致力于实现基本公共服务均等化的目标,在范围上也基本上涵盖了公共卫生、公共教育、公共交通、公共文化、市政设施等各个领域。在价值维度上,均等化刻画着政治文明的底线,是公平价值的发扬。均等化力图缩小空间差异和群体差异;而标准化以技术理性的形式传达基本公共服务的公益性、公平性价值,为公共服务的提供给出价值指引和目标指南。简言之,基本公共服务标准化以均等化为目标,力图克服地域之间的差别,通过制定共通的、广泛的、相对统一的标准,从量纲上保证其全面性和可及性[②],以实现公共服务的公平和保障目标。

二、供给模式:政府主导下的参与竞争格局 ▶▶

　　我国公共服务体系在40余年的探索中逐渐形成了党委领导、政府负

---

① 刘金程,刘熙瑞.公共治理与发展:我国基本公共服务供求的结构性矛盾及其改进[J].新视野,2010(3):36-39.
② 郁建兴,秦上人.论基本公共服务的标准化[J].中国行政管理,2015(4):47-51.

责、市场分担和社会参与的多元主体协同供给格局,即政府在公共服务发展中一直扮演着核心角色,在此前提下通过在某些服务领域有序地引入竞争来提高供给的效率。这与我国公共服务发展的现实需求和社会力量的发育状况是紧密相关的,是具有中国特色的公共服务供给模式。

首先,由于西方国家公共服务市场化改革是在"后工业化"时代背景下进行的,具备较多有利的社会条件,如较成熟的市场经济体制、较发达的公民社会力量、较完善的法治框架、较丰富的市场化经验等。与西方国家相比,中国的政治、经济、文化、法律等社会条件还存在诸多制约性因素。加之公共服务市场化本身就是一个涉及面较广的系统性工程,不仅需要社会配套制度的支持,而且这一市场化过程涉及政府、企业、社会组织、公民等多方面的利益,是一个影响社会稳定与发展的重大问题[①]。这就需要政府在某些公共服务领域中发挥核心作用。

其次,与其他社会主义国家相比,我国政府在公共服务中的角色定位呈现出逐渐将职能精简化和社会化的趋势,即政府并不是对公共服务实行全面统摄,而是依据公共服务的属性调整自身的角色和职能范围,并始终维护公共服务的"公共性"和"公平性"价值。我国公共服务40年的发展实践表明,政府主要是在国防、外交和司法等保密性强的公共服务领域,以及基础教育、医疗和社会保障等基本公共服务领域生产和提供服务;而在其他具备市场化属性的服务领域则通过引入市场竞争机制实现服务的供给,政府在这些领域只充当监督者和安排者的角色。

(一)政府主导的公共服务体系

首先,政府影响公共服务供给的目标和具体方式。结合改革开放后我国公共服务的历次改革实践可以发现,政府的政策和资源投入影响我国公共服务供给的效率和水平。

改革开放之初,推动经济增长是第一要务。所有的政策都"以经济建设为中心",公共服务则被置于相对次要的位置。在非均衡发展战略的推

---

① 谭英俊.中西公共服务市场化改革比较研究[J].商业研究,2012(6):31-37.

动下，政府职能和边界问题逐步向经济领域倾斜，市场化的浪潮也逐步席卷公共服务领域，政府对公共服务的重视和投入相对不足。这一问题集中体现在20世纪90年代开始推行的教育产业化和医疗体制改革，在政府与市场的边界判断上，将公共服务更多地划给了市场机制作用的领域，政府在公共服务提供方面出现了缺位。中国在原有计划经济体制下遗留的个人与政府或国有企业之间的保障契约关系形成了当时的社会安全网，在很大程度上满足了公众对于公共服务的需求，因此尽管当时公共服务的供给并不充裕，但供需矛盾也不突出。相比之下，由于改革在偏好选择上更倾向于经济和效率层面，对传统的"大锅饭"性质的公共服务投入偏好不强，对市场经济条件下的公共服务缺乏认识，从而相对忽视或不够重视公共服务的投入，而更多地将政府资源投入了经济建设领域。20世纪90年代启动的分税制改革和积极的财政政策，激发了社会参与公共服务供给的热情，承接了部分政府的职能，但出现了消费难以启动、内需难以扩大的困局，政府投资带来的收入效应没有明显改变消费预期和消费倾向，而是更多地转化为储蓄，成为下一次扩大投资的压力，使经济运行中的储蓄—投资机制进一步失衡，最终导致政府投资无法疏导市场机制的传导障碍，形成了"政府投资—经济增长—政府投资—经济增长"的直接外部推动式的经济运行特征。因此，在政府财政支出结构上出现了"公共服务提供不足—体制性消费不足—政府投资固化—公共服务提供不足"的循环[1]。

其次，在我国的现实国情下，公共服务的主要模式是政府主导下的合作主义模式。不同的国家—社会结构可以有不同的治理模式，大致上可分为多元主义模式和合作主义模式。前者强调社会中心，主张在结构分化的基础上对权力进行多元配置，实现政治市场的多元竞争；后者强调国家权威的主导性和控制力，强调通过政府与不同社会团体的相互支持和合作，以达到利益的协调[2]。考虑到我国历史演进的逻辑以及持续、稳定和安全的公共

---

① 曹现强,宋学增.市政公用事业合作治理模式探析[J].中国行政管理,2009(9): 56-60.
② 姜晓康,袁曙宏,韩康,等.国外公共服务体系建设与我国建设服务型政府[J].中国行政管理,2011(2): 7-13.

服务供给需求,政府主导的合作主义供给模式更适合我国的公共服务供给实践。

具体来说,政府主导的合作供给模式的内涵有如下几点:① 保障供给和公平。公共服务的特性决定了其供给的目标是持续、安全和稳定地为社会提供数量充足、价格合理、质量优良的公共服务。与此同时,若要保证公平性,政府需要弥补市场失灵带来的空间和群体供给不公平的现象。② 政府主导下的社会参与。在此过程中,政府要履行在公共服务供给中的责任和职能,并建构多元主体参与机制,通过市场竞争机制的引入,将部分公共服务职能转接给社会。③ 政府职能边界的合理界定。市场化机制和社会参与的引入,意味着政府从单方面生产和提供公共服务的角色转向监督者、协调者、安排者的角色。

因此,总结改革开放至今公共服务发展的经验,我们可以发现,一方面,我国历次的公共服务改革均受政府推动,国家政策和国家战略的制定直接影响公共服务的效率和水平;另一方面,我国的现实国情又要求政府在公共服务中发挥重要作用,通过国家发展战略和规划对公共服务供给进行引导和调控。贯穿在其中的核心特征便是政府主导公共服务,具体表现在:① 政府部门是公共服务唯一合法的制度设计者。从基本公共服务的数量、质量等制度设计以及资源的划拨均由政府部门负责。② 政府部门是基本公共服务的直接生产者。对于国防、外交和司法等不能转包给市场机制的保密性强的纯公共服务,以及基本医疗保险、基本养老保险等基本公共服务,还是由政府部门通过下属的企事业单位直接供给。③ 政府部门是服务生产主体的监管者。政府部门将某些基本公共服务委托或外包给市场主体和公民组织的同时,会向服务生产者明确所需服务的生产成本、质量标准、服务数量等相关条款和要求,并按照已经订立的条款对生产出来的基本公共服务实施监管①。政府通过提供公共服务发展所需的制度环境,直接生产如国防和外交等纯公共服务以及监管外包给社会组织的公共服务,来推动

---

① 曾保根.基本公共服务供给机制的逻辑、误区与构想[J].中国行政管理,2013(9):70-73.

我国城市公共服务的发展。在此过程中,政府一方面通过探索客观经济规律,调适公共服务发展的制度安排,统筹推进一些重要领域和关键环节的体制机制改革,拓展市场机制在公共服务领域发挥作用的空间;另一方面通过政策引导、调控公共服务在不同群体和地域之间的分配,维护公共服务公平性的目标。

(二) 政府主导下的竞争参与

改革开放40年来,政府在公共服务体系中一直发挥着举足轻重的作用。从改革开放之初,政府由公共服务的单一提供者到逐渐引入市场竞争和社会参与机制的调节者的角色转换,其背后的逻辑不是政府责任的分散,而是政府责任的优化。它是通过寻求一种合理的投入机制,使政府更加有效地承担起公共服务的基本职能。

事实上,在公共服务输出的整体过程中,政府是责无旁贷的主导者和调节者。公共服务是任何现代政府首要的、根本的职能,无论是从公共服务的范围和性质,抑或是从历史经验、国家本质,甚至是社会正义的角度看,由政府主导或调节公共服务都是合乎逻辑的必然结论[①]。在此前提下,我国公共服务竞争参与格局的形成有以下原因:首先,市场经济的发展和需求层次的升级是现实动力。随着公共需求日趋复杂化、多样化、优质化,公众对政府公共服务供给能力的要求也越来越高,传统政府垄断供给的公共服务模式已经不能有效地满足公众多样化的需求,因此需要引入社会和市场主体参与公共服务供给。其次,社会组织发育的逐步完善,为竞争参与格局提供了现实基础。近年来,我国通过完善社会组织登记管理和财务制度,释放了社会组织发展的活力,使得社会组织具备承接部分公共服务职能的能力。最后,政府职能的精简、优化为竞争参与格局的形成提供了现实的可能性。多年来,政府一直致力于简政放权,根据公共服务的特点分阶段、分层次地在某些公共服务领域引入市场竞争机制,同时积极承担起监管运行、维护公平的作用,使得公共服务建设在政府的主导下形成了竞争合作、社会参与的

---

① 赵子建.公共服务供给方式研究述评[J].中共天津市委党校学报,2009(1):80-85.

新格局。正是上述因素的作用,我国公共服务才在改革开放的进程中逐渐形成了具有中国特色的竞争参与格局。

　　结合改革实践的各个时期来看,公用事业部门大致经历了从行政性管控垄断到市场化竞争供给两个阶段。在改革开放初期,行政性管控垄断是主要的公共服务供给方式。此段时期的具体举措是在城市实施财政体制改革,规范国家和地方、国家和企业的分配关系。一是下放部分公共事务管理事权,其实质是逐步调整传统计划体制下中央和地方的财权划分。例如,在1980年开始实行"划分收支,分级包干"体制,1985年开始实行"划分税种、核定收支、分级包干"体制,1988年实行"改进包干办法"。伴随着财权的调整,中央政府将部分事权下放给地方。如1980年颁布的《中共中央、国务院关于普及小学教育若干问题的决定》和1985年颁布的《关于教育体制改革的决定》均把发展义务教育的事权责任交给了地方。二是探索国有企业生活服务与生产经营的分离。1982年发布的《中共中央、国务院关于国营工业企业进行全面整顿的决定》中,将劳动服务公司定性为企业附属的集体所有制单位,并允许其"可以为本企业服务,也可以为社会服务"[1]。国有企业生产经营活动和生活服务开始分离,公共服务开始有更多的民营企业和社会组织参与提供。

　　在市场化供给竞争阶段,我国尝试探索与社会主义市场经济发展相适应的公共服务供给体系。中共十四届三中全会明确了国有企业改革的方向是建立现代企业制度;中共十五大提出要形成企业优胜劣汰的竞争机制。1995年,我国开始进行国有企业办社会职能分离试点;2000年,由试点城市转向全国推进;2002年进一步扩大到中央企业的分离试点,并且明确城市公共服务逐渐由国企转向社会企业和政府提供,同时对劳动力市场建设、社会保障制度、医疗保险制度和住房制度等提出了配套改革要求。2005年初新修订的《国务院工作规则》,进一步将政府职能明确为"经济调节、市场监管、社会管理、公共服务","以社会管理和公共服务为核心内容的服务型政

---

① 李杰刚,李志勇.新中国基本公共服务供给:演化阶段及未来走向[J].财政研究,2012
　　(1):13-16.

府的基本内涵"基本确定。"十二五"规划纲要中明确提出,要改革现阶段公共服务的提供形式,要求引入竞争机制,拓展购买公共服务的领域,在公共服务提供的主体和方式上体现多样化,以及进一步推进公共服务的市场化,创新公共服务提供模式,提升公共服务的供给水平,不断满足人民群众对于公共服务的需求。

随着党的十四大的召开,社会主义市场经济体制在我国正式确立,公共服务管理体制改革步伐加快,实行市场化改革、引入市场竞争机制的呼声不断高涨。改革的主要内容包括:① 自然垄断部门的改革。以引入激励竞争机制为主,放开部分公共产品的定价权,加快企业现代化管理转型的同时,开展企业重组合并,利用核准制引入某些产业中的竞争构架,促进企业提高盈利能力,并有效降低服务成本等。具体来说,在管理方式上,市场化改革与市场竞争机制并行,政府垄断公共服务供给的局面被打破;在运营机制上,倡导公私合营和民营化,丰富公共服务的供给主体和供给方式,以提高供给质量与效率,满足社会公众多样化的需求;在经营方式上,允许其采取多样化的经营方式开展与本部门相关的业务,以解决本部门出现的财政危机,引入市场竞争机制,根据市场需求逐步增加公共产品的种类。② 管制权的重新分割。传统的管制权限主要集中在各公用事业部门,包括行业规则、管理和监督行业企业行为,事权权限也随之发生改变。具体来说,首先是放权,缩小管制范围和管制强度,公共事业单位开始探索供给体制改革,将公共服务市场化供给方式引入事业单位,减轻政府的财政负担,提高财政资金的使用效率,进而提高公共服务部门的管理绩效;其次是引入竞争机制,通过招投标拓宽公共服务设施融资渠道;最后是加强监管,尤其是加大对公共服务产品的质量监管力度。③ 放开服务收费权限。在确保财政基本支出的前提下,部分允许教育、卫生等公共部门扩大收费范围和权限,在减轻政府财政负担、提高公共服务质量的同时,降低了部分公共事业部门的准入标准,将竞争机制引入了公共事业领域①。通过竞争机制与合作机制的有机结合,以及政府、市场与社会组织功能角色

---

① 邹晓东.从公共服务的政府垄断到多元化供给[D].上海:复旦大学,2007.

的精细化划分,突破了公共部门直接提供以及简单的市场化或社会化提供的局限,大大提高了公共服务的供给效率与服务质量,适应了现实生活中公共服务的混合性和复杂性,而且有效地平衡了公共服务供给的公益与效率目标[①]。

可以看出,政府在公共服务供给中的角色边界依据公共物品的性质不同而有所差异。一些公共服务具有公共物品的属性,而这些公共服务的属性也就决定了它们的供给不能依靠市场,而只能由政府或社会来供给,由市场来供给往往会导致供给不足。除了纯公共物品之外,公共服务还包括很多准公共物品,这些服务具有较强的正外部性,因此是政府需要承担责任的重要原因之一。即具有准公共物品性质的公共服务既会让其接受者受益,也会使整个社会受益。例如,基础教育不仅仅有利于提高受教育者的文化水平,还会对整个社会产生有益影响。但是公共服务具备低竞争性的特质,例如学校、医院这样的公共机构在一些经济落后的地区就处于自然垄断的地位,因为设立更多的学校和医院只能造成资源的浪费,这就排斥了竞争,从而降低了公共服务的供给效率。因此,公共服务供给的竞争性程度也随公共服务具体领域的性质而有所差异。

综上所述,伴随着我国市场化改革的逐步深入以及公共服务需求的持续升级,我国公共服务的目标呈现出由"量"到"质"以及由"效率至上"到"兼顾公平"的转变;在供给模式上,形成了政府主导下的竞争参与格局,政府通过提供必要的制度环境和基本公共服务,对委托给社会和市场的服务进行监管来达到高效供给的目的。由此带来的变化便是在公共服务惠及范围上,更关注公共服务的均等化,通过政府补助、政策倾斜等手段保证教育、医疗和社会保障等基本公共服务的提供质量,并持续关注弱势群体的利益,满足其基本的公共服务需求。与此同时,社会力量的参与催生了竞争和参与的热潮,焕发了公共服务供给领域的活力,最大限度地提高了公共服务的供给效率和供给质量。

---

① 郁建兴.中国的公共服务体系:发展历程、社会政策与体制机制[J].学术月刊,2011,43(3):5-17.

三、供给机制：由一元供给到多元参与供给 ▶▷

（一）多元供给机制：多元化协调供给

随着市场化改革的逐步深入，公共服务供给主体逐渐多元化，供给方式和机制逐渐多样化。结合我国市场化改革的实践，城市公共服务的供给方式呈现出相互嵌入的特点，从传统的政府全面垄断公共服务的生产供给，到社会主体参与公共服务提供、政府逐步退出某些公共服务领域，其间经历了不同的供给方式变革。不同的公共服务供给方式反映的是公共服务理念、供给技术及供给主体之间的差异。因此，从不同的角度可以把公共服务供给方式分成不同的类型，常见的公共服务类型如表8-4所示。

表8-4　常见的公共服务类型

分　类　标　准	公　共　服　务　类　型
价值维度	效率型公共服务供给方式、公平型公共服务供给方式、民主参与型公共服务供给方式
国家—社会关系	政府提供方式、市场化提供方式
供给主体	行政型供给、商业型供给、志愿型供给、混合型供给

由于我国公共服务供给的理论和实践基本上是围绕政府展开的，从这个角度出发，我们采取供给主体分类的标准，对行政型供给、商业型供给、志愿型供给、混合型供给这四种供给方式进行解读。

1. 行政型供给

行政型供给是指以政府为供给主体，政府扮演着资金提供者、生产安排者和监督者以及公共产品服务者的角色，政府在公共服务供给中处于绝对支配地位，发挥主要作用，是一种最传统的公共服务供给方式。行政型供给包括政府生产公共服务和提供公共服务两类。

政府直接生产公共服务，即政府作为公共服务供给的单一主体生产公共服务。政府直接生产公共服务有以下几种形式：一是单个政府生产公共服务。一般表现为地方政府的公共服务供给,如医疗卫生、土地规划和污水处理等。二是政府间联合生产公共服务,主要是指单个地方政府无法提供,由多个地方政府协作提供一定规模的公共服务。目前政府间联合生产公共服务主要集中在相邻政府之间的水利设施建设和道路建设等方面。三是事业单位生产公共服务。我国事业单位承担了大量的公共服务供给任务,如科学、教育、文化、体育、卫生等领域的事业单位提供的与民生息息相关的公共服务。目前,我国事业单位数量众多,要提高事业单位在提供公益性、非营利性公共服务的效率和效益,还须进一步深化事业单位改革[1]。

政府提供公共服务,这种模式下政府不作为公共服务的直接生产者,而是充当安排者、提供者和协调者的角色。此种模式的优点在于通过政府安排生产者以及依托市场分配资源,能够实现生产与提供的分离,提高公共服务供给的效率和质量。其主要形式包括:一是政府资助,如由政府选择公共服务供给主体,对其提供资金支持,在指导的基础上对公共服务供给过程进行监管;二是政府补助,政府以补助的形式给企业或社会组织支持,鼓励其参与公共服务供给,补助的形式包括减免税收、税收优惠、减免土地使用税、房产税、贷款担保等;三是财政支持,政府为企业、社会组织等供给主体提供财政支持,鼓励其为民众提供优质公共服务,主要形式有财政补贴、贷款贴息、代用券等。

行政型供给适用于纯公共性的公共服务领域。如国防、外交、司法服务、法律法规的制定与实施、国家安全、外交关系、基础科研、行政管理等,这些领域的公共服务具有消费上的不可分割性、非竞争性和非排他性,私人部门没有意愿参与到此类公共物品的提供中,因此要由行政性公共机构来提供。此外,从社会发展的总体进程来看,行政型供给依托政府以权威手段强制性地供给公共服务,在特定的个历史时期不仅满足了最基本、最重要的公共需求,更重要的是通过需求的满足进一步推动了经济社会的发展。但在我国计划经济向市场经济转轨的过程中,出现过政府全面垄断公共服务生

---

[1]　徐凯赟.全面建成小康社会进程中的公共服务供给方式研究[D].北京:中共中央党校,2017.

产和供给的错乱局面,导致机构臃肿、人浮于事、供给效率低下,并增加了政府的公共财政支出负担。因此,要根据公共服务产品的属性来确定是否采用行政型供给。

2. 商业型供给

公共服务商业型供给模式是指政府之外的营利组织根据市场需求情况,向社会提供基础教育、医疗卫生、科技服务等准公共物品,并收取一定的费用来补偿其支出的运营机制。相比于行政型供给,商业型供给模式有以下几种手段可供选择:第一,营利部门生产、供应。在这种模式下,政府通过特许经营、税收优惠等方式吸引私人部门进入某些公共服务领域,并给予一定的政策支持,但不直接提供资金资助,私人部门完全按照市场准则进行运作,全权负责公共服务融资、生产、运营的全过程。由于在此种方式下私人部门拥有收益权,那么消费者想要得到该种公共服务就必须付费,并不是由全体纳税人一起分担成本。此种模式基于市场规则来提供公共服务,能更好地满足公众的差异化需求。然而,营利部门不愿进入那些没有经济收益或经济收益较小的公共服务领域,有些关系国计民生的公共服务领域政府不允许其进入。因此,营利部门在公共服务领域的运作范围具有一定的局限性。第二,营利部门生产。例如政府采购、特许经营等,政府授予营利部门经营权,营利部门通过竞标的方式与政府签订生产合同,根据合同规定进行生产。营利部门参与生产环节的主要动力是获取利润,政府供应是履行其基本职能,两者通过契约来约束、规范双方的行为,确保自身利益不受损失[1]。第三,公共部门与营利部门的联合供给。由于某些公共服务的消费与营利服务的消费之间存在一定的关联性,在一定程度上可以成为互补品,即增加公共服务的消费必然导致营利服务消费量的增加,反之亦然。因此,联合供给的方式能使公共服务通过营利服务价值的实现或增值来使自己的生产得以进行。

商业型供给模式适用于可收费的准公共物品。需要注意的是,营利部门介入公共服务领域是以利润最大化为最终目的的,其在追求利润的同时,

---

[1]　邓明辉.治理视域下我国城市政府公共服务供给创新研究[D].武汉:武汉大学,2014.

存在潜在的寻租隐患,即为争夺某些公共项目或服务的特许权,往往进行不正当的招投标竞争,利润化的导向一旦缺乏监管,公用服务的质量也难以保证。因此,我国政府的实践是在营利部门提供公共服务的领域,通过加强监管,以确保公共服务的质量。

3.志愿型供给

志愿型供给模式的精髓在于以自愿贡献的方式投资或生产公共服务。它分为个体志愿供给形式和团体志愿供给形式。前者指个人出于慈善目的向他人或社会无偿提供资助或服务,后者则指各种社会非营利机构组织生产公共服务。其中,个体以志愿求公益的行为的本质意义在于:以自由意志从事利他主义的事业。其作用形式大致有三种:一是无偿捐赠公益事业;二是志愿服务;三是没有营利目的的收费服务[1]。无偿捐赠既可来自个体、家庭,也可以来自私营企业或私营的非营利团体,捐赠对象和数额没有边界,但一般都流向慈善机构。

总体来看,近年我国的各项民间基金也在积极探索无偿捐赠和志愿服务这一模式,但在公共服务供给中的应用还未完全普及开来。公民自己组织起来管理自身事务,不仅体现了公民强烈的主体意识和积极进取的精神,更激发了公民的社会责任感和参与意识。个人志愿性服务的供给性质是非营利性的,也是一种补缺型服务,这种服务在西方国家较为突出。由于个人供给志愿性服务是出于公民个人的意愿和信仰,不确定性较大,因此国家主要通过税收减免来鼓励个人捐赠或参与公益活动。随着公民参与意识的提高,我国各种非营利组织迅速发展,各类科技公共服务信息平台在各地逐步建立起来。非营利组织的资金主要依赖于政府拨款以及社会各界的捐赠。但是,主要依靠外界资金使得非营利组织的经济基础并不坚实,因此非营利组织实行收费服务只限定在那些在消费上具有一定可分性的公共物品上,就像政府实行收费服务一样,如教育、卫生及福利事业。

结合历次公共服务改革的历程来看,尽管整体的趋势是放权给社会,政

---

① 唐娟,曹富国.公共服务供给的多元模式分析[J].华中师范大学学报(人文社会科学版),2004(2):14-20.

府之外的主体有了更多参与公共服务供给的机会。但是就我国目前而言，志愿型供给方式在实践中的应用还未普及，发挥的领域受到一定限制，而且这种模式自身也存在一些问题。例如，资金来源不稳定，常面临资金短缺难以正常运行的局面；有些非营利组织实行商业化运营，致使其社会公信力不足，进而导致其捐赠不足、志愿者参与有限。

4. 混合型供给

混合型供给是政府、市场、志愿组织等单独提供或者联合提供公共服务的模式。在行政型供给模式中，政府既担任生产者也担任提供者；在商业型供给中，政府作为供应者和安排者，由营利组织生产和提供公共服务，而现实中由于公共服务的复杂性，以及伴随着公共服务需求的提高，尤其是公共服务供给和生产的分离，导致其供给者和生产者并不是唯一的，各主体之间交互相连，一个提供者可以对应多个生产者，或一个生产者对应多个提供者。混合型供给模式承认公共服务政府提供和市场提供的有效性，能够有效地整合志愿组织、社区、个人等多种力量参与公共服务供给。在提供公共服务时，要根据政府结构、文化特质、地理空间、需求现状四要素来选择供给方式，这一过程也被称为"逐级过滤"的过程。即各种供给方式组成的集合经过四个要素的逐级过滤，最终选出最适合的供给方式。具体而言，在操作过程中，可以有效地运用混合安排和局部安排等方式[1]。

首先是混合安排。即在同一区域内政府供给、志愿服务、合同承包等多种供给方式的混合应用。混合型安排鼓励不同服务生产者之间的竞争，比较常见的辅助形式就是补助，它可以用来补贴特许经营、志愿服务、自我服务等安排。其实现方式包括直接支付、税收优惠和低息贷款等。例如，政府对获取特许经营公交路线的公司实施补助，以使公交公司有更高的积极性提供公交服务。

其次是局部安排。公共服务往往是由彼此独立又相互联系的一系列活动构成，而不同的活动可以选择不同的供给方式。作为一个整体，特定服务的供给可以部分由政府、部分用凭单、部分用合同承包、部分通过自我服务

① 邓明辉.治理视域下我国城市政府公共服务供给创新研究［D］.武汉：武汉大学,2014.

的方式来实现。局部安排又可细分为四种供给方式：一是政府机构拥有服务所需的固定资产，而把服务本身以合同的方式承包出去，或者是政府机构租用私人设备来提供服务；二是政府机构执行服务的主要职能，并提供绝大部分服务，而私人机构提供一般服务；三是政府机构执行最基本的职能，而把法律咨询、交通运输和文秘等辅助性服务以合同的方式外包给其他非政府组织；四是只把公共服务的经营管理权外包。局部安排的方式既符合公共服务复杂性和层级性的特征，又便于公共部门与私人部门间角色的转换，进而形成合作关系[①]。混合型供给模式主要应用于可收费的准公共服务领域，应用范围较为广泛。如合同服务、志愿服务、市政服务、自由市场、自我服务等，都可以应用于该领域。

现实中公共服务的提供往往是上述四种模式的混合运用。例如，对于飞机场、桥梁、地铁、污水处理厂等资本密集型设施而言，可以采用服务外包的运营形式，由政府发起市场招标，通过市场机制进行融资、签订合同，由营利组织在政府授权的范围内进行服务的生产和提供。此外，公共交通服务也适合这一方式，政府委托专业公司进行线路的规划、公务人员的招聘，但车身保管维修、线路维护、建筑物维护等则可以承包给具有一定资质的营利组织。

（二）多元运行机制：制度化保障运行

改革开放初期，计划经济下政府全盘包揽公共服务供给的局面还未完全改变。而随着市场化浪潮的逐渐兴起，政府逐渐将部分公共服务生产和供给的权力下放给企业和社会组织，但各地市场化改革的实践却出现了一些误区，市场化过程中政府责任的缺失导致公共服务的"公共性"受损。"市场的逐利动机无法解决供给的公平问题，诱导了官员的寻租行为，也无法满足公众对公共服务的多元化需求。"[②]因此，政府和市场的作用边界和职能划分对公共服务供给具有重要的影响，尤其是多元供给机制的制度设计

---

① 邓明辉.治理视域下我国城市政府公共服务供给创新研究[D].武汉：武汉大学,2014.
② 赵子建.公共服务供给方式研究述评[J].中共天津市委党校学报,2009(1)：80-85.

中，政府、企业、非营利组织和公民参与公共服务供给的动机、意图和适用领域都有所差异，因此如何构建一个法治化、开放化的多元参与机制、高效率的利益整合机制、有序的竞争参与机制和以政府为主导的规范监督机制，以保障公共服务多元供给模式的有序运行，是改革开放40年来党和国家一直致力探索的实践课题。

公共服务多元供给的制度设计和实践探索中，我国逐渐形成了以政府为主导，建构制度化的多元参与机制和多元治理工具，推进公共服务安全、高效供给。结合行政型供给、商业型供给、志愿型供给和混合型供给的作用方式及适用领域，可以归纳出改革开放以来我国公共服务多元化供给运行机制的特征。

首先，以政府为核心的规范监管机制能够保证和维护公共性以及服务的质量。政府在公共服务供给和运行机制中发挥核心和主导作用，突出体现在制度供给、监管规范、财政投入和政策激励方面。在国防、外交和基础公共服务方面，政府还要发挥生产和提供公共服务的职能，以保证纯公共物品的有效供给，并消除由于市场机制的盲目性和逐利性而引发的公共服务供给在群体之间、地区之间分布的不均衡和不公平现象。其次，以制度化保障多元参与。政府通过构建开放、竞争的平台以及公平准入的制度规则体系，确保企业、社会组织和公民都能有序地参与到公共服务提供中来，即丰富公共服务的供给主体，减轻政府的财政和供给压力，以保证服务的质量和水平。再次，以高效的利益整合机制促进多元主体间的协商和利益表达。现实中，公共服务的供给不是通过单一的供给机制实现的，往往是多种供给机制相互配合。因此，不同供给主体之间的利益整合和协商便显得尤为重要，通过把各个供给主体纳入协商和对话的平台，在对其适用范围和利益精准定位的基础上，实现利益的合理表达和协商，以高效优质地提供公共服务。最后，通过有序的竞争和参与机制激励多元主体的参与，保证服务的高效供给。通过将部分可实现定价收费的公共服务转接给企业和其他社会组织，在实现企业盈利目标的同时，又能保障公共服务的供给。

公共服务的多元供给模式以政府为核心，倡导的是多元主体间合作供给公共服务，是对公共需求层次化和供给不均衡化的回应，目的是提高公共服务的供给能力、效率和质量,以满足日益增长的公共需求。

　　我们可以梳理归纳出中国城市公共服务模式的三条逻辑,这三条逻辑不同程度地推动着公共服务供给机制的发展完善。首先,在供给目标方面,公共服务的供给目标经历了改革开放初期单纯追求效率到21世纪以来兼顾公平的转变。改革开放初期经济活力不足,国家通过"以经济建设为中心"的发展战略增加公共服务的供给,但忽略了基础教育和医疗保障等领域的公共服务,且导致公共服务在群体之间、城乡之间、区域之间发展的不均衡和不公平,因此进入21世纪以来,国家通过完善社会保障政策、扩大公共服务领域和实行基本公共服务均等化和标准化保证公共服务的公平性,并通过引入市场参与机制满足个性化、差异化和高品质化的公共需求,推动公共服务目标从"量"到"质"的转变。其次,在供给模式方面,基本形成了党委领导、政府负责、市场与社会有机参与的多元主体供给格局。政府作为公共服务发展的主要驱动力,在公共服务中扮演着核心角色,通过提供制度环境、监管市场运营等手段保证公共服务的供给,并促进公平价值的实现。最后,在具体的供给机制方面,探索出包括行政型供给、商业型供给、志愿型供给和混合型供给在内的多元供给机制,以提供高效和优质的公共服务。如国防、司法、外交等纯公共性质的公共服务具有消费上的不可分割性、非竞争性和非排他性,难以进行定价收费,私人部门没有意愿参与到此类公共物品的提供中,因此只能由政府供给;如涉及桥梁、交通、隧道等重大民生设施的准公共服务领域,既可以通过市场机制进行商业型供给,也可以综合运用合同外包、特许经营、补助等混合方式安排供给;而诸如贫困地区的公共服务、妇女儿童等弱势群体的帮扶,在国家层面进行补助的同时,也可以利用志愿型供给弥补国家和营利组织的缺陷,通过私人募捐、基金会运作等方式辅助提供服务。

　　可以发现,改革开放40年来,我国逐渐探索出一条与我国国情相契合的具有中国特色的公共服务道路。我国城市公共服务的供给逻辑与我国历史的发展脉络和社会经济的发展、社会组织的完善具有内在的一致性。首先,我国实行社会主义市场经济体制,政府必然具有领导和组织经济发展的职能,且不同于国外较为发达和完善的市场经济和市民社会,我国的市场经济仍处于探索和完善阶段。近年来,我国的社会组织发展虽然较快,但相比之下仍需要继续培育和完善,且多年的经济效率至上的发展模式导致了地区之间、群体之间发展的不均衡,因此政府必须在公共服务提供中扮演主要角色,在监管服务提供的同时,维护公共服务的公平性。其次,社会经济发展、公共需求的升级倒逼公共服务供给机制的改革,即公共服务的需求经历了改革开放之初"只求温饱"的底线服务需求,到如今个性化、差异化、高品质化的需求阶段,因此传统的行政型供给难以满足日益增长的公用服务需求,客观上催生多元主体供给的需要。最后,社会组织和市民社会的发展为多元化供给提供了现实基础,即社会组织逐渐具备承接政府部分公共服务职能的能力,在组织宗旨、独立经营能力和承担风险方面日趋完善,国家也通过完善登记制度、财务制度和监督制度等来鼓励和培育社会组织的发展,以增强其公共服务供给的能力。在此过程中,政府的职能逐步精简,从改革开放之初公共服务的直接生产者和提供者转型为公共服务的安排者、协调者和监督者,更多的社会和市场主体参与进来,焕发了公共服务的活力,维护了公共服务"公平性"和"公共性"的核心价值。

第三节　走向以人为本的公共服务

回顾过往的发展历程,我国城市公共服务供给有着独特的发展逻辑;而着眼当下和未来,我国城市公共服务正沿着自身的发展逻辑不断深化。科学的公共服务评估,能够引导公共服务价值理念、方式方法的革新。从公共服务评估的演变中,也可以清晰地考察城市公共服务的发展趋势。改革开放以来对公共服务的评估,逐渐从强调供给侧到重视需求侧,进而强调供需的有机结合;从关注效率走向关注满意度,进而强调"获得感"。可以看到,走向以人为本,推进包容、可持续供给,正成为我国公共服务未来发展的必然趋势。

一、 从供给侧绩效评估视角看公共服务的发展 ▶▷

从供给侧角度展开的公共服务评估，主要是对供给主体进行的测评。供给主体评估理念和方法的发展变化，反映了公共服务价值追求和实现方式的变革。改革开放40年以来，公共服务由注重行政效率到兼顾效率与公平，进而向注重服务质量转变。

（一）注重行政效率的公共服务

改革开放初期，政府公共服务的主要目的在于发展市场经济，提高社会生产力，因此，效率成为公共服务评估的核心价值取向。1980年，邓小平同志在"党和国家领导制度的改革"的讲话中明确指出，将效率作为政府工作的重中之重。1983年，在中共中央批转的《全国组织工作座谈会的工作报告》中，提出了"考德""考勤""考绩"的党政领导干部绩效考核标准，要求提高政府的行政效率。这一时期，"目标责任制"成为公共服务评估的主要方式。1984年，中共中央组织部、劳动人事部又联合下发《关于逐步推行机关工作岗位责任制的通知》，此后目标责任制开始在全国推行。目标责任制在政府部门的运用，改变了传统僵化单一的管理模式，有效地将政府工作人员的个人绩效与政府的整体绩效相结合，较好地调动了广大干部的积极性，促进了政府效率的提高，其所取得的成绩和所发挥的作用在这个时期是较为明显的。但这种评估理念在促进经济发展的同时，也带来了许多社会问题，如资源配置公平性的缺失，贫富差距悬殊，产业发展模式粗放，环境污染日益突出，等等[①]。

（二）寻求效率与公平兼顾的公共服务

随着我国改革开放的深入发展，社会民主政治建设和市场经济体制日趋完善，社会力量不断成长、壮大，公民的民主意识逐渐增强，主动参与公共

[①] 卓丽华.我国政府绩效评估价值取向研究［D］.郑州：郑州大学，2014.

事务治理的意识和能力也不断增强。公共服务开始关注到经济快速发展中的两极分化现象，将公平作为公共服务发展的价值考量。党的十四大提出要"兼顾效率与公平"，党的十四届三中全会提出"效率优先，兼顾公平"。而党的十六届四中全会从构建社会主义和谐社会的高度，提出要"注重社会公平"。可以说，效率与公平两个价值取向之间的博弈，直接影响着公共服务评估方式的设计，政府效能建设成为这一时期公共服务评估的主要方式。

（三）注重服务质量的公共服务

进入20世纪90年代以后，受西方公民宪章运动的影响，我国政府绩效管理开始由内部转向外部，由效率转向结果，并将公共服务质量作为衡量政府绩效的重要价值取向。

一方面，对于目标责任制、效能建设及社会服务承诺制等繁多的"模式"，各地政府在不断地收缩和整合，发展形成了一类以中央政府和地方政府为主体的"政府本位"评估模式；另一方面，政府通过吸纳外部力量增强评估的开放性，以沈阳市的"市民评议政府"、珠海市的"万人评议政府"、广州市的"市民评价政府"、杭州市的"人民满意机关评选活动"为代表，初步形成了第三方评估的"社会本位"评估模式。这种"政府本位"评估和"社会本位"评估共同推进的良好态势[1]，不仅增强了政府行政部门的公共服务意识，提升了社会公共服务的质量，而且提高了政府行政效能，增强了公民的社会参与度，因此取得了良好的社会效益。但受传统因素的影响，这种方式在评估内容、评价主体及评估方法上还比较片面，因此还需要政府部门不断地改进和完善。

总的来说，无论是注重效率还是关注质量，我国城市政府公共服务的供给模式基本上属于供给导向型模式，政府依据其财政能力的大小，量力而出地提供基本公共服务。公共服务供给由政府安排的这种"自上而下"的供给模式存在许多问题。从公共服务供给的决策机制来看，政府偏好和判断

---

[1] 负杰.中国政府绩效管理40年：路径、模式与趋势［J］.重庆社会科学，2018（6）：5-13，2.

对基本公共服务供给结构具有主导性作用，"在决策缺乏有效制约和监督的条件下，各级政府决策将表现出高度的随意性和主观性，而且决策者往往根据政绩和利益的需要决定基本公共服务的类型、数量和质量，他们往往热衷于投资一些易出政绩的短、平、快项目，而那些公众需求大、难出政绩的基本公共服务却得不到充分供给"。

二、从需求侧满意度视角下看公共服务的发展 ▷▷

（一）公共服务评估中对需求的发现

随着以人为本成为公共服务绩效评估的价值导向，公众满意度成为公共服务在需求侧进行评价的重要方式。公共服务的满意度源自企业管理中的顾客满意度研究。1989年，美国密歇根大学商学院质量研究中心的费耐尔博士提出以顾客期望、购买后的感知、购买价格等多方面因素组成一个计量经济学的逻辑模型，即费耐尔模型[①]。以此模型运用偏微分最小二次方求解所得出的指数，就是顾客满意度指数（Customer Satisfaction Index，简称CSI）[②]。后来，陆续有学者将顾客满意度研究引入到公共服务领域。公共服务领域的满意度就是从营销学和企业管理学的顾客满意度借鉴而来的。

（二）公共服务评估中对需求的评价

围绕公共服务满意度评价，学者们开始设计契合我国公共服务供给实践的评价指标体系，并对我国公共服务公众满意度进行测量和分析。何艳玲主编的《中国城市政府公共服务能力报告（2013）》，从需求识别能力、服务供给能力和学习成长能力三个维度评估城市政府公共服务能力。其中，需求识别能力指的是城市政府多元、及时和有效地识别市民需求的能力；

---

① 唐娟莉，朱玉春，刘春梅.农村公共服务满意度及其影响因素分析——基于陕西省32个乡镇67个自然村的调研数据[J].当代经济科学，2010，32（1）：110-116，128.

② 李燕凌.农村公共品供给效率实证研究[J].公共管理学报，2008（2）：14-23，121-122.

服务供给能力指的是城市政府提供能够覆盖和满足市民需求的公共服务的
能力；学习成长能力指的是城市政府针对服务供给结果和所识别到的需求
之间的差距进行评估、学习和持续发展的能力[1]。《中国城市政府公共服务
能力报告（2016）》进一步对以上指标体系进行了丰富和完善，"需求识别"
维度下的二级指标从2013年的"渠道的多元性""识别的及时性""覆盖的
完备性"发展为2016年的"信息透明""渠道便利""回应有效"[2]，对公共服
务的需求识别不仅评估政府所做出的努力，更强调政府对公众需求的实际
回应效率和处置效果。

　　赵大海、胡伟在测量中国大城市公共服务公众满意度时，确立了五个维
度的公众满意度评价指标体系，具体包括：公众对公共服务提供的满意度、
公众对政府效能的满意度、公众对政府信息公开的满意度、公众对政府允许
公众参与的满意度、公众对政府信任的满意度（见表8-5）[3]。

表8-5　公众满意度评价的五个维度

维　　度	内　　涵
公共服务提供的满意度	公众对包括公共教育、医疗卫生、住房、社会保障、环境保护、公共安全、基础设施、文体设施、公共交通在内的九项公共服务的评价
政府效能的满意度	公众在获取公共服务的过程中，对政府工作效率和能力的评价
信息公开的满意度	在公共政策制定和执行过程中以及结果产生后，公众对相关信息的可获性的评价
公众参与的满意度	公众对政府在多大程度上允许公众参与和影响公共政策的制定和执行的评价
政府信任的满意度	公众在多大程度上相信政府是为公共利益服务的

资料来源：赵大海，胡伟.中国大城市公共服务公众满意度的测评与政策建议[J].上海行政学院学报，2014(1).

---

[1] 何艳玲.中国城市政府公共服务能力评估报告（2013）[M].北京：社会科学文献出版社，2013：4.

[2] 何艳玲.中国城市政府公共服务能力评估报告（2016）[M].北京：社会科学文献出版社，2016：2—6.

[3] 赵大海，胡伟.中国大城市公共服务公众满意度的测评与政策建议[J].上海行政学院学报，2014(1)：23—29.

　　山东大学城市发展与公共政策研究所依据其承担的"山东大学城市公共服务数据"项目,自2015年起开展持续性的"山东省城市公共服务社会调查活动",从主要的公共服务板块出发,对山东省17地市的公共服务公众满意度进行测评①。随着公共服务满意度评价的不断深化发展,其价值理念、指标体系、技术手段也在不断发展,因而成为公共服务评估的重要方式,对于优化公共服务起到了重要的作用。

(三) 需求评价对既有公共服务供给的挑战

　　公共服务满意度评价使得公共服务供需不匹配的问题凸显出来。"只要产品做到位,顾客就会满意"在企业管理领域或许有道理,但在公共服务领域里,相关的绩效研究和满意度研究却发现,供给侧的"公共服务的绩效好"和需求侧的"公共服务真正的满意度高"二者没有显著的相关性。有的地方公共服务供给能力很强,但是公共服务满意度的评价却不那么高②。

　　这种差异说明,尽管政府公共服务的供给能力与地区经济发展水平相关,一般而言,地区经济发展水平越高,政府的基本公共服务供给能力就越强③,但供给能力并非是决定基本公共服务水平的唯一因素。基本公共服务水平不仅受政府供给能力的影响,而且受制度安排合理性的影响④。更有学者认为,基本公共服务均等与否的根本原因不在于地方政府财政收入的状况⑤以及财政转移支付制度安排和财力均等化⑥,地方政府在推进基本公共服务进程中的职能定位、行为选择以及财政投入流向才是影响基本公共服

---

① 楼苏萍,王佃利,曹现强.山东省城市公共服务绩效调查和问题研究[J].机构与行政,2016(8):8-13.
② 王佃利,刘保军.公民满意度与公共服务绩效相关性问题的再审视[J].山东大学学报(哲学社会科学版),2012(1):109-114.
③ 陈振明,李德国.基本公共服务的均等化与有效供给——基于福建省的思考[J].中国行政管理,2011(1):47-52.
④ 赵怡虹,李峰.基本公共服务地区间均等化:基于政府主导的多元政策协调[J].经济学家,2009(5):28-33.
⑤ 岳军.公共服务均等化、财政分权与地方政府行为[J].财政研究,2009(5):37-39.
⑥ 王敬尧,宋哲.地方政府财政投入与基本公共服务均等化[J].华中师范大学学报(人文社会科学版),2008(1):27-34.

务水平的关键因素[①]。

公共服务满意度评价围绕需求侧展开,良好的政府公共服务供给不仅强调政府供给的效率、公平性和质量,还强调对公众需求的回应和满足。公共服务满意度评价直接聚焦于公众的主观体验,体现了对公众权利的捍卫和对公众权益的保障。但公共服务满意度评价同时面临着公共需求差异性的问题。在现代社会,由于公共利益类型的多样化以及社会分层与地域差异的影响,使得公共利益的实现较以往任何时期都要复杂,也使得公共利益的局部偏向性成为构建公共产品制度不可忽视的一个方面[②]。由于不同地区、不同群体对基本公共服务的需求偏好存在差异,必然决定了政府要在不同地区、不同群体中提供不同的基本公共服务。

随着需求侧公共服务满意度评价的展开,传统的公共服务供给和供给侧评估方式受到进一步挑战。未来的公共服务发展,是在供给侧和需求侧相结合的基础上,逐渐向人本化、包容性的方向深化。

三、供需结合视角下公共服务的发展 ▷▷

(一)以供给侧改革推动公共服务获得感提升

21世纪以来,我国对公共服务的关注不断提升。2003年,党的十六届三中全会上提出了坚持"以人为本、全面协调可持续发展"的科学发展观。以人为本是科学发展观的核心,同时也是党和国家一切工作的出发点和落脚点,是地方政府绩效评估的重要价值取向,其核心价值就是要体现"人"的重要性。2004年,党的十六届四中全会提出了要制定科学发展观和正确绩效观;与此同时,公共服务被认定为政府的四项基本职能之一。党的十七大提出建设服务型政府和加强政府绩效考核的目标和要求。此后,我

[①] 吕炜,王伟同.我国基本公共服务提供均等化问题研究——基于公共需求与政府能力视角的分析[J].财政研究,2008(5):10-18.

[②] 郭小聪,刘述良.面向公共利益差异性的公共产品供给制度设计[J].中山大学学报(社会科学版),2008(3):151-160,209.

国开始从"管制型"政府向"服务型"政府转型,建设服务型政府已成为不同层级政府的共同追求。

2008年初,胡锦涛同志在中共中央政治局第四次集体学习时明确指出,建设服务型政府要"推进以公共服务为主要内容的政府绩效评估和行政问责制度,完善公共服务监管体系";2012年党的十八大报告中指出:"为人民服务是党的根本宗旨,以人为本、执政为民是检验党一切执政活动的最高标准。"以人为本成为公共服务评估的价值取向,推动政府行政观念逐渐由"管制"向"服务"转变,全心全意为人民服务,尊重人民的主体地位,保障人民的各项权益,促进人的全面发展。

(二) 提升群众对于公共服务的获得感的供给目标

2015年,习近平总书记在中央全面深化改革领导小组第十次会议上指出,要让人民群众享受到更多的发展成果,让人民群众有更多的获得感。十九大报告明确提出,新时期我国社会主要矛盾已经转化为人民日益增长的美好生活需要和不平衡不充分的发展之间的矛盾。公众是公共服务的直接对象,对政府工作最有发言权,以人民群众满不满意作为试金石,有利于增强人民群众对政府工作的认同感和加快服务型政府建设,有利于从根本上改进政府公共服务工作。深入研究政府公共服务的公众满意度问题十分重要,也非常必要。在公共服务领域,未来就是要进一步深化落实"以人为本"的服务理念,要求人民群众在公共服务的体验上有更多的"获得感"。就如王浦劬等所指出的那样:"获得感是衡量改革成效的标准。"①

(三) 提供"包容性"强的供给内容

公众需求是基本公共服务供给的重要基础。通过公众的有效参与、评估,发现基本公共服务需求,并及时给予回应,是基本公共服务供给与公众需求相匹配的重要保障②。现有的研究已经表明,由于地方政府对公众需求

---

① 王浦劬,季程远.新时代国家治理的良政基准与善治标尺——人民获得感的意蕴和量度[J].中国行政管理,2018(1):6-12.
② 张紧跟.治理视阈中的基本公共服务供给侧改革[J].探索,2018(2):27-37.

缺乏应有的重视,导致基本公共服务供给与民众的现实需求脱节,即使供给能力足够强,但供给不到"点"上,仍旧是无效供给。弥补公共服务供给中的这一缺陷,是未来公共服务改进和发展的方向。

推动包容性发展、改善民生、实现公民政治权利是提高公民"获得感"的三个不同层面但又紧密相关的途径[1]。包容性发展是倡导机会平等,注重参与共享,崇尚公平正义的发展范式,是倡导机会平等的发展和共享经济发展成果的发展[2]。而《"十三五"推进基本公共服务均等化规划》明确指出,基本公共服务是由政府主导、保障全体公民生存和发展基本需要、与经济社会发展水平相适应的公共服务。基本公共服务均等化是指全体公民都能公平可及地获得大致均等的基本公共服务,其核心是促进机会均等,重点是保障人民群众得到基本公共服务的机会,而不是简单的平均化。可见,这与包容性增长的内涵有异曲同工之妙,公共服务的均等化是实现包容性增长的战略抉择。如果我们以"获得感"为公共服务的发展目标,那么公共服务的进一步均等化,则是公共服务发展的又一必然趋势。

---

[1] 曹现强,李烁.获得感的时代内涵与国外经验借鉴[J].人民论坛·学术前沿,2017(2):18-28.

[2] 孔凡河.基本公共服务均等化:实现包容性增长的战略抉择[J].上海行政学院学报,2013,14(6):63-72.

第九章

包容、均衡、可持续的城市公共服务

公共服务是政府的基本职能,供给质量是检验政府效能的关键性指标之一。"公共服务"这一概念从最初并未进入官方的话语体系,直到成为政府及其改革的基本词汇,体现出公共服务职能从边缘走向核心,其供给模式也从传统的单中心向多中心协同模式过渡,公共服务的发展经历了一个动态发展的过程。可以预见,一个包容、均衡、可持续的公共服务体系将为经济与社会发展提供更强的保障功能,为创造更好品质的城市公共服务和更高水平的城市治理能力贡献强大的力量。

第一节　政府职能转变要求下的城市公共服务价值深化

当前我国已从单一均质社会转向多元异质社会,人民群众的需求出现多元趋势,难以折中满足;在新媒体时代,互联网发展促成了极端民意的表达,但与之相对应的是"沉默的大多数"依然存在,这导致了公众的实际需求难以甄别,更难以有效回应公众的需求。此外,长期以来政策决策过程中忽略公众需求,或者引入公众意见但不做正面回应,导致公众对政府产生不信任感,使得公众表达需求的积极性进一步受挫。这些问题造成了公共服务价值的偏离,怎样有效回应公民诉求、提供多元化的公共服务成为政府工作的重点之一。为此,政府先后进行了八轮机构改革,在职能转变中逐渐加强了对服务型政府和法治型政府的重视,为有效回应公民诉求提供了方向引导,也推动了城市公共服务价值的继续深化。

一、公共服务的服务型导向 ▶▶

公共服务的发展和深化,要求深化"服务型政府"建设。"服务型政府"是指在公民本位、社会本位的理念指导下，在民主制度框架内，把"服务"作为社会治理核心和政府职能重心的一种政府模式或政府形态。在服务型政府建设中，关注公众的实际需要，提升公众满意度，是当前我国服务型政府建设工作的重中之重。推动政府职能向创造良好发展环境、提供优质高效的公共服务、维护社会公平正义转变，都必须以建设人民满意的服务型政府作为最终标准。

改革开放以来，党和政府确立了"一个中心，两个基本点"的基本路线。"一个中心"指的就是"以经济建设为中心"，国家从财政投入到制度供给都围绕经济建设中心服务，此时政府提供的是围绕经济建设的差别性公共服务，其原则是：一是以服务于经济建设为中心，能够促进经济发展的公共服务优先提供，不能促进经济发展的公共服务则尽可能少提供；二是根据公共服务的紧迫性来确定公共服务的优先顺序，这种紧迫性是由公众自我保障的能力、公众对政策的影响力等因素决定的。遵循这一政策逻辑，在基本公共服务领域，政府的决策是服务于经济发展的需要，优先建立能够促进经济发展目标的服务项目，如交通、通信等基础设施的建设，而对于一些民生性的基本公共服务项目，则尽量不提供或少提供[①]。

以经济建设为中心的政策方针虽然促进了经济的持续快速发展，但也造成了社会建设滞后于经济建设的问题。在这一背景下，党和政府提出了建设服务型政府，转变政府职能，大力加强社会建设的政策方针。从"经济建设型政府"转向"公共服务型政府"，成为政府改革和政府职能转变的重要方向。需要指出的是，"服务型政府"是对"经济型政府"的一种"扬弃"：一是因为市场化进程必然走向经济增长由政府主导向市场主导的转变，而"服务型"正是对市场和社会需求的一种反映和回应；二是因为服务型政府并不否定"以经济建设为中心"，而是抛弃了政府把主要精力用来直接投资搞建设的做法，主张政府应该以创造良好的经济社会环境为主要任务，以实现经济社会协调发展[②]。

以此为目标，政府要提供三种基本的公共服务：一是为企业、社会提

---

① 刘志昌.国家治理与公共服务现代化[M].杭州：浙江人民出版社，2015：72-73.

② 迟福林.全面理解"公共服务型政府"的基本涵义[J].人民论坛，2006(5)：14-15.

供的经济性的公共服务。即通过有效的宏观经济调控和管理、严格规范的市场监管、及时公开地向社会提供经济信息,提供最基本的基础建设等,为经济发展创造良好的市场环境。二是着眼于最突出的社会矛盾,提供最紧迫的社会性公共产品和公共服务。比如,建立和完善从中央到地方的就业工作服务体系,提供基本的公共教育、公共医疗和社会保障等,实现人的全面发展。三是政府为社会直接提供的最重要的产品不是直接投资,而是制度性的公共服务。例如,建立健全现代产权制度,加快农村土地制度改革,建设一个良好有效的金融制度,建设有利于公平竞争的法律制度环境等[①]。

建设服务型政府是现代政府的基本要求,也是公共服务深化发展的价值引导和必然路径。有学者认为,服务型政府的建设应该在以下八方面做出努力:第一,不是控制导向,而是服务导向的政府;第二,不是效率导向,而是公正导向的政府;第三,是把工具效用与价值观照有机结合起来的政府;第四,是包含着合作和信任整合机制的政府;第五,是德治与法治有机结合的政府;第六,是行政程序的灵活性与合理性相统一的政府;第七,在行政人员的行为层面上,是行政自由裁量权得到道德约束的政府;第八,是超越了回应性的前瞻性政府[②]。

政府是公共服务的主要提供者,公民享受着政府提供的公共服务。同时,公民也有权参与公共服务的提供。服务型政府强调"公民本位、社会本位、权利本位",强调必须用一种基于公民权、民主和为公共利益服务的新公共服务模式来为社会服务,这是公共服务供给最本质和最核心的价值观,也能有效保证未来公共服务供给的方向和质量。

二、 公共服务的法治化追求 ▶▶

规范公共服务发展,可以从公共服务相关利益主体入手,如供给主体

---

① 迟福林.全面理解"公共服务型政府"的基本涵义[J].人民论坛,2006(5):14-15.
② 张康之.把握服务型政府研究的理论方向[J].人民论坛,2006(5):10-13.

规范运作、社会公众积极参与;可以从流程入手,规范化流程、全程监督;可以从结果入手,根据绩效考评结果判断优劣等。从根本上看,公共服务法治化是规范公共服务发展最有效、最可行的路径①。法与公共服务之间本身有极强的渊源。法国法学家狄骥将公法学与公共服务紧密联系起来,认为公法的定位就是要保障政府的公共服务供给②。德国学者在此基础上衍生出“服务行政”理论,满足社会公共需要、增进公共利益的公共产品提供应当被纳入法律框架之中。公共服务法治化是一个复杂的、系统的过程,应以当下的法律法规等规范性文件为基础,逐步构建公共服务法律法规体系,以明确公共服务的需求和内容、公共服务的职责分工、公共服务的标准与监管等③。

公共服务法治化是要从法律的层面上确保人民群众的各项权利通过公共服务方式得到实现④。公共服务及其供给方式在发展中出现了诸多新变化,如政府购买公共服务、社会组织在公共服务供给中日益活跃等。因此,如何保证公共服务的规范发展成为关键性问题。以政府向社会力量购买服务为例。在地方政府探索的基础上,国务院颁布相关规定开启了这一领域的顶层设计大幕,推进了政府购买服务的发展。但是,这些规定的内容多是原则性的,可操作性较差,实践中各地各自把握,出现了行政化购买、形式化购买等问题。公共服务对于保障公民合法权益、增进公共利益、夯实政府合法性基础的重要性不言而喻,而公共服务供给模式创新等也是公共服务发展的需要,如何保证公共服务规范发展成为亟待解决的问题。

通过公共服务法治化建设,建立健全科学合理的服务供给权责机制,是服务供给公平和效率的重要保障,也是提高政府信任度的一剂良方。一是依法授予各级政府部门提供公共服务的权力。重点提高对城市保障型公共

---

① 陈振明,等.公共服务导论[M].北京:北京大学出版社,2011:98.

② 袁曙宏.服务型政府呼唤公法转型[J].中国法学,2006(3):46.

③ 李德国,陈振明.公共服务的法治建构:渊源、框架与路径[J].厦门大学学报(哲学社会科学版),2015(4):98.

④ 辛向阳.中国城市公共服务发展的基本趋势[M]//李慎明,等.中国城市基本公共服务能力评价(2010—2011).北京:社会科学文献出版社,2011:164.

服务供给的财政投入,优化政府部门的公共财政投入结构,加快推进公共财政投入法制化建设。二是推进各级政府部门公共服务的职责法定化。以法律、法规、条例、办法等形式具体规定各级政府部门公共服务供给的职责,确保服务供给权责一致。建立健全公共服务清单制度,切实落实服务型政府理念。同时,注意合理解决服务供给过程中的交叉供给问题。三是将公共服务供给纳入法制轨道,健全激励、监督和问责机制。依法提高政府内部监督和外部监督的协同监督能力。依法建立以基本公共服务投入和产出指标为基点、以公共服务为中心的政府绩效观和考核激励、监督和问责机制[①]。依法推进公共服务供给决策、问题处理等环节的公示例行化,扩大市民知情权,提高公共服务供给的透明度。四是科学把握保障型、发展型、品质型城市公共服务供给次序,防止盲目追求满意度的提升。

第二节　多元与包容引导下的城市公共服务体系优化

一、公共服务供给主体多元化 ▶▶

公共服务供给主体多元化与传统的政府单中心供给模式相对应,这与相关的理论发展及实践惯性相关。在公共服务供给中,政府长期以来都是在唱独角戏,这一状况在新公共管理运动中被打破,公共服务供给主体日益多元化。这一转变有着深厚的经济理论基础,政府单一主体供给是基于对公共物品特征的认识,公共物品或公共服务的非排他性、非竞争性特征使市场主体失去供给动力,从而被划入政府职能范围。后来,公共经济学家理查德·阿贝尔·马斯格雷夫(Richard Abel Musgrave)区分了"提供"和"生

---

① 张紧跟.治理视阈中的基本公共服务供给侧改革[J].探索,2018(2):27-37.

产"两个概念^①,文森特·奥斯特罗姆(Vincent Ostrom)^②、E. S.萨瓦斯(E. S. Savas)等又进行细化和完善,最终明确了公共服务的提供和公共服务的生产之间的区别,为其他主体供给公共服务扫清了理论上的障碍。

现实中,公共服务供需之间在数量以及结构方面的张力也在客观上呼唤新的公共服务供给模式。国务院于2013年出台了《关于政府向社会力量购买服务的指导意见》,开启了社会力量参与服务供给的顶层设计,全国上下开始了政府购买服务的探索,并出台了相关的保障措施。市场主体即企业的优势在于效率,这与公共服务单中心供给时的成本意识弱形成对比,在城市基础设施领域引入PPP模式就是初步尝试,这一领域的合作伙伴绝大部分是市场主体。社会领域力量的集中代表就是社会组织,其优势在于非分配约束特征以及志愿机制带来的低运作成本,经过几年的探索,社会组织已经发展为政府在公共服务领域的重要合作伙伴。公共服务供给主体多元化仍存在着诸多的障碍,如市场主体的逐利冲动等,但多元主体合作供给作为公共服务发展的趋势日益明朗。

二、公共服务机制的协作参与 ▶▶

面对日益增长的城市公共服务需求,政府部门的供给能力越来越有限,它不可能提供全面的公共服务,也不可能充分保证公共服务的质量和效率。因此,实现多元主体的有效合作参与就成为城市公共服务的必然选择。一方面,应明确政府的角色定位,承担城市保障型公共服务供给的托底功能,该"补位"的就"补位",集中精力加强宏观调控、规范市场、强化社会管理和政府监管等职能。另一方面,进一步增加公共服务的供给主体和供给方式。政府提供兜底服务,企业和社会组织应满足多样化需求,规范服务供给方式,完善公共服务供给协作治理机制,多方协作,共同治

---

① MUSGRAVE R A. The theory of public finance: a study in public economy[M]. McGraw-Hill, 1959.

② OSTROM V, TIEBOUT C M, WARREN R. The organization of government in metropolitan areas: a theoretical inquiry[J]. American political science review, 1961(4): 831–842.

理①。推进城市发展型、品质型公共服务供给,实现灵活供给与动态供给共同发展。

公共服务中多元主体的合作参与,意味着尊重市民表达意见、广泛参与公共事务的权利,加强与市民的沟通,提高政府回应性,促进公共决策的民主化、科学化,提升政府的信任度。首先,依据有关的法律法规推动依法行政,使公共服务信息在公民、决策者与生产者之间得到平衡。其次,树立沟通与回应既是服务供给的具体表现方式,也是保证服务供给的前提的理念,增强政府服务供给的回应性,落实责任政府理念。再次,完善大众媒体,发挥新媒体作用,积极拓展新的城市公共服务需求表达渠道,培育城市公共服务信息传播的平台与社会基础。最后,为市民评价公共服务产品,参与公共服务供给政策的制定提供有效途径。

三、公共服务对象的包容共享 ▶▷

2008年,世界银行增长与发展委员会在《增长报告:可持续增长和包容性发展的战略》中提出了"包容性发展"的概念。与单纯追求经济增长不同,包容性发展的基本要义在于:通过一种规范稳定的制度安排,让每一个人都有自由发展的平等机会,让更多的人享受改革和发展的成果;让困难群体得到多方面的保护,得到政府政策和投入方面的优惠②。"包容性发展"主要涉及公平与平等的问题,关注让每个人都能够获得公平参与的机会,并使公民都能获得基本的福利保障。

"包容性发展"提出的背景正是改革发展40年至今所面临的一个非常现实的问题——经济增长迅猛但结构严重失衡。经济发展的不平衡势必导致公共服务供给的不平衡,长此以往,必然无法实现使改革成果惠及广大人民,也会影响社会的公平正义。基于此背景,"包容性发展"的提出具有必然性和适当性。它强调人们可以并且应当在公共服务领域获得平等的机

---

① 冯金钟.对我国公共服务供给侧结构性改革的思考[J].宏观经济管理,2017(8):33-37.
② 王佃利,徐晴晴.包容性发展中的农民工城市融入:问题界定与路径审视[J].东岳论丛,2012(3):11-17.

会,提倡建立共享型公共服务,主要体现在以下三个方面①。

第一,弱势群体、贫困群体能够享受政府的公共服务。包容性发展提倡弱势群体和贫困人群不受其所处的社会阶层、贫困状况的影响,都可以共享公共服务。公共服务的提供数量和质量在不同群体中不应有差别。在现实情况中,由于阶层不同导致所获得的公共服务往往差异很大,这与包容性理念格格不入,因此要转变服务观念,提升公共服务水平,让公共服务在更大范围内实现共享。

第二,始终坚持“以人为本”的理念。公共服务要坚持“以人为本”,以满足群众基本公共服务为出发点和落脚点。公共服务的根本目的是改善民生,因此只有坚持“以人为本”,才能让人民群众切实感受到公共服务给居民生活带来的保障,更好地建立共享型公共服务,更好地构建和谐社会。

第三,不同地区之间能够共享公共服务。包容性发展提倡不同地域之间、城乡之间能够实现公共服务跨区域共享,呼吁改变区域歧视、贫富歧视或制度约束,使人们能平等地获取数量和质量大体相当的公共服务。我国目前部分发达城市存在户籍歧视现象,非本地户籍不能享受同等待遇的基础公共服务,造成流动人口不能很好地融入城市,成为城市不稳定的因素之一。这与包容性理念严重不符,因此运用包容性理念来建设和完善城市公共服务,具有重大的现实指导意义。

总之,包容性发展理念强调公共服务对象的公平、平等,共享公共服务和改革开放的成果;强调经济增长与改善民生要同步发展,践行社会主义公平、正义价值观;强调努力缩小贫富差距,特别是让弱势群体和贫困人群能够充分享受改革成果。它既为经济发展提供了人本主义的目标,也丰富和深化了公共服务的内涵,为建设和完善政府公共服务提供了科学发展路径。

四、 完善配套的支撑型财政体制 ▶▷

服务型财政体制是配套服务型政府和公共服务体系建设而提出的,也是

---

① 李晓园.包容性增长视角下的县级公共服务能力研究[M].北京:中国社会科学出版社,2016:39—40.

社会主义市场经济体制和财政体制改革的产物。我国财政体制建设导向从革命时的供给型、改革后的生产型,一直到十六大"服务型政府"提出后逐渐向服务型财政体制转变,经历了漫长的发展阶段。构建并完善服务型财政体制,是建设服务型政府的基础和重要抓手,也是完善公共服务体系的重要环节。

总的来说,进一步完善服务型财政体制需要逐步规范公共财政收入体系、公共财政支出体系和公共财政预算管理制度,通过三个体系的共同完善,以及体制机制之间的不断优化,从而逐步建立支撑型财政体制。

深化税收制度改革,构建结构优化的公共财政收入体系。税收是政府履行职能的物质基础,也是推动经济发展方式转变、平衡收入分配的重要手段。近年来,通过持续深化税制改革,我国逐步建立和完善了以流转税和所得税为主体,其他税种相配合的复合税制,进一步理顺了税费关系,调整和完善了个人所得税、消费税等税收制度,国家财政实力不断增强。新时期,要按照统一税制、公平税负、促进公平竞争的原则,加强对税收优惠特别是区域税收优惠政策的规范管理,要逐步构建以税收收入为主、非税收收入为辅的公共财政收入体系[①]。

提高公共服务支出比重,构建以公共服务支出为重点的公共财政支出体系。根据西方发达国家财政支出结构的变化显示,随着政府公共服务职能的扩张和公共服务制度体系的完善,公共服务支出一般占到公共财政支出的大部分。十八大提出的"2020年基本公共服务均等化总体实现"目标,要求我们进一步加大与基本民生需求和与人民生活环境紧密关联的公共服务的财政投入力度。

改进预算管理制度,构建科学规范、公开透明的预算制度。预算制度包括预算编制和执行管理制度、预算绩效管理制度、跨年度预算平衡机制等。为建立科学规范、公开透明、注重绩效的预算制度,必须要进一步增强财政预算的完整性、透明性和有效性,不断完善政府的预算体系,全面反映政府收支总量、结构和管理活动,打造"阳光财政"[②]。

---

① 刘志昌.国家治理与公共服务现代化[M].杭州:浙江人民出版社,2015:89—90.

② 谢旭人.加快改革财税体制完善公共财政体系[J].中国总会计师,2012(11):20—22.

第三节　均衡与精准兼顾的城市
公共服务内容完善

一、公共服务均等化 ▶▷

　　公共服务均等化是针对公共服务发展的不均衡性提出来的。教育、医疗、就业、社会保障等公共服务在城乡之间、区域之间、群体之间分布不均衡，呈现出向城市集中，向东部集中，向城市原有市民集中。公共服务发展不均衡侵蚀了社会公众的公共服务权益，影响到城市化进程以及区域之间的协调发展。公共服务发展不均衡最直接的影响是公众满意度较低。以教育事业为例。有研究数据显示，山西省的公众对教育服务满意度最高，满意度为76.02%；河南省的满意度最低，为65.14%；全国的教育服务满意度均值为69.67%[①]。这表明教育服务满意度在全国既存在着明显的区域差异，也有较大的提升空间。

　　公平正义是政府公共服务供给的基本价值追求，每个公民都有平等地享有公共服务的权益。近年来，党和政府提出了社会主义新农村建设、社会主义和谐社会建设，主张让每一个人都能够共享改革发展成果。那么，公共服务的均等化就是最基本的要求。目前从官方到学界提得比较多的是基本公共服务的均等化，并且中央政府明确提出了实现基本公共服务均等化的时限。基本公共服务是公共服务中满足社会成员基本生存与发展需求的那部分内容，具有基础性、兜底性等特征。这部分公共服务均等化是为了保障人的基本生活尊严，公共服务均等化则可以使人们共享改革发展成果，为人们更好地生活和发展提供保障。

[①] 谢星全.我国省际基本公共服务满意度研究：特征、价值与启示[J].现代经济探讨，2017（2）：69.

二、公共服务标准化 ▶▷

政府在公共服务供给方面正实现从偏重"效率"向"质量"的转变。这两种导向并非完全对立,但却体现了不同阶段政府占优势地位的价值导向。"效率"导向是政府在公共服务供给总量严重不足的情况下的选择,目的在于尽快增加公共服务供给总量。"质量"导向则是公共服务在总量获得一定保障的基础上走的内涵式供给之路。公共服务质量是民众每次接受政府服务时,该服务所能满足的民众的期望与需求的程度[①];公共服务标准化则是改进公共服务质量的重要技术和方法[②]。2009年至2011年之间,国家标准化管理委员会确定了50多个国家级的公共服务标准化试点单位,政府逐步将企业管理中的ISO9000等质量认证工具应用到公共部门中,公共服务标准化建设开始起步。

2012年7月,国务院颁布了《国家基本公共服务体系"十二五"规划》;2012年8月,多部委联合制定了《社会管理和公共服务标准化工作"十二五"行动纲要》;2017年1月,国务院颁布了《"十三五"推进基本公共服务均等化规划》,这些规划政策都推进了公共服务标准化工作。公共服务标准化是顶层设计与地方创新共同推进的结果。从地方政府来看,杭州市、漳州市等都进行了有益的探索,积累了公共服务标准化的经验。从长远发展来看,为增加民众的获得感,公共服务标准化仍是基本的发展趋向,理想状态是在顶层设计、地方探索良性互动的基础上,结合社会公众的参与,完善公共服务的基本标准,为监督公共服务供给提供依据。

三、公共服务定制化 ▶▷

公共服务定制化与公共服务标准化并不矛盾。公共服务标准化强调的

---

① 林尚立.国内政府间关系[M].杭州:浙江人民出版社,1998:29.

② RASHMAN L J. Organizational knowledge and capacity for service improvement in UK public organizations[D]. University of Warwick, 2008.

是服务质量，即所提供的公共服务要达到一定的标准；公共服务定制化则侧重于公共服务的种类，即所提供的公共服务是公众所需的，反映的是供需之间的匹配问题。公共服务定制化是在资源有限的情况之下，精准把握公众的实际需求，实现供需之间的匹配，保证资源高效率利用与公众公共服务需求的切实满足。公共服务定制化也是公共服务供给发展到一定阶段之后出现的新现象。当公共服务供给在量上有了基本的保证之后，如何更有针对性地满足社会公众的公共服务需求自然进入政府的议事日程，一些地方已经开始了相关的探索。各地在公共文化服务供给方面的探索尤为突出，以杭州市下城区为例。该区将重心下沉到基层社区，探索以社区为核心进行公共文化服务升级转型，为广大居民提供服务菜单，让他们从菜单中进行选择，实现了公共服务供需之间的无缝衔接。

在公共服务定制化方面进行探索的还有其他地方，比如南京市为城市道路量身定制的"绿化方案"以及"定制公交"线路。目前定制化服务在城市公共交通服务方面运用较多，方便了部分居民的出行。关于公共服务定制化的探索，争议一直存在。支持者认为公共服务定制化是以人民为中心的发展思想的贯彻和落实，是公共服务的个性化供给。反对方认为这种个性化的供给本身就是对公共资源的浪费，是公共资源向小部分人的倾斜，有违公共服务供给的本意。无论如何，公共服务定制化在部分服务项目中确实已经有了初步的发展，在实践中它也有利于实现公共服务真正"为人民服务"的宗旨。

四、公共服务精准化 ▶▷

公共服务定制化也是对公共服务精准化的一种探索。精准供给城市公共服务是实现供需匹配的创新举措。一是找准市民最关心、最直接、最现实的利益问题，精准供给服务内容。针对不同城市和不同领域公共服务满意度存在不均衡的问题，识别不同城市和服务领域的需求情况，弥补不同城市和领域存在的公共服务满意度较低的短板。二是以市民的服务期望和需求为导向，以各个城市的服务供给能力为界限，划分服务主体的责任义务和资源配比,优化公共服务供给规划。三是不断创新服务供给技术,并提高城市公共产品和服务供给的针对性,扎实推进底线公共服务法制化、基本公共服务均等化、一般公共服务专业化、高端公共服务市场化,推进公共服务的"精准滴灌"。四是以服务理念人本化、主体多元化、客体明确化、结构合理化、过程规范化、内容多样化、技术现代化,推进城市公共服务供给的精准化。

第四节 信息革命推动下的城市 公共服务技术创新

一、 公共服务的信息化建设 ▶▷

信息化是政府管理的基本趋势。电子政务在提高政府效率、增强政府透明度以及改进决策效果等方面都起到了积极作用。各地在电子政务建设中建立了沟通政府各部门、各级别的网络,促进了整体治理的实现。在云计算快速发展、大数据在多领域应用、电子政务快速发展的背景之下,公共服务信息化成为必然的选择。信息化也可以提升服务供给质量、拓宽服务供给渠道、降低服务供给成本[①]。公共服务信息化是以政府管理信息化为基础的,需要一定的硬件基础和软件环境。我国电子政务建设起始于20世纪90年代,经过近三十年的发展,为公共服务信息化奠定了坚实的基础。

目前来看,基本上各地都建立了纵向到底、横向到边的一体化网络政府。政府各部门的权力清单、责任清单等全部都上传至网络,便利了政府与社会公众之间的沟通。公共服务信息化既是服务手段的变革,也是服务流程的再造。以信息技术为支撑建立的沟通网络或者服务平台可以实现供需双方之间的实时沟通,便于社会公众表达自身的需求,以及政府部门精准供给相应的服务。

---

① 唐斯斯.以信息化推动公共服务供给改革[J].宏观经济管理,2016(10):25.

二、公共服务智慧化的技术创新 ▶▷

　　信息化的发展提出了活跃服务供给思维,创新服务供给技术的现实要求。活跃的服务供给思维是服务供给技术创新的根源所在。一是必须打破传统服务供给的实体服务技术思维方式。二是充分使用大数据分析技术分析服务供需信息和数据,准确把握服务供给现状以及服务供给客体的期望和需求情况,为实现精准供给服务内容做好前期摸排工作,建立"服务+大数据"的服务供给路径。三是互动式的服务可以由语音搜索、图像搜索、LBS、人工智能等领先技术来实现,建立"服务+场景"的服务供给路径。四是创新拓展"服务+"模式,例如"服务+心理服务"等,进而推进以"互联网+服务"平台为核心的"C2G"(Citizen to Government)服务路径的构建,全面推动信息化、网络化、智能化的智慧服务型城市建设。

　　各地近年陆续提出智慧城市建设,越来越多的公共服务可以通过网络在线办理。智慧城市就是要通过信息技术来感测和整合城市运行的核心信息,从而对居民的各种需求做出智能反应。智慧公共服务与智慧城市原理相同。以智慧交通为例,通过移动互联网、云计算等电子信息技术保障了出行安全,提升交通系统运行效率。公共服务信息化可以优化服务流程,现场办公变为网上办事大厅处理,办理时限也相应压缩。可以预见,随着互联网技术的发展,以及智慧社会、智慧城市等建设的推进,公共服务信息化水平也会日渐提高。

　　公共服务供给水平是社会文明程度的重要标志。社会主义和谐社会建设、新时代社会主要矛盾的解决、人民获得感的增强等都离不开高水平的公共服务供给。梳理我国公共服务40年的发展历程可以发现,公共服务职能的重要性日益凸显,政府的公共服务供给能力也得到提升,公共服务标准化、均等化、主体多元化、定制化、信息化以及法治化趋势显著。但纵向不同层级之间与横向不同政府部门之间的职能分割带来了公共服务供给"碎片化"的问题,公共服务重复供给、成本高、空间分布不均衡等问题依然存

在 [①]，公共服务供给改革仍任重而道远。公共服务的性质决定了政府的主导地位不变，但政府主导地位的实现方式会有调整。在进一步的改革中，明确公共服务的重点任务、加大公共服务的财政投入力度、形成公共服务的监督问责机制、完善公共服务政策法规等将是工作重点，也是公共服务供给方式变革之后保证服务质量的基础性工作。

---

① 任博,孙涛.整体性治理视阈下我国城市政府公共服务职责划分问题研究[J].东岳论丛,
  2018(3): 166.

参考文献

［1］阿瑟·奥沙利文.城市经济学：第四版［M］.苏晓燕，等译.北京：中信出版社，2002.

［2］安德鲁·海伍德.政治学核心概念［M］.吴勇，译.天津：天津人民出版社，2008.

［3］安体富，任强.公共服务均等化：理论、问题与对策［J］.财贸经济，2007（8）.

［4］保罗·萨缪尔森，威廉·诺德豪斯.经济学：第十六版［M］.萧琛，等译.北京：华夏出版社，2000.

［5］北京师范大学经济与资源管理研究所.2003中国市场经济发展报告［M］.北京：中国对外经济贸易出版社，2003.

［6］蔡长昆.制度环境、制度绩效与公共服务市场化：一个分析框架［J］.管理世界，2016（4）.

［7］曹海军，霍伟桦.城市治理理论的范式转换及其对中国的启示［J］.中国行政管理，2013（7）.

［8］陈家刚.协商民主与当代中国政治［M］.北京：中国人民大学出版社，2009.

［9］陈荣卓，申鲁菁.我国城市社区公共服务创新：地方经验与发展趋势［J］.当代世界社会主义问题，2016（1）.

［10］陈硕.分税制改革、地方财政自主权与公共品供给［J］.经济学，2010（4）.

［11］陈伟东.社区自治自组织网络与制度设置［M］.北京：中国社会科学出版社，2004.

［12］陈振明，等.公共服务导论［M］.北京：北京大学出版社，2011.

［13］陈振明，李德国.基本公共服务的均等化与有效供给——基于福建省的思考［J］.中国行政管理，2011（1）.

[14] 戴维·奥斯本,特德·盖布勒.改革政府:企业家精神如何改革着公共部门[M].周敦仁,等译.上海:上海译文出版社,2006.

[15] 丁元竹.交锋与磨合:公共服务提供中的社会关系[M].北京:北京大学出版社,2015.

[16] E.S.萨瓦斯.民营化与公私部门的伙伴关系[M].周志忍,等译.北京:中国人民大学出版社,2002.

[17] 樊纲.渐进改革的政治经济学分析[M].上海:上海远东出版社,1996.

[18] 范柏乃,金洁.公共服务供给对公共服务感知绩效的影响机理——政府形象的中介作用与公众参与的调节效应[J].管理世界,2016(10).

[19] 方振邦.政府绩效管理[M].北京:中国人民大学出版社,2012.

[20] 冯金钟.对我国公共服务供给侧结构性改革的思考[J].宏观经济管理,2017(8).

[21] 冯蕾,肖震宇,赵曙光.政府质量工作社会公众满意度调查报告[M].北京:中国社会科学出版社,2015.

[22] 冯亚平,徐长生,范红忠.大中小城市及小城镇居民基本公共服务满意度比较研究[J].经济经纬,2016,33(3).

[23] 高海虹.地方政府公共服务供给侧改革研究[J].理论探讨,2017(6).

[24] 高琳.分权与民生:财政自主权影响公共服务满意度的经验研究[J].经济研究,2012(7).

[25] 官永彬.财政分权、地方政府竞争与区域基本公共服务差距[J].重庆师范大学学报(哲学社会科学版),2014(2).

[26] 郭剑雄.城市社区文化中心公共文化服务供给研究——基于上海与青岛、济南比较的视角[J].四川师范大学学报(社会科学版),2018,45(3).

[27] 郭小聪,代凯.供需结构失衡:基本公共服务均等化进程中的突出问题[J].中山大学学报(社会科学版),2010(4).

[28] 韩万渠.公共服务质量评价机制及其路径创新[J].中国特色社会主义研究,2015(5).

[29] 韩志明.城市治理的清晰化及其限制——以网格化管理为中心的分析[J].探索与争鸣,2017(9).

[30] 何华兵.基本公共服务均等化满意度测评体系的建构与应用[J].中国行

政管理,2012(11).

[31] 何继新,罗永泰.我国城市社区公共物品供给:研究回顾与拓展问题识别[J].城市发展研究,2015,22(5).

[32] 何继新.社区"互联网+公共服务"供给模型建构探究[J].深圳大学学报(人文社会科学版),2018,35(2).

[33] 胡均民,艾洪山.匹配"事权"与"财权":基本公共服务均等化的核心路径[J].中国行政管理,2009(11).

[34] 胡伟,吴伟.中国城市公共服务公众满意度蓝皮书[M].上海:上海人民出版社,2013.

[35] 胡小君.从分散治理到协同治理:社区治理多元主体及其关系构建[J].江汉论坛,2016(4).

[36] 黄锐,文军.基于社区服务的城市基层治理:何以可能,何以可为[J].福建论坛(人文社会科学版),2015(9).

[37] 纪江明.我国城市公共服务公众满意熵权TOPSIS指数及影响因素研究[M].北京:中国社会科学出版社,2016.

[38] 纪江明.我国城市公共服务满意度指数研究——基于熵权TOPSIS法的分析[J].国家行政学院学报,2013(2).

[39] 纪江明.中国城市住房保障满意度解释:HLM模型与实证研究[J].电子政务,2015(6).

[40] 贾康,苏京春.论供给侧改革[J].管理世界,2016,270(3).

[41] 江依妮.中国政府公共服务职能的地方化及其后果[J].经济学家,2011(7).

[42] 姜晓萍.建设服务型政府与完善地方公共服务体系[M].北京:中央编译出版社,2015.

[43] 姜晓萍.论"服务型政府"的基本内涵[J].四川行政学院学报,2004(2).

[44] 姜晓萍.中国公共服务体制改革30年[J].中国行政管理,2008(12).

[45] 金南顺.城市公共服务:理论与实践[M].北京:中国社会科学出版社,2009.

[46] 句华."十三五"时期公共服务供给方式创新探讨[J].理论探索,2017(2).

［47］句华.公共服务中的市场机制：理论、方式与技术［M］.北京：北京大学出版社，2006.

［48］康晓光.权力的转移［M］.杭州：浙江人民出版社，1999.

［49］劳伦·勃兰特，托马斯·罗斯基.伟大的中国经济转型［M］.方颖，赵扬，译.上海：格致出版社，2016.

［50］李德国，陈振明.公共服务的法治建构：渊源、框架与路径［J］.厦门大学学报（哲学社会科学版），2015（4）.

［51］李德国.理解公共服务：基于多重约束的机制选择［M］.北京：中国社会科学出版社，2017.

［52］李杰刚，李志勇.新中国基本公共服务供给：演化阶段及未来走向［J］.财政研究，2012（1）.

［53］李军鹏.公共服务型政府［M］.北京：北京大学出版社，2004.

［54］李军鹏.公共服务型政府建设指南［M］.北京：中共党史出版社，2006.

［55］李卫军，刘正，马剑.城市轨道交通服务质量与满意度评价［M］.北京：中国铁道出版社，2011.

［56］李一宁，金世斌，吴国玖.推进政府购买公共服务的路径选择［J］.中国行政管理，2015（2）.

［57］林尚立，赵宇峰.中国协商民主的逻辑［M］.上海：上海人民出版社，2016.

［58］林尚立.国内政府间关系［M］.杭州：浙江人民出版社，1998.

［59］刘佳萍.城乡基本公共服务均等化问题及对策研究［J］.探求，2018（1）.

［60］刘明慧，常晋.政府购买公共服务主体：职责界定、制约因素与政策建议［J］.宏观经济研究，2015（11）.

［61］刘舒杨，王浦劬.中国政府向社会力量购买公共服务的深度研究［J］.新视野，2018（1）.

［62］刘武.公共服务接受者满意度指数模型研究［M］.沈阳：东北大学出版社，2014.

［63］娄兆锋，曹冬英.公共服务导向中基本公共服务与非基本公共服务之研究［J］.中国行政管理，2015（3）.

［64］卢映川，万鹏飞.创新公共服务的组织与管理［M］.北京：人民出版社，

2007.

［65］罗纳德·J.奥克森.治理地方公共经济［M］.万鹏飞,译.北京:北京大学出版社,2005.

［66］马奔.协商民主的方法［M］.北京:中央文献出版社,2015.

［67］倪红日,张亮.基本公共服务均等化与财政管理体制改革研究［J］.管理世界,2012(9).

［68］彭健.基本公共服务均等化视角下的财政体制优化［J］.财经问题研究,2010(2).

［69］乔恩·皮埃尔,陈文,史滢滢.城市政体理论、城市治理理论和比较城市政治［J］.国外理论动态,2015(12).

［70］渠敬东,周飞舟,应星.从总体支配到技术治理——基于中国30年改革经验的社会学分析［J］.中国社会科学,2009(6).

［71］饶会林.中国城市管理新论［M］.北京:经济科学出版社,2003.

［72］任博,孙涛.整体性治理视阈下我国城市政府公共服务职责划分问题研究［J］.东岳论丛,2018(3).

［73］任路.协商民主:居民自治有效实现形式的运转机制［J］.东南学术,2014(5).

［74］上海财经大学公共政策研究中心.2006中国财政发展报告［M］.上海:上海财经大学出版社,2006.

［75］上海金融学院城市财政与公共管理研究所.政府购买公共服务:理论、实务与评估［M］.北京:中国财政经济出版社,2015.

［76］沈荣华.公共服务市场化反思［J］.苏州大学学报(哲学社会科学版),2016(1).

［77］宋世明.美国行政改革研究［M］.北京:国家行政学院出版社,1999.

［78］宋文昌.财政分权、财政支出结构与公共服务不均等的实证分析［J］.财政研究,2009(3).

［79］孙飞,付东普.供给侧结构性改革下公共服务供给方式创新［J］.甘肃社会科学,2017(4).

［80］孙涛.行政体制改革剑指城市公共服务［J］.人民论坛,2010(20).

［81］唐皇凤.社会主要矛盾转化与新时代我国国家治理现代化的战略选择

［J］.新疆师范大学学报（哲学社会科学版），2018（4）.

［82］唐斯斯.以信息化推动公共服务供给改革［J］.宏观经济管理，2016（10）.

［83］田舒."三社联动"：破解社区治理困境的创新机制［J］.理论月刊，2016（4）.

［84］同春芬，王珊珊.社区卫生服务中心与养老机构合作路径探析——以朴素式创新和伙伴关系理论为视角［J］.学术界，2017（6）.

［85］汪玉凯.中国现代行政管理体系的属性与结构研究［J］.国家行政学院学报，2012（2）.

［86］王佃利，刘保军.公民满意度与公共服务绩效相关性问题的再审视［J］.山东大学学报（哲学社会科学版），2012（1）.

［87］王佃利，孙悦.供给侧改革视域下城市社区治理转型与服务供给创新［J］.南京邮电大学学报（社会科学版），2018，20（2）.

［88］王怀明.组织行为学：理论与应用［M］.北京：清华大学出版社，2014.

［89］王欢明，诸大建，马永驰.中国城市公共服务客观绩效与公众满意度的关系研究［J］.软科学，2015（3）.

［90］王君，琳挺进，吴伟，等.中国城市公共教育服务满意度调查及分析［J］.复旦教育论坛，2011（4）.

［91］王浦劬，季程远.新时代国家治理的良政基准与善治标尺——人民获得感的意蕴和量度［J］.中国行政管理，2018（1）.

［92］王绍光.分权的底线［M］.北京：中国计划出版社，1997.

［93］王晓玲.我国省区基本公共服务水平及其区域差异分析［J］.中南财经政法大学学报，2013（3）.

［94］王玉龙，王佃利.需求识别、数据治理与精准供给——基本公共服务供给侧改革之道［J］.学术论坛，2018（2）.

［95］魏娜，刘昌乾.政府购买公共服务的边界及实现机制研究［J］.中国行政管理，2015（1）.

［96］魏娜，张勇杰.供给侧视角下政府购买社会组织服务的路径优化［J］.天津社会科学，2017（4）.

［97］邬志辉，李静美.农民工随迁子女在城市接受义务教育的现实困境与政策选择［J］.教育研究，2016，37（9）.

［98］吴伟,于文轩,马亮.提升社会公平感,建设服务型政府—2014连氏中国城市公共服务指数调查报告［J］.公共管理与政策评论,2016(5).

［99］伍玉振,昌业云.基层党组织参与城市社区治理的内在逻辑与路径选择［J］.理论导刊,2017(7).

［100］夏萍,黄慧玲.医疗服务顾客满意度测评管理［M］.广州:中山大学出版社,2015.

［101］项显生.论我国政府购买公共服务主体制度［J］.法律科学(西北政法大学学报),2014,32(5).

［102］谢星全.我国省际基本公共服务满意度研究:特征、价值与启示［J］.现代经济探讨,2017(2).

［103］辛向阳.中国城市公共服务发展的基本趋势［M］//李慎明,等.中国城市基本公共服务能力评价(2010—2011).北京:社会科学文献出版社,2011.

［104］熊兴,余兴厚,敬佳琪.城乡基本公共服务均等化问题研究综述［J］.重庆理工大学学报(社会科学),2018(4).

［105］徐家良,赵挺.政府购买公共服务的现实困境与路径创新:上海的实践［J］.中国行政管理,2013(8).

［106］徐勇,陈伟东.中国城市社区自治［M］.武汉:武汉出版社,2002.

［107］亚里士多德.政治学［M］.吴寿彭,译.北京:商务印书馆.1965.

［108］杨道田,公民满意度指数模型研究——基于中国市场政府绩效的视角［M］.北京:经济管理出版社,2012.

［109］杨宏山.澄清城乡治理的认知误区——基于公共服务的视角［J］.探索与争鸣,2016(6).

［110］杨宜勇,邢伟.公共服务体系的供给侧改革研究［J］.人民论坛·学术前沿,2016(5).

［111］叶岚.城市网格化管理的制度化进程及其优化路径［J］.上海行政学院学报,2018,19(4).

［112］叶林,宋星洲,邵梓捷.协同治理视角下的"互联网+"城市社区治理创新——以G省D区为例［J］.中国行政管理,2018(1).

［113］叶响裙.公共服务多元主体供给:理论与实践［M］.北京:社会科学文

献出版社,2014.

[114] 余佶,余佳.城镇化进程中的城乡基本公共服务均等化——基于供需视角的分析框架及其路径选择[J].华东师范大学学报(哲学社会科学版),2014,46(1).

[115] 俞可平.治理与善治[M].北京:社会科学文献出版社,2000.

[116] 俞可平.中国的治理改革(1978—2018)[J].武汉大学学报(哲学社会科学版),2018(3).

[117] 郁建兴,秦上人.论基本公共服务的标准化[J].中国行政管理,2015(4).

[118] 郁建兴.中国的公共服务体系:发展历程、社会政策与体制机制[J].学术月刊,2011(3).

[119] 贠杰.中国地方政府绩效评估:研究与应用[J].政治学研究,2015(6).

[120] 贠杰.中国地方政府绩效评估报告No.1[M].北京:社会科学文献出版社,2017.

[121] 贠杰.中国政府绩效管理40年:路径、模式与趋势[J].重庆社会科学,2018(6).

[122] 约翰·克莱顿·托马斯.公共决策中的公民参与公共管理者的新技能与新策略[M].孙柏瑛,等译.北京:中国人民大学出版社,2005.

[123] 曾峻.公共管理新论:体系、价值与工具[M].北京:人民出版社,2008.

[124] 詹国彬.需求方缺陷、供给方缺陷与精明买家——政府购买公共服务的困境与破解之道[J].经济社会体制比较,2013(5).

[125] 张贵群.精准服务:公共服务供给侧结构性改革的行动逻辑[J].重庆理工大学学报(社会科学),2017(7).

[126] 张紧跟.治理视阈中的基本公共服务供给侧改革[J].探索,2018(2).

[127] 张立荣,冷向明.基本公共服务均等化取向下的政府行为变革[J].政治学研究,2007(4).

[128] 张平,吴子靖.新治理观视域下城市社区建设的中国道路[J].新视野,2018(2).

[129] 张平,周立.中国城市社区治理报告(2018)[M].北京:中国社会出版社,2016.

［130］张秀兰.中国教育发展与政策30年（1978—2008）［M］.北京：社会科学文献出版社,2008.

［131］珍妮特·V.登哈特,罗伯特·B.登哈特.新公共服务：服务,而不是掌舵［M］.丁煌,译.北京：中国人民大学出版社,2004.

［132］中国劳动保障出版社.新时期劳动和社会保障重要文献选编［M］.北京：中央文献出版社,2002.

［133］钟杨,王奎明.中国城市公共服务公众满意度蓝皮书［M］.上海：上海人民出版社,2017.

［134］周志忍.公共组织绩效评估：中国实践的回顾与反思［J］.兰州大学学报（社会科学版）,2007,35（1）.

［135］朱红灿.政府信息公开公众满意度测评与管理创新研究［M］.北京：国家图书馆出版社,2015.

［136］竺乾威、朱春奎.社会组织视角下的政府购买公共服务［M］.北京：中国社会科学出版社,2016.

［137］卓越.公共服务标准化的创新机制［M］.北京：社会科学文献出版社：2016.

［138］左停,徐加玉,李卓.摆脱贫困之"困"：深度贫困地区基本公共服务减贫路径［J］.南京农业大学学报（社会科学版）,2018,18（2）.

［139］BELTRAMI M. Qualità e pubblica amministrazione［J］. Economia e diritto del terziario, 1992(3): 669–781.

［140］BROWN K, COULTER P B. Subjective and objective measures of police service delivery［J］. Public Administration Review, 1983(1): 50–58.

［141］COOPER T L, BRYER T A, MEEK J W. Citizen-centered collaborative public management［J］. Public Administration Review, 2006(66): 76–88.

［142］CRONIN Jr J J, TAYLOR S A. SERVPERF versus SERVQUAL: reconciling performance-based and perceptions-minus-expectations measurement of service quality［J］. Journal of marketing, 1994, 58(1): 125–131.

［143］EREVELLES S, LEAVITT C. A comparison of current models of consumer satisfaction/dissatisfaction［J］. Journal of consumer satisfaction, dissatisfaction and complaining behavior, 1992(10): 104–114.

［144］FITZGERALD M R, DURANT R F. Citizen evaluations and urban management: service delivery in an era of protest［J］. Public Administration Review, 1980, 40(6): 585−594.

［145］FOMELL C, LARCKER D F. Evaluating structural equation model unobservable variables and measurement error［J］. Journal of marketing research, 1981, 18(1): 39−50.

［146］FORNELL C, JOHNSON M D, Anderson E W, et al. The American customer satisfaction index: nature, purpose, and findings［J］. Journal of Marketing, 1996, 60(4): 7−18.

［147］GOLLEY J. How far across the river?: Chinese policy reform at the millennium［M］. Stanford University Press, 2003.

［148］HEFETZ A, WARNER M. Mildred Warner: Beyond the market versus planning dichotomy: Understanding privatisation and its reverse in US cities［J］.Local government studies, 2007(4): 555−572.

［149］HUGHES O E. Public management and administration: An introduction［M］. Macmillan International Higher Education, 2012.

［150］KELLY J M, SWINDELL D. A multiple-indicator approach to municipal service evaluation: correlating performance measurement and citizen satisfaction across jurisdictions［J］. Public Administration Review, 2002(5): 610−621.

［151］MÖHLMANN M. Collaborative consumption: determinants of satisfaction and the likelihood of using a sharing economy option again［J］. Journal of Consumer Behaviour, 2015(3): 193−207.

［152］MORGESON F V, PETRESCU C. Do they all perform alike? An examination of perceived performance, citizen satisfaction and trust with US federal agencies［J］. International Review of Administrative Sciences, 2011(3): 451−479.

［153］MUSGRAVE R A. The theory of public finance: A study in public economy［M］. McGraw-Hill, 1959.

［154］OLIVER R L. A cognitive model of the antecedents and consequences of satisfaction decisions[J]. Journal of Marketing Research, 1980(4): 460−469.

[155] OLIVER R L. Satisfaction: A behavioral perspective on the consumer[M]. New York: McGraw-Hill, 1997.

[156] OSTROM V, TIEBOUT C M, WARREN R. The organization of government in metropolitan areas: a theoretical inquiry[J]. American political science review, 1961(4): 831−842.

[157] OWEN H. Open space technology: A user's guide[M]. Berrett-Koehler Publishers, 2008.

[158] PARASURAMAN A, ZEITHAML V A, BERRY L L. Servqual: A multiple-item scale for measuring consumer perc[J]. Journal of retailing, 1988(1): 12.

[159] PARKS R B. Linking objective and subjective measures of performance [J]. Public administration review, 1984(2): 118−127.

[160] RASHMAN L J. Organizational knowledge and capacity for service improvement in UK public organizations[D]. University of Warwick, 2008.

[161] SAICH A. Providing public goods in transitional China[M]. Springer, 2008.

[162] STOKER G. Urban political science and the challenge of urban governance [M]. Oxford University Press, 2000.

[163] STONE C N. Regime politics: governing Atlanta, 1946−1988[M]. University Press of Kansas, 1989.

[164] VAN RYZIN G G, IMMERWAHR S. Importance-performance analysis of citizen satisfaction surveys[J]. Public Administration, 2007(1): 215−226.

[165] VAN RYZIN G G, MUZZIO D, IMMERWAHR S, et al. Drivers and consequences of citizen satisfaction: An application of the American customer satisfaction index model to New York City[J]. Public Administration Review, 2004(3): 331−341.

[166] WALLIS A D. The third wave: current trends in regional governance[J]. National civic review, 2010(3): 290−310.

[167] WATSON D J, JUSTER R J, JOHNSON G W. Institutionalized use of citizen surveys in the budgetary and policy-making processes: A small city

case study[J]. Public Administration Review, 1991, 51(3): 232－239.

[168] WONG J. The adaptive developmental state in East Asia[J].Journal of East Asia Studies, 2004(3): 345－362.

[169] WRIGHT V, PERROTTI L. Privatization and Public Policy[M]. Edward Elgar Publishing Limited, 2000.

[170] YI Y. A critical review of consumer satisfaction[J]. Review of marketing, 1990(1): 68－123.

[171] ZEITHAML V A, PARASURAMAN A, BERRY L L, et al. Delivering quality service: Balancing customer perceptions and expectations[M]. Simon and Schuster, 1990.

索 引

后 记

　　吾生有幸，恰好经历过中国改革开放40年历程。在个人成长和事业发展中，能够亲身感受到中国城市发展和公共服务的变化进程，身处其中，不觉其增，却能看到其大。如今有机会对其进行理性的分析和探索，也是乐在其中。

　　中国快速的城市化，已经被证明是个实实在在的发展奇迹。分析城市公共服务也是个庞大而复杂的课题，可以从各个角度进行解释。但是从治理的角度来分析，正是契合我个人学术兴趣和我们学术团队研究方向的切入点。

　　感谢上海交通大学中国城市治理研究院的邀请，让我们有机会参与到"中国城市治理研究系列"的研究中。在个人的知识积累中，从治理的学术话语发端，我便开始尝试以治理理论来构建、提升城市发展和管理的理论框架。城市是优质公共服务的荟萃之地，也是各种问题的渊薮，因此，城市公共服务一直是我们学术团队的关注焦点。我们认为城市政府的努力之道，就是通过政府职能的重塑和体制机制的创新，实现公共服务的优质高效的供给。从2015年起，我们城市发展与公共政策研究中心致力于"城市公共服务数据库"建设，并开发了Kobo Toolbox调查与数据收集系统，寻求在大数据时代对城市公共服务更精准的认知。曹现强教授主持的国家社科基金重大项目"中国基本公共服务供给侧改革与获得感提升"的研究，不断深化我们对城市治理之道与我国公共服务发展的认识。基于此，我们努力尝试从改革开放40年的角度，来寻求中国城市公共服务的发展之路和未来走向。

　　本书想要解决的问题是改革开放40年来城市公共服务发展经过了怎

样的变迁？是怎样的动力推动着公共服务供给体系的不断完善？中国公共服务建设的瞩目成就究竟蕴含着怎样的中国逻辑？中国公共服务的未来之路应该走向何方？正是怀着对这些问题的关注和好奇，我们通过前期的学术积累和多次讨论，完成了本书的研究。本书的写作是个集体攻关的过程，参与写作的人员及分工如下：导言由王佃利、万筠执笔，第一章由于棋执笔，第二章由万筠执笔，第三章由刘洋、付冷冷执笔，第四章由付冷冷执笔，第五章由许文、付冷冷执笔，第六章由洪扬执笔，第七章由孙悦、许文执笔，第八章由王铮、毛启元、王玉龙执笔，第九章由王佃利、万筠执笔，全书由王佃利和万筠统稿。

在此过程中，我们也获得了诸多的支持。首先感谢城市发展与公共政策研究中心的曹现强、楼苏萍、苗红培、俞少宾、黄晴、刘华兴等同仁参与本书学术观点和分析思路的讨论和把关，感谢张婧琦、赵燕、陈安庆等同学在资料搜集、图书校对方面做出的巨大努力。

感谢上海交通大学的吴建南、张录法、韩志明、李林青、夏奇缘等老师的激励和支持，感谢"中国城市治理研究共同体"的各位朋友的启迪和鼓励。感谢上海交通大学出版社徐唯老师为本书出版所做的专业、细致的工作。

公共服务一直都是实务界和理论界的热点议题。公共服务在改革开放40年以来的发展形成了丰富的理论成果和实践经验。在本书的编写过程中，我们从这些成果和经验中受到了大量的启发，难以一一具名，在此一并表示感谢。

改革开放40年历程、城市公共服务都是大议题，我们的研究仅仅是选择了一个视角，去窥视其中的奥秘。书稿中的不足、学力未逮之处，还请各位专家、学长进行指正。

王佃利
2018年10月于洪家楼